LES NEUF VIES
D'AL-QAIDA

DU MÊME AUTEUR

Mitterrand et la Palestine, Fayard, 2005.
Les Frontières du jihad, Fayard, 2006.
Mai 68 à l'ORTF, Nouveau Monde, 2008.
L'Apocalypse dans l'Islam, Fayard, 2008.
Jimi Hendrix, le gaucher magnifique, Mille et une nuits, 2008.

Jean-Pierre Filiu

LES NEUF VIES
D'AL-QAIDA

Fayard

Illustration de couverture : © AFP.

Carte du Moyen-Orient d'Al-Qaida, p. 18
et de la frontière afghano-pakistanaise, p. 19 :
Études et cartographie, Lille.

ISBN : 978-2-213-64378-6

© Librairie Arthème Fayard, 2009.

REMERCIEMENTS

Ma sincère gratitude va à Jonathan Randal et à Thomas Hegghammer, dont la connaissance intime d'Al-Qaida m'a été précieuse. Ce livre n'aurait pu voir le jour hors de la Chaire Moyen-Orient de Sciences Po, que Gilles Kepel a transformée en un pôle de rayonnement intellectuel et international. J'ai beaucoup appris du regard expert des spécialistes de la Chaire, Bernard Rougier et Stéphane Lacroix, ainsi que de la curiosité et des recherches de ses étudiants. Qu'ils soient tous ici assurés de ma reconnaissance. Je remercie aussi chaleureusement Jean-Claude Casanova, qui m'a ouvert les colonnes de *Commentaire* pour une réflexion sur « Al-Qaida à bout de souffle ».

Gema Martín Muñoz m'a accueilli à la Casa Arabe de Madrid pour une conférence sur « Al-Qaida en guerre contre l'Islam », prononcée lors du verdict dans le procès des attentats du 11 mars 2004. Senén Florensa m'a invité à parler du phénomène jihadiste à l'Institut européen de la Méditerranée (IEMED) de Barcelone, qui a publié mon étude sur « Al-Qaida au sud de la Méditerranée ». À l'université de Georgetown (Washington), Jeffrey Anderson, directeur du Centre d'études allemandes et européennes, et Michael Hudson, directeur du Centre d'études arabes contemporaines, m'ont offert de présenter « une vision européenne d'Al-Qaida », à l'occasion du septième anniversaire du 11-Septembre. Toujours à Washington, Michael Dunn et l'équipe du *Middle East Journal*, ainsi que Marina Ottaway, directrice du programme Moyen-Orient à la fondation Carnegie, m'ont permis d'approfondir mon analyse sur Al-Qaida au Maghreb islamique. Je tiens enfin à saluer tous les interlocuteurs qui, au fil des années et des déplacements, m'ont aidé, dans le monde musulman, en Europe ou aux États-Unis, à forger quelques instruments d'analyse et d'interprétation de la terreur globale. Quant à Éric Poline et aux deux Colette, ils savent combien leur regard empreint de générosité a humanisé ces pages.

Fils et filles de l'Islam, le compte à rebours a commencé. Vous avez le calendrier sous vos yeux et Allah vous a accordé un objectif à votre portée. Le combat [...] va atteindre son terme attendu dans les prochaines années. Le héros digne des batailles du Prophète émergera victorieux après 1 400 ans de désastre.

Oussama Ben Laden, 7 janvier 2001

Je sais qu'une invasion de l'Irak sans raison claire et sans un fort soutien international ne fera qu'attiser les flammes au Moyen-Orient, favorisera les pires instincts dans le monde arabe et renforcera les recruteurs d'Al-Qaida. Je ne suis pas opposé à toutes les guerres. Je suis opposé aux guerres stupides.

Barack Obama, 2 octobre 2002

Allah nous a accordé la patience pour poursuivre dans la voie du jihad durant sept ans, puis sept ans, puis sept ans.

Oussama Ben Laden, 14 janvier 2009

Y a-t-il une vie pour Al-Qaida après Obama ?

L'élection de Barack Obama, le 4 novembre 2008, a plongé la direction d'Al-Qaida dans un trouble profond. Oussama Ben Laden et son adjoint égyptien, Ayman Zawahiri, n'avaient jamais pris au sérieux la possibilité qu'un Noir, de surcroît démocrate et opposant de la première heure à la campagne d'Irak, accède à la Maison-Blanche. Ils demeuraient prisonniers de leurs œillères idéologiques et l'Amérique ne pouvait, à leurs yeux, qu'ajouter la guerre à la guerre, dans une escalade sans fin dont Al-Qaida se préparait à tirer de substantiels bénéfices. Seul John McCain était, selon eux, programmé pour succéder à George W. Bush, prolonger l'occupation de l'Irak, intensifier l'engagement américain en Afghanistan et menacer l'Iran d'une offensive militaire.

Sont présentées en pied de page les notes explicatives de l'auteur. Les notes bibliographiques, numérotées, sont placées en fin de volume et présentées par chapitre. Voir page 287 et suivantes.

Les forums jihadistes* bruissaient sur Internet de ces analyses péremptoires¹ et ils intégraient l'effondrement de Wall Street à leur discours catastrophique. La crise financière n'avait, pour les militants d'Al-Qaida, d'autre explication que le gouffre des dépenses du Pentagone en Irak et en Afghanistan. Ben Laden, convaincu d'avoir ébranlé la finance internationale dès le 11-Septembre, se préparait à terrasser le système « infidèle » sur tous les fronts de la globalisation.

Al-Qaida s'était persuadée du caractère inéluctable de la victoire républicaine, car seule une relance brutale de la « guerre globale contre la terreur » déclarée par l'administration Bush était en mesure de sortir Ben Laden et son organisation de leur impasse stratégique. Les insurgés irakiens s'étaient retournés contre Al-Qaida, le régime saoudien enchaînait les succès contre le « terrorisme déviant » et les nationalistes palestiniens interdisaient toute percée des partisans de Ben Laden. Al-Qaida perdait ainsi pied au Moyen-Orient, tandis que sa nouvelle filiale nord-africaine ne parvenait pas à dépasser une logique algérienne, somme toute limitée. Cela faisait plus de trois ans qu'Al-Qaida avait été incapable de frapper un territoire occidental et que la concentration de sa terreur contre des cibles

---

* Le terme « jihadiste » renvoie à l'idéologie d'Al-Qaida de « jihad global » qui considère le jihad comme une fin en soi. La distinction peut dès lors être opérée avec le « moujahidine », acteur et partisan d'un jihad national, limité dans le temps et dans l'espace. Le « salafisme jihadiste » est souvent lié à Al-Qaida, car sa violence se veut à la fois purificatrice (à l'encontre des musulmans déviants) et vengeresse (à l'égard des « infidèles »). Mais le salafisme est un mouvement beaucoup plus vaste de retour aux sources de l'Islam des « pieux prédécesseurs » (*salaf*) et le courant majoritaire du salafisme contemporain est de nature piétiste, voire antijihadiste.

musulmanes suscitait de vifs débats, jusque dans la mouvance sympathisante. Enfin, la direction d'Al-Qaida était isolée dans son sanctuaire des zones tribales, à la frontière de l'Afghanistan et du Pakistan, à la merci de protecteurs pour l'heure bienveillants, mais sans garantie pour l'avenir. C'est pourquoi Ben Laden fondait ses espoirs sur la permanence des « faucons » aux commandes de l'Amérique et sur un nouveau conflit qui, comme l'invasion de l'Irak en 2003, relancerait la dynamique du jihad global. Zawahiri appelait même publiquement de ses vœux une offensive des États-Unis contre l'Iran[2].

Le triomphe de Barack Hussein Obama a pris de court la hiérarchie d'Al-Qaida, en sapant les évidences de sa propagande. Elle en est longtemps restée sans voix, avant de se déchaîner contre le président élu et de verser dans un racisme affiché. Zawahiri qualifie Obama d'« esclave[3] », en utilisant pour cela le terme dégradant d'*abid*, forgé par des siècles de traite transsaharienne. Avant même que le champion démocrate ne soit investi, Ben Laden l'accuse de tous les maux de l'Islam et Al-Qaida s'emploie à lui attribuer la responsabilité de l'offensive israélienne sur Gaza en janvier 2009. Les injonctions à des attentats antiaméricains sont martelées à un rythme quotidien. Cette frénésie d'appels au meurtre révèle le début de panique qui gagne l'organisation. La confirmation du retrait des États-Unis hors d'Irak vaut condamnation à court terme de la présence d'Al-Qaida dans ce pays. La fermeture annoncée de Guantanamo retire un des arguments majeurs de la rhétorique jihadiste*. Et les frappes de missiles américains

---

* À titre d'exemple, Zawahiri affirme, le 20 février 2005, que « Guantanamo dévoile le vrai visage de la réforme et de la démocratie que l'Amérique veut diffuser dans nos pays. »

aux confins du Pakistan n'épargnent plus le noyau dur de l'organisation[4].

En janvier 2001, Ben Laden était exalté par la préparation du 11-Septembre, il se voyait déjà en rédempteur de l'Islam, capable d'effacer quatorze siècles d'humiliations. Son organisation avait mis l'Union soviétique en déroute, elle allait désormais triompher de l'Amérique. En janvier 2009, Al-Qaida en vient à contempler, vingt ans après sa naissance, le risque de sa propre disparition. Ben Laden égrène les cycles de développement et de déclin de sa création. Il se dit « patient », car il ne peut s'avouer désespéré, il ne rêve plus de régénérer l'Islam, il se soumet aux desseins du Très-Haut. D'où ce livre et son projet : démêler l'enchevêtrement des neuf vies successives d'Al-Qaida avant qu'un terme n'y soit mis ou que n'émerge un nouvel avatar jihadiste.

Des centaines d'ouvrages ont été consacrés à Al-Qaida depuis le 11-Septembre*, nombre d'auteurs ont prétendu dévoiler les secrets de Ben Laden et de son organisation, les commissions d'enquête américaines, les instances judiciaires concernées et les institutions internationales spécialisées ont publié des dizaines de volumes de rapports denses et nourris, des banques de données sur les réseaux jihadistes ont vu le jour dans le monde entier, avec un accès plus ou moins libre sur Internet. Tout un marché de l'expertise et de la consultance antiterroristes s'est développé sur les ruines du World Trade Center, amalgamant des compétences très hétérogènes pour une littérature à l'intérêt contrasté. Dans cette masse colossale d'informations, d'approximations et de contre-sens, il est souvent

---

* Amazon.com proposait en juin 2009 plus de 15 000 titres liés à Al-Qaida et plus de 17 000 consacrés à Ben Laden.

malaisé de faire la part du feu, à défaut de pouvoir trier le bon grain de l'ivraie. Mais il est essentiel de saluer les reporters anglo-saxons qui, de Lawrence Wright à Jonathan Randal, en passant par Peter Bergen, Steve Coll et Jason Burke, ont témoigné de leur fidélité à la plus noble tradition du journalisme d'investigation. Al-Qaida a aussi inspiré un large éventail d'essais et d'analyses, utilisant des outils empruntés à des disciplines très diverses. Et la « guerre globale contre la terreur » s'est inévitablement accompagnée d'une fétichisation du concept de terrorisme, étudié comme un invariant, par-delà les âges et les sociétés.

Ce livre s'inscrit dans le prolongement des travaux menés au sein de la Chaire Moyen-Orient de Sciences Po, dirigée par Gilles Kepel, notamment *Al-Qaida dans le texte*, fort d'un appareil critique d'une remarquable rigueur, ou les thèses consacrées à l'Arabie saoudite par Thomas Hegghammer et Stéphane Lacroix, appelées à devenir des ouvrages de référence. Ben Laden et son organisation doivent d'abord être appréhendés en arabe, même si, par égard pour le lecteur, les sources ont, chaque fois que possible, été signalées en français ou en anglais. La clef de la compréhension d'Al-Qaida réside sans doute dans son rapport à l'Islam et dans la manière absolument nouvelle dont elle en a perverti le message. L'invention du jihad global relève d'une démarche révolutionnaire comme d'un projet totalitaire. La guerre proclamée contre l'Amérique couvre une guérilla incessante contre l'Islam « américain », en fait toutes les formes d'Islam que rejette Al-Qaida. Et c'est en perdant cette guerre contre l'Islam qu'Al-Qaida a toutes les chances de se perdre.

Rien n'est pourtant joué et la plus grande prudence s'impose dans la prospective. Al-Qaida a prouvé, tout au long de ses vingt années d'existence, sa redoutable faculté d'adaptation, de transformation et de récupération. Cette recherche s'emploie d'abord à dévider l'écheveau des neuf métamorphoses qu'a connues Al-Qaida au cours de son histoire, afin de restituer toute sa dynamique à l'analyse, trop souvent statique, d'un réseau en permanente évolution. Dans un second temps, ce livre présentera les ressorts majeurs qui ont alimenté l'expansion du jihad global, avant de se retourner aujourd'hui contre lui. L'organisation de Ben Laden est menacée de se dissoudre dans les limbes de l'Islam, minée qu'elle est par son impuissance à peser sur le cours des événements. Mais elle peut aussi éclater en une constellation incontrôlable de cellules terroristes à l'autonomie destructrice. Et un conflit majeur offre toujours au jihad global la capacité de relancer sa mobilisation.

Al-Qaida mise sur les amalgames et les confusions pour amplifier son influence et son impact. Sans fatalité ni tabou, il importe dès lors de revenir aux faits, irréductibles et têtus, et de dissiper avec persévérance les rideaux de fumée. Le parcours extraordinaire du jihad global est parsemé de pièges et de vertiges. Bien des chemins de traverse se présentent à l'arpenteur et aucun n'est dénué d'intérêt, mais il convient de ne pas perdre la piste tortueuse de Ben Laden et de son organisation. Suivre le déroulement de ces neuf vies d'Al-Qaida, c'est accepter tous les possibles dont reste porteuse cette histoire-là. C'est surtout mesurer les chances qu'a le nouveau président américain de tourner enfin la sombre page du 11-Septembre.

La « guerre globale contre la terreur » de George W. Bush n'avait aucune chance d'être gagnée, elle n'a su qu'ouvrir de nouveaux fronts et envenimer de vieilles plaies, tandis qu'Al-Qaida se reconstituait dans les zones tribales pakistanaises. L'invasion américaine de l'Irak a dramatiquement aggravé la menace terroriste, notamment sur le continent européen, et Al-Qaida n'a pu que profiter de cet effet d'aubaine. Il faut tirer et méditer les leçons de cette histoire immédiate pour prévenir de futures tragédies. En replaçant la lutte contre l'organisation de Ben Laden au cœur de la mobilisation internationale, Barack Obama a défini un objectif ambitieux, mais accessible : le démantèlement de l'infrastructure d'Al-Qaida aux confins de l'Afghanistan et du Pakistan, soit la neutralisation à la source de la menace du jihad global.

Ben Laden prend ce recentrage stratégique tellement au sérieux qu'il s'épuise à discréditer Barack Obama, à la veille de son discours du Caire, en juin 2009. Mais là où le président des États-Unis prône la réconciliation historique avec l'Islam, le chef d'Al-Qaida ne parle que de la guerre au Pakistan et de son caractère inexpiable*.

Al-Qaida représente la première organisation terroriste à vocation planétaire, mais elle n'a pu promouvoir ce projet international qu'à la faveur d'un détournement sans précédent des valeurs de l'Islam. C'est pourquoi le jihad global s'est heurté depuis l'origine à une résistance opiniâtre dans le monde musulman, et il s'est vengé en y infligeant le plus clair de sa violence. Le déchiffrement et l'interprétation des neuf vies d'Al-Qaida conduisent aussi à appréhender l'ampleur du rejet et de l'isolement de son jihad global. Là réside la clef de son devenir et de notre sécurité. Y a-t-il une vie pour Al-Qaida après Obama ? À vous de juger.

---

* Le message de Ben Laden, diffusé le 3 juin 2009, est exclusivement consacré à l'offensive de l'armée pakistanaise contre les talibans dans la vallée de Swat. Le lendemain, à l'université du Caire, Barack Obama n'évoque Al-Qaida qu'à propos du 11-Septembre.

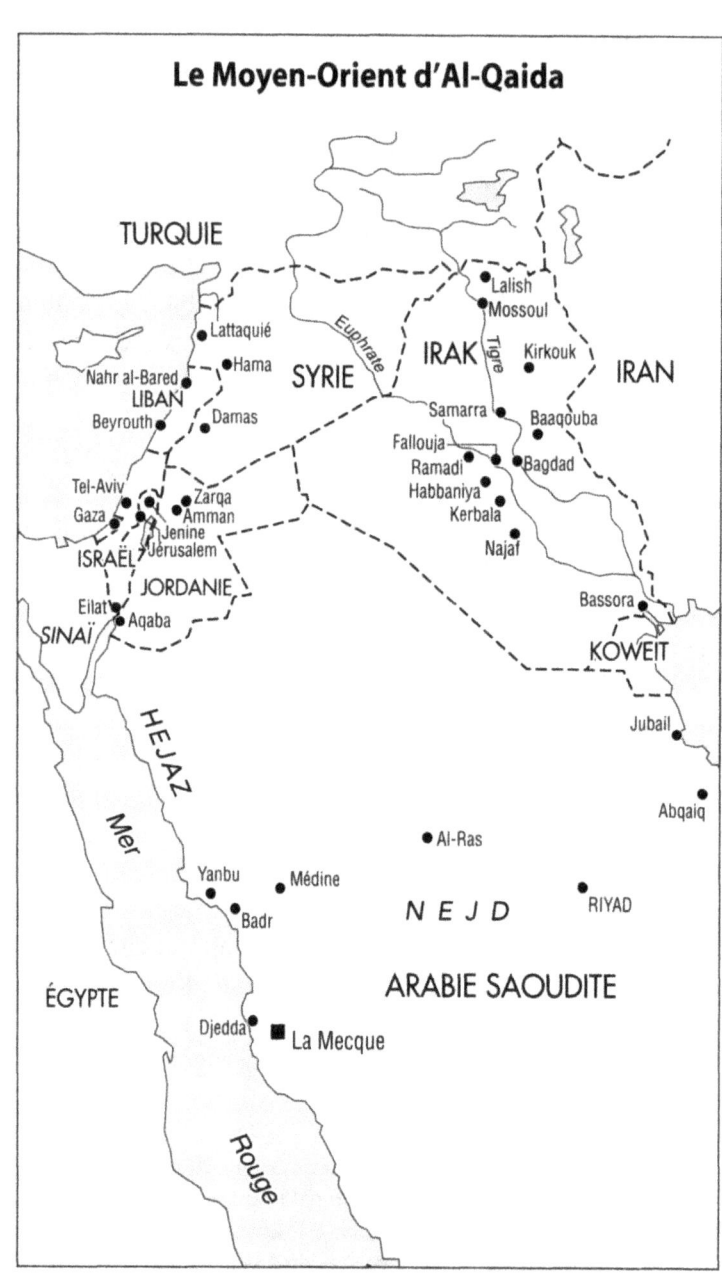

LES MÉTAMORPHOSES
D'AL-QAIDA

PREMIÈRE VIE

Le grand œuvre (1988-1991)

Au commencement, ils étaient trois. Ou plutôt deux contre un, avec la trahison en partage et la certitude de leur bon droit. Trois militants, déterminés à restaurer la puissance de l'Islam, trois justiciers ulcérés par les égarements et la passivité de leurs coreligionnaires : Abdallah Azzam, le Palestinien qui tourne le dos à la Palestine, Oussama Ben Laden, l'héritier saoudien en mal d'aventures exigeantes, et Ayman Zawahiri, le comploteur précoce, trop vulnérable pour ne pas haïr la vulnérabilité. Les destins de ces trois personnages, à l'ombre de la guerre de libération de l'Afghanistan, vont se croiser et déboucher sur un projet en rupture avec les quatorze siècles de la tradition islamique. Il est impossible de comprendre l'histoire du jihad global sans mesurer l'ampleur du divorce qui le fonde. Du passé comme du présent de l'Islam, Al-Qaida fait table rase. Mais seul un extraordinaire enchaînement de circonstances a pu favoriser l'émergence d'un tel refus. Pour en suivre les méandres, il convient de s'attacher aux pas d'Azzam, de Ben Laden et de Zawahiri.

Azzam, le Palestinien qui tourne le dos à la Palestine

Abdallah Azzam est né en 1941 à Silat al-Harithiyya, un village palestinien proche de Jenine, dans le nord de la Cisjordanie. Il n'est encore qu'un enfant lorsque la proclamation de l'État d'Israël, en 1948, jette des centaines de milliers de réfugiés sur les routes de l'exil. Plus des trois quarts du territoire de la Palestine mandataire passent sous le contrôle de l'État juif. La bande de Gaza accueille un éphémère « gouvernement de toute la Palestine », vite bridé par l'autorité égyptienne. Quant à la Cisjordanie, elle est promptement annexée par le royaume de Transjordanie, dont le souverain hachémite* fonde la Jordanie moderne sur « l'union des deux rives » (du Jourdain).

Les Frères musulmans** ont mobilisé sur tous les fronts

---

* La dynastie hachémite se réclame de la descendance du prophète Mohammed et de sa tribu des Bani Hachem, d'où son nom. Le chérif Hussein, gouverneur du Hejaz sous autorité ottomane, est encouragé par Londres à déclencher en 1916 la « Révolte arabe ». Ses espoirs d'établir un « royaume arabe » sur l'ensemble du Moyen-Orient sont frustrés par les accords de partage d'influence dans la région entre la France et le Royaume-Uni. Le fils de Hussein, Faysal, est chassé de Syrie par l'armée française en 1920 et il obtient le trône de l'Irak, à titre de compensation de la tutelle britannique. Son frère Abdallah est placé à la tête d'un État-tampon, créé par Londres entre ses deux mandats d'Irak et de Palestine, et appelé Transjordanie. Cette Transjordanie accède à l'indépendance en 1946 et elle devient le « royaume hachémite de Jordanie » en 1950, après l'annexion de la Cisjordanie. À la suite du renversement de la monarchie en Irak en 1958, la dynastie hachémite ne règne plus qu'à Amman.

** Les Frères musulmans sont fondés en Égypte en 1928 par Hassan al-Banna et ils intensifient leur recrutement, dès 1936, par leur investissement militant sur la question de Palestine.

de la lutte contre l'« ennemi sioniste », engageant, dans un combat parfois désespéré, leurs militants palestiniens, mais aussi égyptiens, syriens ou transjordaniens. Leur amertume est profonde face au triomphe d'Israël, mais leur rancœur se décline sur le registre de l'islamisme, et non du nationalisme. Les Frères musulmans entérinent ainsi l'annexion de la Cisjordanie, en apportant leur soutien au trône hachémite et en maintenant une structure unique pour l'ensemble du royaume. Cet accord tacite avec la monarchie permet à la confrérie de préserver en Jordanie un appareil légal et dynamique, alors que les crises successives plongent les branches égyptienne et syrienne dans la clandestinité*.

Les Frères musulmans sont alors nombreux dans le corps enseignant jordanien et c'est l'un d'eux qui initie l'adolescent Azzam à la doctrine de l'organisation. La piété du jeune militant est de plus en plus ostentatoire et elle ne faiblit pas lorsqu'Azzam devient instituteur sur l'une puis sur l'autre rive du Jourdain. Il choisit de reprendre ses études par correspondance et s'inscrit à la faculté d'études islamiques de Damas. Lors de ses séjours dans la capitale syrienne, il rencontre les plus grandes figures de la mouvance islamiste locale et il obtient brillamment sa licence de droit musulman. Sa situation sociale est en tout cas suffisamment assurée pour qu'il célèbre en 1965 ses noces avec une amie de sa famille, réfugiée très jeune en 1948 à Silat al-Harithiyya. Deux ans plus tard, Azzam, sa femme et leur fille doivent fuir la conquête

---

* Les Frères musulmans, dissous en décembre 1948 par la monarchie égyptienne, soutiennent le coup d'État militaire de juillet 1952. Le régime révolutionnaire de Gamal Abdel Nasser leur rend droit de cité, avant de se retourner contre eux en janvier 1954. La branche syrienne assume alors la direction internationale de l'organisation, avant de basculer elle aussi dans l'illégalité.

israélienne de la Cisjordanie. Ils franchissent le Jourdain pour s'installer d'abord à Amman, puis dans la banlieue populeuse de Zarqa, au nord-est de la capitale. L'effervescence est grande dans le royaume hachémite, dont la majorité de la population est palestinienne, et Abdallah Azzam ne peut rester indifférent à la mobilisation anti-israélienne des militants islamistes. Ses hagiographes magnifieront plus tard sa contribution au « jihad palestinien », mais cette participation s'avère limitée à quelques mois en 1968-69 [1]. Azzam fustige le nationalisme des factions qui, dans le sillage du Fatah de Yasser Arafat, prennent le contrôle de l'Organisation de libération de la Palestine (OLP). Embauché à l'université d'Amman, Azzam se garde de prendre position lors des affrontements qui opposent l'armée jordanienne à l'OLP à l'automne 1970, et qui passeront à la postérité sous le nom de « Septembre noir ». Les commandos palestiniens, expulsés de Jordanie, se regroupent au Liban et ils ferraillent avec les différents États arabes pour défendre l'identité nationale des réfugiés de 1948.

Abdallah Azzam choisit au contraire de servir la monarchie hachémite, dont le roi Hussein est qualifié par la propagande de l'OLP de « bourreau », voire de « Néron d'Amman ». Azzam se détourne encore plus du combat palestinien en se rendant au Caire, en 1971, pour y poursuivre ses études religieuses. Ce n'est plus l'Égypte de Gamal Abdel Nasser et de son panarabisme flamboyant, mais celle d'Anouar Sadate, son successeur, sensiblement moins hostile à la thématique islamiste. Durant les deux années où Azzam prépare son doctorat à l'université d'Al-Azhar, il se lie avec plusieurs personnalités fondamentalistes et fréquente la famille de Sayyid Qotb, l'idéologue des Frères musulmans, pendu en 1966. De retour à

Amman, il reprend son enseignement à l'université. Le conservatisme de ses thèses est tel qu'il est qualifié de « Sayyid Qotb jordanien[2] ». Au bout de six années, la popularité de ses conférences finit par inquiéter les autorités jordaniennes. Mais Azzam, coopté à la direction collégiale des Frères musulmans en Jordanie, refuse d'amender ses thèses. Il préfère partir au printemps 1981 pour l'Arabie saoudite et enseigner à l'université du roi Abdelaziz de Djedda. Rien ne prouve que ses cours aient été suivis par Oussama Ben Laden qui étudie alors la gestion dans la même université.

Azzam n'accorde longtemps que peu d'intérêt à l'Afghanistan, dont le territoire a été envahi par les troupes soviétiques dans les tout derniers jours de 1979. L'Arabie saoudite se mobilise pourtant sur ce dossier qui lui permet de valoriser, à l'intérieur comme à l'extérieur du royaume, son engagement islamiste et son militantisme anticommuniste. Le jihad contre l'Armée rouge est à l'ordre du jour et de nouvelles coopérations s'instaurent discrètement en ce sens avec les États-Unis, le Pakistan, ou même l'Égypte. Riyad mandate un cadre égyptien des Frères musulmans, Kamal al-Sananiri, auprès des différentes formations de la résistance afghane installées dans la ville pakistanaise de Peshawar. Multipliant navettes et conciliabules, Sananiri assure la liaison entre les factions combattantes et leur parrain saoudien. Il impose leur coordination formelle sous l'égide d'Abdel Rassoul Sayyaf, un des rares dirigeants afghans à maîtriser l'arabe, de surcroît diplômé d'Al-Azhar. Mais la tâche est immense et Sananiri cherche à susciter d'autres vocations au sein des Frères musulmans.

À l'occasion d'un pèlerinage à La Mecque, en septembre 1981, Azzam rencontre Sananiri qui se montre intarissable sur la vitalité du jihad antisoviétique. Sananiri ne ménage sans doute aucun argument pour convaincre Azzam de le rejoindre au service de cette cause. Azzam, qui a tourné le dos depuis une décennie à la lutte palestinienne, ne tarde pas à prendre sa décision. Afin de ne pas compromettre sa carrière universitaire en Arabie, il négocie un détachement auprès de la nouvelle université islamique d'Islamabad, financée par celle de Djedda[3]. Azzam rejoint le Pakistan en novembre 1981[4], il s'installe dans la capitale, mais il voyage fréquemment à Peshawar. Son rôle d'intermédiaire entre les factions afghanes et les islamistes arabes s'accentue après la disparition de Sananiri (arrêté dans les rafles qui suivent l'assassinat du président Sadate, en octobre 1981, Sananiri décède en prison ; les autorités égyptiennes affirment qu'il s'est suicidé, tandis que les Frères musulmans dénoncent une mort sous la torture).

L'engagement d'Azzam monte progressivement en puissance. En 1982, il concentre ses cours à Islamabad sur une période limitée, afin de pouvoir prolonger ses déplacements à Peshawar par des incursions en Afghanistan même, dans des zones tenues par la guérilla. L'invasion israélienne du Liban, le siège de Beyrouth et les massacres dans les camps palestiniens de Sabra et de Chatila ne distraient pas Azzam de sa voie afghane. Il s'emploie à justifier la solidarité avec les moujahidines antisoviétiques, plutôt qu'avec ses propres compatriotes palestiniens, pourchassés ou liquidés. En 1983, Azzam fourbit les concepts dogmatiques, acquis lors de ses études de droit islamique à Damas et au Caire, et il en tire une fatwa prescrivant le jihad en Afghanistan comme une obligation individuelle (*fard 'ayn*). Le sujet est délicat, car des siècles de jurisprudence islamique ont bien distingué le « jihad offensif », mené par une fraction de la communauté musulmane au nom de celle-ci, et le « jihad défensif », dont l'obligation, collective (*fard kifaya*), ne peut devenir individuelle que dans des cas très précis. Azzam s'attache à démontrer que le « jihad défensif » en Afghanistan ne concerne pas que le peuple afghan, directement agressé, mais l'ensemble des musulmans du monde entier qui ont dès lors pour obligation individuelle de contribuer au jihad antisoviétique. Azzam place la barre d'autant plus haut qu'il sait que seule une poignée de militants arabes a effectivement rejoint la résistance afghane.

En 1984, la frustration d'Azzam face à la passivité arabe est telle qu'il réitère sa fatwa de l'année précédente et la fait endosser par quatre personnalités islamistes (syrienne, égyptienne, saoudienne et yéménite). Mais le cheikh Abdelaziz Ben Baz, la plus haute autorité religieuse d'Arabie, se garde bien de cautionner un texte aussi militant, selon lequel « si un empan d'un territoire musulman est attaqué, le jihad s'impose personnellement à celui qui habite ce pays et à celui qui en est voisin. S'ils sont trop peu nombreux, incapables ou réticents, alors ce devoir s'impose à ceux qui sont proches, jusqu'à gagner la terre entière.[5] » Azzam compare avantageusement la foi des moujahidines afghans aux compromissions de l'OLP avec l'URSS et le marxisme. Selon lui, la Palestine a beau demeurer « la cause sacrée de l'Islam », le jihad doit impérativement « commencer par l'Afghanistan[6] ». Joignant le geste à la parole, Azzam quitte Islamabad pour s'installer à Peshawar. Il y retrouve un jeune Saoudien dévoué à la cause afghane, Oussama Ben Laden.

Ben Laden, l'héritier dévoyé

Le berceau de la famille Ben Laden est la vallée de Dohan, dans la province yéménite du Hadramaout, à une centaine de kilomètres de l'océan Indien. Les natifs du Hadramaout se sont rendus célèbres au cours des siècles pour leurs talents de marchands et leur goût des expéditions lointaines. Aux caravanes du désert arabique ils ont préféré les aventures maritimes et ont essaimé une diaspora besogneuse de Zanzibar jusqu'à Java. C'est au cours d'une de ces entreprises au long cours que Mohammed Ben Laden, né au début du XXe siècle, perd, encore adolescent, son œil droit. Il retourne, meurtri et défait, dans le fief familial de Dohan, mais ne tarde pas à retenter sa chance, cette fois à Djedda. Il s'installe en 1925 dans ce grand port de la mer Rouge où débarquent les pèlerins à destination de La Mecque. Mohammed Ben Laden fait office de maçon, puis de contremaître, et il sait se rendre indispensable aux prospecteurs américains qui entament des forages pétroliers sur la côte orientale du tout jeune royaume d'Arabie saoudite *.

---

* C'est au milieu du XVIIIe siècle que se forge en Arabie centrale, dans la province du Nejd, l'alliance entre la tribu des Saoud et le prédicateur Mohammed Ibn Abdelwahhab. Le destin des Saoud est depuis lié à cette doctrine « wahhabite », d'un rigorisme particulièrement combatif. En 1902, Abdelaziz Ibn Saoud s'empare de la ville de Riyad, première étape de la conquête du Nejd. En 1925, c'est le Hejaz, avec les villes saintes de La Mecque et de Médine, qui passe sous son contrôle. En 1932, le royaume du Nejd et du Hejaz devient officiellement l'Arabie saoudite. Abdelaziz Ibn Saoud en demeure le souverain jusqu'à sa mort en 1953. L'Islam saoudien demeure très marqué par sa dimension wahhabite qu'il a diffusée avec son message dans tout le monde musulman au cours des deux dernières générations.

Mohammed et son frère Abdallah Ben Laden lancent dès 1931 leur propre société de construction. Ils gagnent la confiance de la famille royale et emportent les premiers grands contrats d'urbanisation de Riyad, la capitale qui émerge à peine de ses remparts de torchis. Ils diversifient leurs missions au fil des ans, passant de l'édification de bâtiments publics au percement d'axes routiers, à mesure que la monarchie saoudienne prend conscience d'elle-même et de la fortune que représente la manne pétrolière. En 1950, Mohammed Ben Laden est officiellement nommé « directeur général des travaux de construction du roi Abdelaziz Ibn Saoud », le fondateur de l'Arabie saoudite. En 1955, il est promu ministre, titre plus honorifique qu'administratif[7]. Il a ses entrées au cœur même du palais et sa position dominante dans l'industrie du bâtiment semble incontestable. En 1957, Abdallah Ben Laden choisit, fortune faite, de retourner dans l'Hadramaout, laissant Mohammed seul aux commandes du groupe Ben Laden.

Cette prise de contrôle intervient durant l'année 1377 du calendrier islamique, une année faste durant laquelle naissent 7 des 54 enfants qu'aura au total Mohammed Ben Laden. Chacune de ses quatre femmes est alors enceinte, notamment Alia Ghanem, âgée de quinze ans, que Mohammed vient d'épouser à l'occasion d'un de ses fréquents séjours en Syrie. L'adolescente est issue d'une famille pauvre de Lattaquié, sur la côte méditerranéenne, et, même si les Ghanem professent un sunnisme de bon aloi, la forte présence alaouite* dans cette partie de la Syrie a nourri

---

* Les alaouites émanent d'une dissidence d'une dissidence du chiisme. Ils sont donc généralement considérés par la majorité sunnite comme des hérétiques de l'Islam. Le théologien Ibn Taimiyya (1263-1328), référence du wahhabisme comme du jihadisme contemporains, affirme que les alaouites sont plus dangereux que les Croisés et qu'ils

l'hypothèse d'une conversion de fraîche date à l'orthodoxie de l'Islam[8]. Oussama Ben Laden naît à Djedda, moins d'un an après les noces de Mohammed et Alia, sans doute en janvier 1958 (mais la plupart de ses biographes retiennent l'année 1957, en l'absence d'état civil précis à cette époque en Arabie saoudite[9]). Quelques années après la naissance d'Oussama, Mohammed Ben Laden divorce d'Alia, dont il arrange le remariage avec l'un des cadres de sa société, lui aussi originaire du Hadramaout.

Mohammed Ben Laden supervise les plus prestigieux chantiers du royaume et imprime sa marque aux sanctuaires de La Mecque et de Médine. Il assure même, en 1964, la réhabilitation de l'Esplanade des Mosquées, dans la vieille ville de Jérusalem alors annexée au royaume de Jordanie. Ses travaux dans les trois lieux saints de l'Islam lui confèrent un prestige immense. Mohammed Ben Laden meurt dans un accident d'avion en 1967. Son fils aîné, Salem, que le patriarche avait préparé à assurer sa succession, assume celle-ci sans discussion. 2,27 % des actions de la compagnie sont théoriquement assignés à Oussama, comme à tous les autres héritiers mâles[10], mais c'est Salem Ben Laden qui décide souverainement des fonds alloués à tel ou tel de ses (demi-) frères ou sœurs.

Oussama n'a même pas dix ans lorsque disparaît ce père si peu présent. Son attachement déjà intense à sa mère n'en peut être que renforcé. Il intègre en 1968 l'école privée la plus huppée de Djedda, Al-Thaghr[11]. Le programme en est

---

doivent être combattus comme tels. Les persécutions incessantes et implacables amènent la population alaouite à se réfugier dans les montagnes du littoral méditerranéen, dans le nord-ouest de la Syrie actuelle. Les Frères musulmans syriens ont mené leur guerre civile contre le régime du Baas, de 1979 à 1982, au nom du jihad contre les alaouites.

résolument moderne et les enfants d'expatriés occidentaux y côtoient les jeunes Saoudiens. Oussama est un élève sérieux, mais effacé, dont les condisciples retiendront surtout l'allure dégingandée. À l'âge de quatorze ans, il est très impressionné par son professeur d'éducation physique, qui organise des cours du soir d'études islamiques. Cet enseignant, syrien, s'avère militer au sein des Frères musulmans et cette exposition, précoce et privilégiée, à la doctrine de l'organisation islamiste va être déterminante pour Oussama Ben Laden (comme elle l'a été pour Abdallah Azzam). Il est aussi possible que l'adolescent ait associé la personnalité charismatique de son professeur à la Syrie, pays d'origine de sa mère, où il passe tous ses étés.

En 1974, Oussama Ben Laden épouse une cousine de sa famille maternelle, Najwa Ghanem, âgée de quatorze ans, qui lui donnera onze enfants. Leur aîné est un garçon, Abdallah, et Oussama est dès lors surnommé, conformément à la tradition arabe, Abou Abdallah, le « père d'Abdallah ». En 1976, Ben Laden entame des études de gestion à l'université du roi Abdelaziz de Djedda, mais il est plus absorbé par son activité militante chez les Frères musulmans que par le cursus académique. Il se plonge dans les écrits de Sayyid Qotb, le « martyr » emblématique des Frères musulmans, et suit les conférences de son frère Mohammed Qotb, désormais installé en Arabie saoudite. Il se passionne pour le « jihad », en fait la campagne de terreur déclenchée dès 1976 par les Frères musulmans syriens contre le régime laïc du parti Baas [12]. Mais c'est l'invasion soviétique de l'Afghanistan qui radicalise son engagement.

Oussama Ben Laden est chargé par les Frères musulmans d'acheminer des fonds destinés au Jamaat Islami, le parti frère pakistanais, dont l'influence est majeure dans les coulisses de la dictature militaire de Zia ul-Haq. Il se rend en 1980 à Lahore auprès du Jamaat Islami, qui est censé distribuer l'aide aux moujahidines afghans en privilégiant les factions les plus radicales. Ben Laden rencontre aussi des responsables afghans, notamment l'incontournable Sayyaf, relais privilégié de l'Arabie saoudite. Ce premier déplacement sera suivi de nombreux autres, de 1980 à 1983. Ben Laden maintient un étroit contact à ce sujet avec un ancien professeur, Ahmed Badeeb, devenu directeur de cabinet du prince Turki, le chef des renseignements saoudiens[13]. Turki est le grand maître d'œuvre de la coopération avec la CIA et avec les services pakistanais (ISI/Inter Services Intelligence) dans le soutien à la résistance antisoviétique.

Oussama Ben Laden, jusqu'alors au second plan de la galaxie familiale, gagne en visibilité auprès des dirigeants du royaume saoudien. Outre Turki, il rencontre le prince Nayef, ministre de l'Intérieur. Salem Ben Laden, en entrepreneur madré, promeut son demi-frère Oussama à la tête d'un projet de rénovation de la mosquée du Prophète à Médine, moins pour ses compétences techniques qu'en raison de son nouvel entregent social. Oussama, alors âgé de vingt-cinq ans, gagne en assurance et en prestance. Ses navettes entre l'Arabie et le Pakistan se multiplient et il rencontre régulièrement Abdallah Azzam, qui le presse de venir le rejoindre. Oussama franchit le pas en 1984, avec l'approbation de Salem Ben Laden, qui se rend même au Pakistan et y supervise la réalisation d'un film célébrant l'activité « humanitaire » de son demi-frère auprès des réfugiés afghans[14]. Le groupe Ben Laden se trouve grandi de l'engagement d'un des siens au service d'une cause aussi valorisée par la monarchie saoudienne. Les bureaux de recrutement de la société peuvent ainsi faciliter le transfert de volontaires arabes vers le Pakistan. Et c'est sans doute par ce biais qu'Ayman Zawahiri, fraîchement libéré des geôles égyptiennes, se rend de Djedda à Peshawar[15].

ZAWAHIRI, L'INCANDESCENCE DE LA TRAHISON

Ayman Zawahiri est né en 1951 dans une famille de médecins de la banlieue du Caire, aux revenus modestes mais à la parentèle prestigieuse. Un oncle de son père a dirigé l'université d'Al-Azhar et un oncle de sa mère a été le premier secrétaire général de la Ligue arabe. De caractère ombrageux, le jeune Ayman est brillant à l'école et rigoureux dans sa pratique religieuse. Il est particulièrement influencé par un de ses oncles maternels, Mahfouz Azzam*, opposant résolu au régime d'Abdel Nasser, avocat et exécuteur testamentaire de Sayyid Qotb, le « martyr » des Frères musulmans[16]. La pendaison de Qotb en 1966 choque profondément l'adolescent Zawahiri qui décide de s'engager dans la subversion islamiste. Il n'a que quinze ans, mais il va, durant les quinze années suivantes, mener une double vie, celle de ses études et de sa profession de médecin, d'une part, celle de son militantisme clandestin, d'autre part.

Le groupuscule de Zawahiri privilégie l'entrisme au sein des forces de sécurité et, par crainte de l'infiltration, il ne dépasse jamais la quinzaine de membres. Un ami d'enfance de Zawahiri, Issam al-Qamari, devenu officier, assure l'interface avec d'éventuels putschistes. Cette phalange soudée par la discipline de l'illégalité cultive le « jihad islamique » sous l'influence intellectuelle de

---

* Il s'agit d'une simple homonymie avec les Azzam palestiniens, avec qui les Azzam d'Égypte n'ont aucune relation.

Sayyid Imam al-Sharif, plus tard connu sous les noms de « Docteur Fadel » ou d'Abdelkader Ibn Abdelaziz. Mais cette cellule clandestine, qui ne passera jamais à l'action, n'est qu'un élément d'une galaxie islamiste alors en pleine ébullition. Le mentor le plus respecté de la mouvance radicale est un cheikh pratiquement aveugle, Omar Abderrahmane, qui parraine en 1980 la coalition de la Gamaa Islamiyya, littéralement le « Groupe islamique ».

L'activisme clandestin de Zawahiri l'a considérablement éloigné des Frères musulmans dont il critique la passivité politique. Le jeune médecin officie pourtant au Caire dans une clinique gérée par la confrérie et c'est par le biais des Frères musulmans qu'il effectue un premier séjour au Pakistan, à l'été 1980. Il travaille dans les camps de réfugiés afghans installés à la frontière, autour de Peshawar, qui tentent d'accueillir les vagues humaines fuyant l'invasion soviétique. La misère et la souffrance des civils déracinés impressionnent le militant égyptien qui effectue quelques incursions en Afghanistan même [17]. Alors qu'Abdallah Azzam enseigne encore dans le confort de l'université de Djedda et qu'Oussama Ben Laden se contente d'acheminer des fonds à Lahore, Zawahiri devient un des premiers Arabes à faire l'expérience directe du jihad afghan. Il en revient transformé en Égypte et il repart dès mars 1981, toujours dans le cadre d'une mission médicale à Peshawar, cette fois pour deux mois. La perspective afghane donne une nouvelle dimension au « Jihad islamique » du docteur Zawahiri.

En octobre 1981, l'assassinat du président Anouar Sadate et le soulèvement d'Assiout font trembler le régime égyptien qui réagit avec une brutalité à la mesure de la menace. Des milliers d'opposants islamistes de toutes tendances sont incarcérés et Zawahiri tombe dans la nasse. Il accuse ses geôliers de lui avoir infligé les plus infâmes tortures et croit revivre dans sa chair les supplices infligés à Sayyid Qotb. Cependant, Zawahiri n'a pas la résistance de son « martyr » emblématique, il cède, il craque et il parle. Non content de dénoncer les militants de son groupuscule, il livre la cachette de son ami Qamari[18]. Zawahiri aura beau ensuite défier la justice égyptienne au cours de son procès, la faille ouverte par sa trahison est béante. Zawahiri est condamné à trois ans de prison, Qamari à dix, et la perversité du système les fait cohabiter dans la même cellule[19]. En 1984, c'est un Zawahiri brisé par la violence de l'État, mais aussi par sa propre faiblesse, qui recouvre la liberté.

Il n'est plus question pour le militant déshonoré de demeurer en Égypte. Un poste dans une clinique de Djedda lui permet de fuir cette patrie synonyme d'indicible honte. Toutefois, c'est l'Afghanistan d'avant la chute qui nourrit les rêves d'Ayman Zawahiri. Le jihad, avili à ses yeux en terre arabe, ne peut être là-bas qu'implacable et pur. Réhabilitation personnelle et relance du jihad s'identifient pour lui dans un même projet. Il faut fuir les terrains de trop d'abandons pour reconstituer au loin une communauté d'inflexibles combattants. Mais, tandis qu'Azzam et Ben Laden gardent l'Afghanistan pour horizon, Zawahiri pense déjà à la revanche contre les régimes arabes « impies » et à la vengeance contre leurs parrains occidentaux. C'est dans le huis clos de Peshawar que ces différentes visions du jihad vont s'affronter.

LE BUREAU DES SERVICES

En octobre 1984, Abdallah Azzam et Oussama Ben Laden, désormais installés à Peshawar, constatent que seuls une douzaine de volontaires arabes ont répondu à l'appel du jihad afghan. Ils établissent dès lors un Bureau des services (*maktab al-khidamât*) : cette structure-relais permet d'acheminer militants et fonds vers les provinces frontalières du Pakistan, en attendant de les infiltrer sur le théâtre afghan proprement dit. Azzam définit l'orientation idéologique du Bureau des services, notamment à partir du magazine arabophone *Al-Jihâd*, bientôt diffusé dans une cinquantaine de pays. Les États-Unis deviennent une terre de mission privilégiée, avec l'ouverture de représentations sur l'ensemble du territoire américain, et des tournées très suivies d'Azzam[20]. Ben Laden assure le volet financier de l'organisation, prenant en charge l'accueil de dizaines de familles de volontaires arabes[21]. Il peut bénéficier de l'assistance matérielle des renseignements saoudiens comme de la générosité de mécènes privés du Golfe. Le charisme de « l'imam du jihad » – c'est ainsi qu'Azzam est désigné par ses fidèles – complète l'efficace entregent de Ben Laden dans les campagnes de levée de fonds, particulièrement réussies dans la Péninsule arabique.

Les deux cofondateurs du Bureau des services, que l'expérience pakistanaise a déjà éloignés des Frères musulmans, larguent peu à peu les amarres avec l'organisation. L'écrasement de la ville de Hama, en mars 1982, a scellé l'échec tragique du soulèvement armé des Frères musulmans syriens et il a déclenché un virulent débat interne, dont émerge l'option stratégique en faveur de la voie politique. Azzam est désavoué par la branche jordanienne de la confrérie, qui refuse toute idée de soutien militaire au jihad afghan. Quant à Ben Laden, il n'a plus besoin de l'aval des Frères musulmans pour développer ses propres réseaux, il est devenu par lui-même une figure incontournable du triangle Arabie-Pakistan-Afghanistan.

L'islamiste algérien Abdallah Anas (de son vrai nom Boudjema Bounoua) adhère à la fatwa d'Abdallah Azzam sur l'obligation individuelle du jihad en Afghanistan. Il le rejoint dès 1984. Il contribue au lancement du Bureau des services, mais se consacre plutôt à des missions en territoire afghan. Il devient très proche du commandant Ahmed Shah Massoud qui tient la vallée du Panchir malgré les assauts répétés de l'Armée rouge. Véritable héros de la résistance afghane bien au-delà de son ethnie tadjike*, Massoud est traité avec suspicion par les services de renseignement pakistanais : l'ISI privilégie les responsables afghans installés sous son contrôle, au détriment des « commandants de l'intérieur » dont il redoute l'autonomie d'action. Azzam ne semble pas conscient de ces considérations et il fait tellement confiance à Anas qu'il lui accorde la main d'une de ses filles.

L'année 1985 voit une centaine de volontaires arabes rejoindre Peshawar. Accueillis par le Bureau des services, ils sont ensuite répartis dans des camps relevant de la

---

* La population afghane est d'une très grande diversité, mais les deux grands groupes ethno-linguistiques sont les Pachtounes, historiquement associés au pouvoir, et les Tadjiks persanophones. Les Pachtounes sont nettement majoritaires dans l'est et le sud de l'Afghanistan, de même qu'ils dominent les « zones tribales » dans le Pakistan voisin. Les Pachtounes sont souvent appelés Pathans au Pakistan, où ils représentent environ le dixième de la population – mais le cinquième des effectifs de l'armée.

faction d'Abdel Rassoul Sayyaf ou du Hezb Islami de Gulbuddine Hekmatyar, deux commandants pachtounes particulièrement bien vus de l'ISI. C'est aussi le moment où Ayman Zawahiri s'installe au Pakistan : il réintègre, sous l'autorité du Docteur Fadel, une organisation du Jihad islamique égyptien (JIE) destinée à surmonter le traumatisme de 1981. Zawahiri fréquente Ben Laden, mais il refuse de prêter allégeance à Abdallah Azzam comme « imam du jihad ». Obsédé par les questions de sécurité, Zawahiri accuse Anas et les volontaires algériens d'être infiltrés par la police politique de leur pays d'origine, une accusation alors assez répandue à Peshawar [22].

1986 représente l'année charnière du conflit afghan : Mikhaïl Gorbatchev prend la décision de principe d'un retrait soviétique, afin de consolider les réformes en URSS même, tandis que Ronald Reagan approuve la livraison secrète de missiles Stinger à la résistance afghane, ainsi rendue capable de contester la supériorité aérienne de l'Armée rouge. Le Bureau des services, porté par le couple Azzam-Ben Laden, tourne à plein régime, attirant des centaines, puis des milliers de volontaires arabes à Peshawar. Selon l'estimation fiable d'Anas, le nombre de moujahidines arabes atteint trois à cinq mille de 1987 à 1989, mais seulement un sur dix est engagé sur le terrain en Afghanistan [23]. Dans leur écrasante majorité, ces volontaires étrangers ne s'aventurent pas au-delà des zones tribales pakistanaises, où prévaut depuis l'Empire britannique une très large autonomie locale, propice à tous les trafics, et où l'identité pachtoune s'affirme historiquement les armes à la main *.

---

* Les zones tribales sont désignées depuis l'indépendance du Pakistan, en 1947, comme FATA (Federally Administered Tribal Areas) : elles échappent à l'autorité de la Province du Nord-Ouest (NWFP

Quant aux trois à cinq cents combattants arabes effectivement présents en Afghanistan, ils quittent rarement les provinces orientales de Khost et de Jalalabad*, adossées à la frontière pakistanaise. Tel est le cas d'Oussama Ben Laden : il établit une position en octobre 1986 à Jaji, à l'est de Khost, et, six mois plus tard, il y connaît son premier (et seul) engagement contre les forces soviétiques. Cette fraternité d'armes fonde une relation solide avec Sayyaf et Hekmatyar, bien implantés autour de Jaji, mais aussi avec Yunus Khales, le chef d'une autre faction du Hezb Islami, dont un des commandants, Jalaluddine Haqqani, dirige la résistance afghane à Khost. Ben Laden accompagne son engagement personnel aux côtés de Haqqani d'importants travaux d'aménagement militaire, plutôt sur le versant pakistanais de la frontière, dans la zone tribale du Nord-Waziristan [24]. Tous ces commandants pachtounes et leurs alliés arabes circulent librement dans cet espace voué au jihad, à la lisière de l'Afghanistan et du Pakistan.

La communauté arabe de Peshawar, isolée linguistiquement de son environnement local, entretient en vase clos la flamme de son jihad, dont elle exagère volontiers l'importance [25]. Elle comprend peu ou mal la spiritualité afghane, souvent brocardée pour son caractère supposé

North West Frontier Province), dont le chef-lieu est Peshawar. Islamabad est représenté dans les FATA par des administrateurs au pouvoir limité par la très large autonomie tribale et par l'absence de l'armée comme de la police fédérale. Les FATA sont divisés en sept agences tribales qui sont, du nord au sud : Bajaur, Mohmand, Khyber, Kurram, Orakzai (la seule agence à ne pas être frontalière de l'Afghanistan), Nord-Waziristan et Sud-Waziristan.

* Jalalabad est le chef-lieu de la province afghane du Nangarhar et Khost donne son nom à la province dont il est le chef-lieu (après avoir été rattaché à la province du Paktya, dont Gardez est le chef-lieu).

superstitieux ou sa méconnaissance des textes sacrés arabes. Ces préjugés culturels sont encouragés par les parrains saoudiens ou pakistanais de cette internationale moujahidine, le dogmatisme wahhabite convergeant à cet égard avec le rigorisme du Jamaat Islami. Dans le confort relatif des maisons d'hôte et des camps d'entraînement du Pakistan, les militants arabes se grisent de la supériorité de leur jihad et célèbrent leurs hauts faits contre les « infidèles » soviétiques. Ils se représentent avantageusement comme une avant-garde d'élus, dont l'Afghanistan régénéré ne sera que la première victoire.

Azzam n'est pas épargné par cette illusion lyrique. Il édicte en avril 1987 l'impératif d'une « base (*qâ'ida*) ferme dans le territoire musulman ». Cette irruption du concept de « la Base » (littéralement « Al-Qaida ») dans la rhétorique jihadiste s'accompagne d'une incantation subversive : « Le mouvement islamique ne sera capable d'établir la société islamique que grâce à un jihad populaire général, dont le mouvement sera le cœur battant et le cerveau brillant, pareil au petit détonateur qui fait exploser une grande bombe, en libérant les énergies contenues dans la nation musulmane et les sources de bien qu'elle retient en son tréfonds. [...] La société islamique a besoin de naître, la naissance se fait dans la douleur et la peine[26]. » La dramaturgie théorique de « la Base » est ainsi énoncée. Mais, pour que « Al-Qaida » prenne forme, il faut encore qu'elle s'émancipe pour de bon de l'« imam du jihad ».

Le meurtre du père

Abdallah Azzam a porté à incandescence une nouvelle conception du jihad, il a transformé en obligation individuelle ce qui était largement un impératif collectif et, surtout, il a rompu le lien historique entre un peuple, un territoire et le jihad qui y est livré : « Aujourd'hui, le jihad, au risque de sa propre vie et de son argent, est une obligation individuelle pour tout musulman, et toute la nation musulmane demeurera dans le péché tant que le dernier empan de territoire musulman n'est pas libéré des infidèles ; personne ne peut être absous de ce péché que les moujahidines [27] ». Azzam fait du monde entier le théâtre d'un jihad à l'ambition globale. Mais Azzam le Palestinien n'est parvenu à tourner le dos à la Palestine qu'en s'identifiant symboliquement au peuple afghan, « vaillant, viril et fier, sans ruse ni flatterie [28] ». Or, le nouveau jihad ne peut devenir pleinement global sans prendre ses distances avec la résistance afghane, enracinée dans sa terre et ses traditions.

Massoud est une des figures emblématiques de cette résistance indomptable et il tient bon dans son bastion du Panchir, si loin des intrigues de Peshawar. Azzam préserve de cordiales relations avec Massoud, par le biais de son gendre Anas. Mais les tensions entre les différentes factions afghanes s'aggravent avec la perspective du retrait soviétique, elles se polarisent entre Massoud et Hekmatyar, qu'Azzam espère encore réconcilier. Les services pakistanais veulent depuis longtemps que leurs clients pachtounes, actifs dans les zones frontalières, l'emportent sur les « commandants de l'intérieur ». Zawahiri épouse sans réserve cette exclusive et il accuse Massoud d'être « un agent des Français »[29]. Le jihadiste égyptien cultive ses bonnes relations avec Ben Laden, qu'il s'emploie à éloigner d'Azzam[30]. Les querelles récurrentes sur la gestion du Bureau des services ont déjà tendu les relations entre les deux fondateurs du réseau (l'impécunieux Azzam a été rappelé à l'ordre par Ben Laden, dont l'autorité croît à la mesure de son accès direct aux fonds saoudiens[31]) et Zawahiri fournit à Oussama le prétexte idéal pour politiser un contentieux peu avouable. Ben Laden souscrit ainsi à une pétition dénonçant Massoud, lancée à l'initiative de Zawahiri[32]. C'est sa première divergence publique avec son ancien mentor.

Ce désaccord sur Massoud s'aggrave d'un différend plus profond sur l'engagement des moujahidines arabes au sein ou aux côtés de la résistance afghane. Azzam refuse l'idée même d'unités arabes autonomes, alors que Ben Laden défend le principe et le symbole d'une force arabe indépendante. Il l'a mis en œuvre à Jaji, dans sa « Tanière des Compagnons », entouré d'une douzaine de combattants, surtout saoudiens et égyptiens. Ben Laden est l'émir, soit littéralement le « commandant », de la base de Jaji et il désigne comme adjoint un ancien colonel irakien, Mamdouh Mahmoud Salem, qui a pris pour nom de guerre Abou Hajer al-Iraqi. Deux anciens policiers égyptiens, très liés à Zawahiri, complètent ce dispositif militaire : il s'agit d'Amine Ali al-Rachidi (Abou Ubayda al-Banchiri) et de Mohammed Atef (Abou Hafs al-Masri)*. L'épreuve du

---

* Les noms de guerre sont à la fois garantie de discrétion et rite initiatique dans la confrérie du jihad. Conformément aux canons classiques de la généalogie tribale, ils sont composés de deux éléments : la *kunya*, soit la marque d'une paternité, réelle ou symbolique (Abou Abdallah, le « père d'Abdallah », pour Oussama Ben Laden), suivie de la *nisba*, l'appartenance géographique, objective ou revendiquée :

feu soviétique à Jaji en mai 1987 conforte le prestige personnel de Ben Laden face à Azzam.

Zawahiri voit dans l'autonomie opérationnelle le moyen d'afficher la spécificité, voire la prééminence des jihadistes arabes face à des mouvements afghans à l'orthodoxie vacillante. Il s'agit rien moins que de forger une élite militante et d'en purifier les rangs, dans la perspective des confrontations à venir, bien au-delà de l'Afghanistan. Sayyid Imam al-Sharif, alias Docteur Fadel, a précédé Zawahiri à Peshawar et a reconstruit le Jihad islamique égyptien (JIE) autour de l'arme fatale du takfir, littéralement « infidélisation ». Le terme arabe *takfir* dérive du mot *kâfir*, « infidèle », et désigne la réduction d'un musulman par un autre musulman au statut d'« infidèle », ou, pis, d'apostat, de traître à sa religion, et donc passible du châtiment suprême. L'accusation d'apostasie jetée ainsi à l'encontre d'un adversaire musulman l'exclut formellement de la communauté des croyants. Cet anathème permet de contourner la prohibition du jihad entre musulmans, car les ennemis sont stigmatisés comme des apostats, dont l'élimination peut devenir un impératif absolu. Le takfir représente une véritable machine de guerre civile, lancée au cœur de l'Islam par la fraction la plus sectaire de la diaspora arabe de Peshawar. La foi musulmane et sa pratique doivent être purifiées par l'avant-garde combattante, regroupée dans les camps jihadistes.

Sous la plume du Docteur Fadel, les camps d'entraînement sont transfigurés en « modèles en miniature de l'islamisme militant et collectif, car les prescriptions religieuses en vigueur dans les camps peuvent s'appliquer à

Atef est bel et bien « égyptien » (Masri), tandis que son compagnon Rachidi affiche ses faits d'armes au Panchir (Banchiri).

la société islamique[33] ». La « préparation au jihad » se décline suivant deux dimensions : le niveau « horizontal » ou « matériel » concerne l'entraînement militaire proprement dit, mais c'est la dimension « verticale » et idéologique du jihad qui lui confère sa véritable portée révolutionnaire[34]. Un triptyque militant se met en place, entre le takfir, l'hégire et le jihad : la société musulmane d'origine et ses dirigeants sont stigmatisés comme « infidèles », d'où l'impératif de l'hégire, en imitation du voyage fondateur du prophète Mohammed, de La Mecque vers Médine. Ben Laden est pleinement entré dans cette logique en modelant sa « Tanière des Compagnons » sur le précédent revisité de Médine[35]. Les camps des jihadistes arabes deviennent les laboratoires de l'Islam régénéré, où l'apprentissage à la guerre contre les « infidèles » est censé ouvrir la voie à la liquidation des musulmans « traîtres » et autres « apostats ».

Le bras de fer entre Azzam et Ben Laden se durcit après l'annonce, en avril 1988, d'un prochain désengagement soviétique, qui porte en lui la fin programmée du Bureau des services. Zawahiri encourage Ben Laden à fonder sa propre organisation et à s'inspirer de « la base » de Jaji. Cette « base militaire » (*qâ'ida askariyya*), avant-garde du jihad global, sera complétée par la « base de données » (*qâ'ida al-ma'lûmât*) des volontaires arabes du Bureau des services. Telle est la double nature d'Al-Qaida : l'ancrage territorial et limité ne prend son sens que par la mise en réseau, dans une dialectique inédite et transnationale. Du 18 au 20 août 1988, une quinzaine de jihadistes arabes se réunissent secrètement à Peshawar, ils établissent Al-Qaida et ils prêtent allégeance à Ben Laden. Les vétérans de Jaji et le groupe de Zawahiri constituent l'armature de « la Base ». Ils passent outre aux dernières limites posées par Azzam au jihad global, car l'humiliation de l'Armée rouge n'est pour eux qu'une étape, glorieuse mais inaboutie.

Le dernier soldat soviétique quitte l'Afghanistan en février 1989, laissant en place un régime communiste à Kaboul. Les services pakistanais, loin de désarmer le jihad afghan, décident de concentrer l'offensive antigouvernementale sur la ville de Jalalabad, qui tient la route de Peshawar à Kaboul. Ils encouragent leurs affidés à se lancer à l'assaut de Jalalabad, dans l'espoir d'installer dans cette capitale provinciale le siège d'un gouvernement provisoire pro-pakistanais. Ben Laden se joint à l'offensive à la tête de quelques centaines de combattants arabes, dont il est désormais l'émir incontesté. Mais la garnison communiste de Jalalabad, horrifiée par les supplices infligés aux prisonniers tombés aux mains de leurs assaillants, tient bon. La manœuvre moujahidine, très mal coordonnée, tourne au désastre, Ben Laden perd des dizaines de ses hommes et Zawahiri, qui opère dans des conditions de fortune, sauve très peu des combattants blessés. Cette débâcle n'empêche pas Al-Qaida de tenir sa première réunion de recrutement peu après, au camp Farouk établi par les jihadistes égyptiens non loin de la « Tanière » de Jaji. En contrepartie d'une discrétion et d'une loyauté absolues, les nouveaux membres se voient garantir par Al-Qaida salaire, protection sociale et billet aller-retour annuel dans leur pays d'origine[36]. L'expérience du Bureau des services permet de soigner la gestion des ressources humaines.

Ben Laden délègue une large part de la supervision d'Al-Qaida à Zawahiri et à son groupe. Il prépare un retour remarqué en Arabie saoudite, où sa réputation de combattant n'a en rien pâti du revers de Jalalabad. Il a des projets d'infiltration jihadiste dans le Sud-Yémen marxiste, inamovible soutien du régime « infidèle » de Kaboul. Ben Laden prend congé d'Azzam à Peshawar et les deux pionniers des « Afghans » arabes échangent une accolade émue [37]. Le 24 novembre 1989, l'« imam du jihad » et deux de ses fils meurent dans l'explosion de leur voiture à Peshawar. Le KGB, la CIA, l'ISI ou le Mossad sont accusés par les uns ou les autres de cet attentat ; certains y voient la main d'Hekmatyar, voire de Zawahiri [38]. Mais Azzam avait déjà été détrôné par Ben Laden dans les cercles les plus militants de Peshawar. La disparition physique de l'« imam du jihad » permet de revendiquer son héritage symbolique, tout en occultant les virulents différends apparus en 1987-1989. Le Bureau des services est mort, vive Al-Qaida.

De Koweït à Khost

Oussama Ben Laden rentre en héros [39] à Djedda à l'automne 1989. Il incarne ce jihad victorieux qui fait rêver tant de jeunes Saoudiens, écœurés par le matérialisme de leur société. Son demi-frère Bakr Ben Laden a succédé à la tête du groupe familial à Salem, mort comme leur père dans un accident d'avion, en mai 1988. Oussama n'est au sein de sa parentèle qu'un Ben Laden parmi d'autres, traité sur un pied d'égalité, quoique sans égard particulier, alors même qu'il se sait à la tête d'un réseau d'un type nouveau, au fort potentiel de développement international. Mais le secret d'Al-Qaida est fort bien gardé en Arabie saoudite. Oussama Ben Laden affiche sa propre version du retour aux sources, en assistant la subversion jihadiste jusque dans le berceau familial du Hadramaout.

Le Sud-Yémen continue d'être une république démocratique et populaire, liée par traité à l'URSS et quadrillée par les conseillers militaires du bloc socialiste. Ben Laden organise depuis Djedda les réseaux des vétérans yéménites du jihad afghan et il les incite à lancer une guérilla islamiste contre le régime marxiste d'Aden. Le chef d'Al-Qaida accorde évidemment une importance particulière aux opérations visant le Hadramaout, mais elles ne gagnent jamais en ampleur. Ces manœuvres jihadistes, tolérables par Riyad tant que le drapeau rouge flottait à Aden, changent de nature après l'unification du Yémen du Nord et du Yémen du Sud au profit de Sanaa, en mai 1990. L'Arabie se félicite du sabordage du seul bastion communiste du monde arabe et la sécurité saoudienne prend soin de ménager ce nouveau voisin, réconcilié avec lui-même. Ben Laden est rappelé à l'ordre et son passeport est même saisi, pour le dissuader de poursuivre son agitation au Yémen.

Le chef d'Al-Qaida voue aussi aux gémonies jihadistes un autre régime frontalier de l'Arabie, celui du parti Baas en Irak. Saddam Hussein n'est à ses yeux qu'un « apostat »[40] et Ben Laden se vante d'avoir été plus clairvoyant que la plupart des Saoudiens lorsque l'Irak envahit le Koweït, en août 1990. C'est La Mecque et Médine qu'il faut désormais défendre contre la menace baassiste et Ben Laden voit là une cause à la mesure d'Al-Qaida. Il décide d'enrôler dans cette entreprise les jihadistes aguerris en Afghanistan, voire de rapatrier sans délai ceux qui s'y trouvent encore. Et il se précipite chez le prince Sultan, ministre de la Défense saoudien, pour lui proposer de mobiliser des dizaines de milliers de moujahidines à la frontière nord de l'Arabie saoudite.

Tandis que Ben Laden valorise ainsi son crédit jihadiste dans le Golfe, Zawahiri veille sur Al-Qaida depuis Peshawar.

Ses fidèles Atef (Abou Hafs al-Masri) et Rachidi (Abou Ubayda al-Banchiri) font régner une discipline de fer dans l'organisation. Même après le fiasco de Jalalabad, ils proscrivent toute critique interne et ils n'hésitent pas à menacer les voix contestataires, notamment celle de leur compatriote Mustapha Hamid (Abou al-Walid)[41]. Ainsi réduits au silence, les témoins du désastre ruminent leurs frustrations et trouvent, pour certains, un exutoire dans le siège de Khost, une capitale provinciale afghane qui paraît désormais plus accessible que Jalalabad. C'est Jalaluddine Haqqani, un allié historique de Ben Laden, qui commande le front et les jihadistes arabes le rejoignent sous la direction d'Abou Harith al-Ourdouni (le Jordanien)*. Parmi les autres volontaires jordaniens engagés à Khost, un jeune originaire de la ville de Zarqa, et dès lors surnommé Zarqaoui, connaît là son baptême du feu[42]. Mustapha Hamid mène en août 1990 une opération de longue haleine contre l'aéroport de Khost. Il n'en est que plus choqué de recevoir, en pleine montée en puissance, un ordre péremptoire de Ben Laden, transmis par l'intermédiaire d'Atef : tous les moujahidines originaires du Golfe doivent se retirer du front afghan, rejoindre Peshawar et être rapatriés en Arabie pour y contenir l'invasion irakienne du Koweït[43].

Ce diktat en dit long sur la hiérarchie des priorités pour Ben Laden et Al-Qaida : aucune terre ne saurait se comparer à l'Arabie saoudite, aucun jihad n'a de valeur face à la défense de La Mecque et de Médine, l'Afghanistan n'est qu'un théâtre secondaire d'où il est loisible de se désengager sans préavis. Mais l'offre de service de Ben Laden à la famille royale n'est pas acceptée et le prince Sultan

---

* Abou Harith est aussi surnommé al-Salti (du fait de sa naissance dans la ville jordanienne de Salt) ou Farouk.

ironise sur la différence de relief entre le désert saoudien et les montagnes afghanes. Le chef d'Al-Qaida est stupéfait de cette désinvolture du ministre de la Défense et il n'est pas plus pris au sérieux par le prince Turki, qui, à la tête du renseignement saoudien, l'a pourtant parrainé pendant près d'une décennie. Ben Laden est furieux d'apprendre la décision royale d'ouvrir le territoire saoudien à des centaines de milliers de militaires américains. Ce recours massif aux forces « infidèles » lui paraît injustifiable sur la « terre des deux Saintes Mosquées » de La Mecque et de Médine. Mais sa colère vire à la rage lorsqu'il comprend que la décision de principe de s'en remettre aux États-Unis avait été prise avant ses entretiens avec les princes Sultan et Turki.

Ben Laden avait toujours jusque-là ménagé l'Arabie saoudite et sa caste régnante, par conviction politique, par solidarité familiale comme par pur patriotisme. Le sentiment d'avoir été trahi en août 1990 s'accentue encore avec le maintien d'un important contingent américain, après la libération du Koweït en mars 1991. Ben Laden en conçoit une rancœur de plus en plus vive à l'encontre du régime, d'autant que le prince Nayef, ministre de l'Intérieur, continue de le priver de passeport. Le chef d'Al-Qaida ronge son frein et il est toujours retenu en Arabie lors de la chute de Khost, en avril 1991, aux mains de son ami Haqqani. Cette première victoire militaire d'ampleur de la résistance afghane permet d'effacer le douloureux souvenir de Jalalabad, même si la contribution arabe à cette conquête a, une nouvelle fois, été négligeable[44].

Les moujahidines afghans progressent sur tous les fronts, mais les tensions entre factions, encouragées par les services pakistanais, reprennent de plus belle. Ben Laden met en avant ses contacts privilégiés à Peshawar pour obtenir en mai 1991 la restitution de son passeport. Les considérations afghanes des renseignements saoudiens l'emportent finalement sur le principe de précaution, cher au ministère de l'Intérieur. Le départ de Ben Laden pour le Pakistan a tout d'une expulsion. Le chef d'Al-Qaida, amèrement déçu par son pays, ne sait pas qu'il ne reverra plus jamais l'Arabie saoudite. Pour lui, l'avenir est déjà ailleurs. Et, à ses yeux, le jihad sera global ou ne sera pas.

*
* *

Ainsi s'achève cette première vie d'Al-Qaida, période de déchirements et de doutes, d'exaltation et de défrichage. Trois destins individuels se rencontrent, se brisent et se radicalisent au service de ce grand œuvre. Azzam se détourne de sa Palestine natale, que la victoire sioniste a rendue inaccessible et dont la direction de l'OLP a obscurci l'horizon. L'Afghanistan devient la nouvelle frontière de la régénération par les actes et l'Islam arabe doit s'y ressourcer avant de récupérer ses terres spoliées. Zawahiri livre depuis l'adolescence une guerre de l'ombre contre le régime égyptien, qui le broie en retour et détruit en lui les ressorts du respect. Ce traumatisme enclenche une fuite en avant plus homicide que suicidaire, où chaque ennemi en cache un autre, voué à être éliminé pour purifier la phalange des élus. Quant à Ben Laden, il n'est nul besoin d'ausculter les méandres de sa parentèle pour appréhender le trouble du jeune Saoudien, confronté à la terrible intensité du jihad militaire. Un basculement s'opère sans retour et la voie de la renaissance s'ouvre dans le fracas et la fureur.

Ces parcours croisés n'ont pu déboucher sur Al-Qaida qu'à la faveur d'un environnement exceptionnel, une invraisemblable conjonction de l'histoire et de la géopolitique, aux résultats insoupçonnés. L'institution depuis 1947 de « zones tribales » de non-droit, dans le nord-ouest du Pakistan, a permis la mise en place à la frontière afghane d'un glacis autonome de camps d'entraînement, où s'est scellée une alliance durable entre commandants pachtounes et extrémistes arabes. L'interdiction faite à la CIA d'opérer directement en Afghanistan et la détermination de l'ISI à contrôler étroitement la guérilla afghane ont concentré sur ces limbes jihadistes les milliards de dollars affectés à la résistance antisoviétique. L'intolérance agressive des prêcheurs wahhabites et de leurs alliés pakistanais a ancré le mépris de la piété populaire de la paysannerie afghane, validant le slogan d'une réislamisation brutale comme préalable à la libération des « infidèles ». Et les facilités offertes au Bureau des services ont favorisé le développement d'une véritable « Internationale jihadiste », y compris sur le territoire américain.

Al-Qaida pousse la pensée d'Azzam jusqu'à son aboutissement ultime et elle devient dans son extraordinaire ambition ce que « l'imam du jihad » n'osait lui-même concevoir. Ben Laden s'affranchit de la tutelle morale du Bureau des services, en étant promu émir d'Al-Qaida. Zawahiri encourage cette alchimie par tous les moyens possibles et il apparaît ainsi comme le démiurge du jihad global. Mais Al-Qaida demeure encore suspendue à une vision saoudienne et elle le prouve en sommant les combattants arabes de Khost d'abandonner le front afghan pour rejoindre l'Arabie. Les déboires de Ben Laden dans sa patrie et son expulsion de fait hors d'Arabie propulsent Al-Qaida dans un territoire vierge. Le grand œuvre doit structurer son ambition globale, ne serait-ce que pour simplement perdurer. Après la chambre d'expérimentations de l'Afghanistan, l'heure est venue de la salle d'opérations du Soudan.

DEUXIÈME VIE

L'exil soudanais (1991-1996)

Oussama Ben Laden retrouve Peshawar un an et demi après l'avoir quitté pour l'Arabie, et il reconnaît mal la ville de ses premières aventures. Sa relation privilégiée avec Gulbuddine Hekmatyar a souffert du soutien apporté par celui-ci à l'invasion irakienne du Koweït. Le chef d'Al-Qaida en soigne d'autant plus sa complicité avec Yunus Khales, le chef de la branche rivale du Hezb Islami, et avec Jalaluddine Haqqani, tout auréolé de la victoire de Khost. Mais les autres commandants afghans considèrent Ben Laden moins comme un frère d'armes que comme un généreux mécène[1]. Et les services pakistanais entendent bien garder la haute main sur toute offensive en direction de Kaboul.

La plupart des jihadistes saoudiens et yéménites avaient quitté le Pakistan dans le sillage de Ben Laden en 1989-1990 et le « contingent » algérien n'avait pas tardé à retourner, lui aussi, dans son pays d'origine, alors en pleine ébullition politique*.

---

* Le Front islamique du salut (FIS), légalisé en septembre 1989, remporte en avril 1990 les élections municipales en Algérie, infligeant

La communauté arabe de Peshawar reste donc dominée par les radicaux égyptiens et l'empreinte du groupe de Zawahiri sur le fonctionnement d'Al-Qaida n'en est que plus forte. Sur le plan idéologique, Zawahiri diffuse depuis Peshawar un virulent pamphlet à l'encontre des Frères musulmans, « La moisson amère », où il martèle que « le combat contre les apostats doit précéder le combat contre les infidèles [2] ». Le jihad, non content d'être global, doit aussi viser prioritairement les musulmans désignés à la vindicte de l'organisation.

Le camp Farouk, situé dans la province afghane de Khost, non loin de la frontière pakistanaise, est le principal centre de cantonnement et de formation d'Al-Qaida*. Les recrues de l'organisation y sont instruites par un jihadiste égyptien, Ali Mohammed, ancien membre des Forces spéciales américaines, surnommé de ce fait Abou Mohammed al-Amriki (l'Américain) [3]. L'accent mis de longue date par Zawahiri sur l'entrisme dans les appareils de sécurité porte ses fruits bien au-delà de l'Égypte. C'est ainsi que les manuels de Fort Bragg se fraient un chemin jusque dans les sanctuaires arabes d'Afghanistan. Un autre instructeur à la forte personnalité est un jihadiste syrien formé en Irak au maniement des explosifs, Mustapha Setmariam Nassar,

---

un camouflet historique au Front de libération nationale (FLN), l'ancien parti unique. Le FIS appelle à la grève générale en mai 1991 pour protester contre un changement de la loi électorale. Par ailleurs, de nombreux « Afghans » algériens rejoignent des maquis jihadistes, notamment ceux du Mouvement islamique armé (MIA).

* Ce camp, établi par les jihadistes égyptiens durant les dernières années de la lutte antisoviétique, ne doit pas être confondu avec deux autre camps « Farouk », ouverts, une décennie plus tard, sous la protection du régime taliban, l'un non loin de Kandahar, l'autre dans la banlieue de Kaboul.

plus connu sous le nom d'Abou Moussab al-Souri. Les onze volumes de *L'Encyclopédie du jihad*, dont la compilation a été financée par Ben Laden[4], récapitulent les différentes techniques enseignées dans ces camps.

L'INVITATION DE KHARTOUM

Le général Omar al-Bachir a pris le pouvoir au Soudan en juin 1989, abolissant le pluralisme politique et syndical, mais l'éminence grise de cette dictature est Hassan Tourabi, un idéologue retors et un manœuvrier hors pair. Diplômé des universités de Londres et de la Sorbonne, Tourabi a longtemps dirigé la branche soudanaise des Frères musulmans, puis a élargi ses ambitions à un panislamisme d'un type nouveau. Il y voit le moyen le plus sûr de sortir le Soudan de son isolement géopolitique, ainsi que de l'affranchir de la pesante influence égyptienne. Tourabi profite du trouble suscité par l'intervention américaine dans le Golfe pour convier à Khartoum, en avril 1991, une « Conférence populaire, arabe et islamique ». Il se promeut secrétaire général de ce grand rassemblement du radicalisme islamiste, aussi bien sunnite que chiite, et il le pose en alternative militante à l'Organisation de la Conférence islamique (OCI), structure interétatique d'inspiration saoudienne.

Ben Laden apprécie la condamnation par Khartoum du déploiement des troupes « infidèles » en Arabie. Et Zawahiri tisse sa toile dans la nébuleuse islamiste qui s'installe progressivement au Soudan, sous la protection de Tourabi. Le mentor de la dictature ne voit que des avantages à accueillir les « vétérans » arabes du jihad afghan, surtout s'ils sont accompagnés d'un prospère bailleur de fonds saoudien. Lorsque Ben Laden reçoit l'invitation de Tourabi, il se sent exclu de toute planification militaire en Afghanistan et de plus en plus contrôlé au Pakistan même. Zawahiri pousse à un transfert d'Al-Qaida vers un pays frontalier de l'Égypte. Un membre soudanais de l'organisation, Jamal al-Fadl, recruté *via* le Bureau des services aux États-Unis [5], se rend en éclaireur à Khartoum. Ali Mohammed escorte Ben Laden et ses proches, en décembre 1991, du Pakistan au Soudan.

Le chef d'Al-Qaida fréquente régulièrement Hassan Tourabi. La désinvolture volubile de l'idéologue soudanais contraste avec la réserve hautaine de son invité saoudien. Ben Laden est vite encouragé à s'impliquer dans de nombreux projets économiques où se mêlent les investissements du groupe familial à Port-Soudan, le développement de sa propre société, Wadi al-Aqiq, et de discutables participations dans diverses entreprises locales. C'est à Khartoum que Ben Laden apprend la chute du régime communiste de Kaboul, en avril 1992. Cette nouvelle accélère le départ, du Pakistan vers le Soudan, de quelque cinq cents jihadistes étrangers, tandis qu'Al-Qaida ne maintient qu'une présence résiduelle en Afghanistan autour du camp Farouk.

Durant les quatre années suivantes, Khartoum devient l'épicentre de l'organisation. Ben Laden est d'emblée sédentaire, mais Zawahiri attend 1993 pour mettre un terme à ses pérégrinations plus ou moins clandestines, de la Bosnie aux États-Unis, en passant par le Caucase, les Philippines ou l'Argentine [6]. Zawahiri marginalise progressivement le « Docteur Fadel » qui part s'installer au Yémen et qui abandonne à son ancien disciple la direction du Jihad islamique égyptien (JIE). La branche militaire d'Al-Qaida demeure sous l'autorité d'Abou Ubayda al-Banchiri, assisté de Mohammed Atef (Abou Hafs al-Masri), tous deux transfuges des forces égyptiennes de sécurité et basés à Khartoum.

La cible américaine

Ben Laden et Zawahiri vivent l'effondrement de l'Union soviétique, à l'automne 1991, comme une retombée directe de la victoire moujahidine en Afghanistan, dans laquelle ils s'attribuent un rôle déterminant. Cette illusion stratégique amène le jihad global à se tourner avec aplomb vers l'autre superpuissance « infidèle » : les États-Unis. L'anti-américanisme agressif de Zawahiri est constitutif de son précoce militantisme clandestin, avant même l'expérience afghane. Ben Laden est initialement méprisant plutôt qu'hostile envers les États-Unis, mais il ressent le déploiement massif de troupes américaines en 1990-1991 comme une véritable occupation de l'Arabie saoudite. Pour Al-Qaida, les États-Unis deviennent un objectif légitime, voire prioritaire, alors même que l'implantation historique du Bureau des services, avec une trentaine d'antennes sur tout le territoire américain [7], fournit l'armature légale de cellules jihadistes.

L'intervention militaire des États-Unis en Somalie, lancée le 3 décembre 1992, est officiellement justifiée par un impératif humanitaire, dans un pays ravagé par la famine et les milices. Mais Ben Laden y voit le prolongement de l'« occupation » de la Péninsule arabique et une nouvelle agression « infidèle » contre un pays musulman. Abou Hajer al-Iraqi, l'ancien colonel irakien qui assistait Ben Laden à Jaji en 1987, a été promu responsable des affaires religieuses au sein d'Al-Qaida. Il a une formation en électricité, et non en charia, mais, à la différence de Zawahiri, médecin, et de ses fidèles, ex-policiers, Abou Hajer connaît le Coran par cœur et il le psalmodie avec émotion[8]. Il rédige pour Ben Laden un texte prescrivant le jihad contre les forces américaines en Somalie.

Cette déclaration de jihad est souvent présentée comme une fatwa[9], alors même que l'émir d'Al-Qaida n'a absolument aucune autorité dogmatique ou théologique pour édicter de tels avis juridiques. La volonté est claire d'imiter Azzam et sa fatwa de 1983 sur le jihad en Afghanistan, mais le texte est à usage interne de l'organisation. Dans un premier temps, Ben Laden mobilise ses partisans au Yémen, véritable base arrière de l'opération américaine en Somalie, et une bombe explose, le 29 décembre 1992, dans le plus luxueux hôtel d'Aden. Aucun militaire américain n'est touché, tandis qu'un touriste autrichien et un employé yéménite sont tués. Cet attentat est le premier à porter la marque d'Al-Qaida[10], même s'il n'est jamais revendiqué publiquement afin de ne pas compromettre les réseaux de l'organisation au Yémen.

La projection d'Al-Qaida sur le théâtre somalien proprement dit se révèle beaucoup plus complexe. En 1993, Atef établit, à faible distance de la frontière éthiopienne, des camps destinés aux extrémistes somaliens d'Al-Ittihad al-Islamiyya (AIAI), non sans rencontrer d'importants problèmes financiers et logistiques[11]. Mais la mission d'Atef à Mogadiscio s'avère encore plus délicate et elle tourne court[12], du fait du nationalisme volontiers xénophobe des milices somaliennes. Cela ne dissuade pas Ben Laden[13] et Zawahiri de revendiquer la responsabilité de l'humiliation de Washington en Somalie*. Selon un schéma appelé à se

---

* Le 3 octobre 1993, 18 militaires américains trouvent la mort lorsque leurs hélicoptères sont abattus à Mogadiscio par la milice de Mohammed Farah Aïdid.

répéter à de multiples reprises, la propagande d'Al-Qaida exagère grossièrement l'impact militaire de l'organisation, mais les forces locales sont trop occupées à se battre pour lui disputer le terrain médiatique. Ces victoires en trompe l'œil, contre l'URSS en Afghanistan, contre les États-Unis en Somalie, ancrent la mythologie fondatrice du jihad global.

Tandis qu'Al-Qaida vante ainsi ses prouesses virtuelles, une figure tutélaire de la subversion égyptienne encourage le passage à l'acte terroriste sur le sol même des États-Unis. Le cheikh Omar Abderrahmane, guide spirituel de la Gamaa Islamiyya et inspirateur des assassins du président Sadate, s'est installé en 1990 dans le New Jersey. Il y prêche une haine implacable des « infidèles [14] » et trouve une oreille attentive chez Ramzi Youssef, un Pakistano-Koweïtien formé au maniement des explosifs dans un camp afghan d'Al-Qaida [15]. Le 26 février 1993, Youssef déclenche une très forte charge dans le parking souterrain du World Trade Center dans le but de provoquer l'effondrement des Tours jumelles. Même si les calculs du terroriste s'avèrent erronés, six personnes périssent dans la déflagration. Youssef quitte les États-Unis sans être inquiété, mais le cheikh Abderrahmane est inculpé, puis condamné à la prison à perpétuité.

Al-Qaida n'est pas impliquée en tant que telle dans cet attentat ; Ben Laden ne sera mentionné dans le dossier d'accusation qu'en tant que financier du Bureau des services. Pour l'heure, l'emprisonnement du cheikh Abderrahmane aux États-Unis permet à Zawahiri de vilipender la félonie américaine, tout en neutralisant son rival le plus sérieux sur la scène jihadiste égyptienne. La surenchère terroriste fait en effet rage en Égypte entre les militants de la Gamaa Islamiyya et les partisans de Zawahiri qui, en novembre 1993, tuent une petite fille en croyant viser le Premier ministre. Divisé sur la tactique, désavoué par l'opinion et affaibli par la répression, le mouvement jihadiste en Égypte entre dans une crise profonde. Zawahiri se replie durablement sur Khartoum, il y affine sa vision globale d'un jihad déterritorialisé.

Le double choc de février 1994

Le 4 février 1994, un groupe armé s'attaque à la mosquée la plus fréquentée par la communauté saoudienne de Khartoum, dans la banlieue de la capitale. Une vingtaine de personnes sont tuées au cours de l'assaut, qui est mené par un ancien jihadiste de Peshawar, Mohammed al-Khilaifi, de nationalité libyenne. Khilaifi, personnalité violente et déséquilibrée, accuse les vétérans d'Afghanistan d'avoir trahi l'Islam et d'être devenus des « infidèles ». Il pousse ainsi à son extrême limite la logique du takfir, cette « infidélisation » systématisée par Zawahiri, qui justifie la mise à mort de l'adversaire. Khilaifi retourne l'arme du takfir contre les autres jihadistes, à commencer par les Saoudiens. Le 5 février, ce sont les bureaux de l'émir d'Al-Qaida qui sont mitraillés : Oussama Ben Laden et son fils aîné, Abdallah, ripostent aux agresseurs qui sont tués ou neutralisés [16].

Le choc est terrible pour Al-Qaida, qui se croyait protégée dans son sanctuaire soudanais. Le parcours trouble de Khilaifi laisse la porte ouverte à toutes les manipulations et Ben Laden accuse en privé les services égyptiens d'avoir cherché à l'éliminer [17]. Zawahiri saisit l'occasion pour renforcer encore son emprise en chargeant son fidèle Ali Mohammed d'assurer la sécurité personnelle du chef d'Al-Qaida. L'organisation, déjà rigide, se dote de nouvelles et sévères procédures. Le compagnonnage de Peshawar ne suffisant plus à prévenir la trahison, le noyau dur d'Al-Qaida se replie sur des fidélités anciennes et éprouvées. Plus que jamais, les militants saoudiens et égyptiens tiennent l'appareil clandestin et sont d'ailleurs mieux rémunérés que les autres membres de l'organisation, que ceux-ci soient ou non arabes.

Ébranlé par cette tentative de meurtre, le chef d'Al-Qaida est par ailleurs soumis aux pressions multiformes du régime saoudien qui veut à tout prix le réduire au silence. Depuis juin 1993, les parts d'Oussama Ben Laden dans le groupe familial sont gelées, à la demande officieuse du gouvernement. Sa mère, son oncle paternel ou l'un de ses jeunes frères se rendent à tour de rôle à Khartoum pour le convaincre de s'amender, de solliciter le pardon des autorités saoudiennes et de rentrer en Arabie [18]. L'émir d'Al-Qaida reste inflexible, au grand désespoir de ses parents. Le 20 février 1994, deux semaines après l'équipée sauvage de Khilaifi, Bakr Ben Laden publie au nom de la famille « une ferme condamnation de toute l'attitude d'Oussama [19] ».

Renié par les siens, l'émir d'Al-Qaida ne tarde pas à être déchu de sa nationalité saoudienne, tandis que tous ses avoirs sont gelés. Il réagit par une surenchère verbale contre la dynastie régnante qu'il accuse de toutes les compromissions. Il charge un de ses hommes de confiance, Khaled al-Fawwaz, de mener une virulente campagne publique contre le régime saoudien au nom d'un « Comité pour l'Avis et la Réforme » créé à cet effet. Fawwaz, jusqu'alors vigie d'Al-Qaida au Kenya, part s'installer à Londres, où un large éventail de factions jihadistes jouit d'amples facilités d'organisation et d'expression. Le cheikh jordanien Abou Qutada et le cheikh syrien Abou

Bassir al-Tartoussi ont tous deux fui la répression policière dans leur pays d'origine et ils développent en Grande-Bretagne leurs thèses révolutionnaires, qui attirent un public de plus en plus nombreux. Les mosquées radicales y deviennent des foyers d'effervescence jihadiste, où les activistes arabes se mêlent aux militants du sous-continent indien, eux-mêmes en phase avec la frange la plus contestataire des musulmans du Royaume-Uni.

Les services britanniques, obsédés par la menace du terrorisme irlandais, tolèrent la montée en puissance de ce « Londonistan », dont ils mesurent mal le potentiel subversif. C'est pourtant à Londres que Fawwaz retrouve Abou Moussab al-Souri, ancien instructeur des camps d'Al-Qaida en Afghanistan, désormais chargé de la propagande des jihadistes algériens. Le représentant de Ben Laden en Grande-Bretagne, ainsi conseillé et entouré, met en place un réseau solide de diffusion et d'influence. Les déclarations incendiaires de l'émir d'Al-Qaida à l'encontre de la monarchie saoudienne sont régulièrement télécopiées sous l'en-tête anodin du « Comité pour l'Avis et la Réforme ». Apatride et banni, Ben Laden, qui ne croit plus qu'au jihad sans frontière, trouve dans le « Londonistan » la chambre d'écho idéale pour exhaler sa haine contre Riyad.

Vendettas débridées

L'hospitalité intéressée de la dictature soudanaise et les ambitions internationales de Hassan Tourabi ont transformé Khartoum en carrefour de toutes les tendances radicales du monde arabo-musulman. Al-Qaida tire parti de cet environnement privilégié pour développer ses réseaux (notamment auprès du Jihad islamique érythréen*) et Zawahiri les complète par les contacts glanés au cours de ses propres pérégrinations. L'organisation a ainsi des émissaires dans toute l'Afrique orientale, tandis qu'Ali Mohammed procède en 1993-1994, à Nairobi et à Djibouti, au repérage de cibles occidentales d'éventuels attentats[20]. Les camps d'Al-Qaida en Afghanistan forment, entre autres, des militants du Mouvement islamique d'Ouzbékistan (MIO)** et du Parti de la renaissance islamique (PRI)*** du Tadjikistan, où le jihadiste saoudien Samir Suwailem, plus connu sous le nom de guerre de Khattab****, participe à la guerre civile dans le camp anticommuniste.

---

* L'organisation du Jihad islamique érythréen, établie en 1988, condamne en 1991 l'indépendance conquise par le Front populaire de libération de l'Érythrée (FPLE), dénoncé comme « chrétien ». Les infiltrations jihadistes s'intensifient en 1993-94 et le gouvernement érythréen, accusant le Soudan d'ingérence, rompt les relations diplomatiques avec Khartoum et transfère l'ambassade d'Asmara aux mains de l'opposition soudanaise.

** Le Mouvement islamique d'Ouzbékistan émerge en 1992 à l'initiative de Taher Yuldachev et de Joumabai Khojaev, âgés respectivement de 26 et 24 ans. Khojaev, ancien parachutiste soviétique, natif de la ville de Namangan, prend pour nom de guerre Jouma Namangani. Yuldachev joue de sa formation religieuse pour gagner les faveurs des émigrés ouzbèkes dans le Golfe. Le MIO ambitionne de renverser la dictature d'Islam Karimov, ancien patron de la République soviétique d'Ouzbékistan, devenu le premier président de l'Ouzbékistan indépendant en 1991. Le MIO engage quelques centaines de jihadistes, aux côtés du Parti de la renaissance islamique et sous la direction de Namangani, dans la guerre civile au Tadjikistan.

*** Le Parti de la renaissance islamique combat les néocommunistes au pouvoir au Tadjikistan de 1992 à 1997, dans une guerre civile où les antagonismes régionaux l'emportent souvent sur les conflits idéologiques.

**** Omar Ibn Khattab, le deuxième calife de l'Islam, est passé à la postérité comme « le calife du jihad », d'où probablement le choix de ce surnom.

Al-Qaida capitalise cependant peu sur la disparition de l'URSS en Asie centrale, ce qui n'est pas sans susciter quelque rancœur de la part des cadres demeurés en Afghanistan[21]. L'organisation de Ben Laden ne profite pas plus de la guerre de Bosnie (1992-1995), de la première guerre de Tchétchénie (1994-1996), de la poursuite de l'insurrection séparatiste au Cachemire ou dans le sud des Philippines. Certes, elle dépêche des observateurs[22] ou des instructeurs ici et là, mais son ambition globale reste très en deçà de la réalité des jihads locaux. Une des raisons majeures de cette faible réactivité réside dans le tropisme saoudo-égyptien de la direction d'Al-Qaida. La Somalie a déjà mis en lumière la difficulté d'Al-Qaida à se greffer à un environnement non arabe. Le développement de la guerre civile algérienne prouve qu'Al-Qaida peine même à s'abstraire de ses œillères nationales.

La dictature soudanaise, soucieuse de ne jamais tout miser sur une seule partie, accueille des représentants des différentes factions algériennes*, aussi bien le Front islamique du salut (FIS), grand vainqueur des municipales d'avril 1990, que le Groupe islamique armé (GIA), établi en octobre 1992, quelques mois après l'annulation des législatives par la hiérarchie militaire. Le FIS prône longtemps un « jihad politique », alors que le GIA prétend renverser le régime algérien. Les deux mouvements ont dépêché à Khartoum des « vétérans » du jihad afghan, Abdallah Anas, le gendre d'Azzam, pour le FIS, et Qari Saïd (surnom d'Abderrahim Gharzouli) pour le GIA. Tous deux ont accès à Ben Laden, mais seul Saïd fréquente

---

* Cette hospitalité conduit d'ailleurs Alger à rappeler son ambassadeur à Khartoum, en mars 1993.

Zawahiri, dont l'hostilité à l'encontre d'Anas n'a pas faibli depuis Peshawar.

Ben Laden a sans doute assisté le GIA dans sa campagne de terreur en Algérie, mais cette aide est loin d'avoir été déterminante et elle ne s'est surtout accompagnée d'aucune contrepartie politique [23] : les jihadistes algériens, farouchement attachés à leur indépendance, sont en effet engagés dans de violentes querelles internes, ils refusent toute velléité d'ingérence d'Al-Qaida et ils n'hésitent pas à menacer Ben Laden à ce sujet [24]. La prise de contrôle du GIA par Jamel Zitouni, à la fin de 1994, marque le terme de la période « afghane » de la guerre civile algérienne, sur fond de purges et de liquidations dans le camp islamiste. Zitouni refuse toute participation étrangère au GIA et un émissaire de Ben Laden échappe de peu à l'exécution [25].

Ainsi neutralisée en Algérie, Al-Qaida reste tributaire des priorités égyptiennes d'Ayman Zawahiri et de la planification du Jihad islamique égyptien (JIE). Obnubilé par sa rivalité avec la Gamaa Islamiyya, Zawahiri parvient à en débaucher une tendance minoritaire et à l'associer à la préparation d'un attentat contre Hosni Moubarak. Le cortège du président égyptien est visé, le 26 juin 1995, lors de son arrivée à Addis-Abeba, à l'occasion d'un sommet africain. Le chef de l'État échappe aux terroristes, qui tuent deux de ses gardes du corps. Les services égyptiens décident de châtier Zawahiri lui-même et ils « retournent » à leur profit deux adolescents de son entourage [26]. Les jeunes traîtres sont démasqués et livrés à Zawahiri, qui fait filmer leur « jugement » et leur exécution. Cette fois, c'en est trop pour le régime soudanais, qui expulse Zawahiri et ses fidèles.

Zawahiri rumine sa vengeance et mobilise ses réseaux au Pakistan même. Le 19 novembre 1995, l'ambassade d'Égypte à Islamabad est dévastée par l'explosion d'un véhicule piégé, jeté par son chauffeur sur l'édifice. Cet attentat-suicide est censé marquer le dix-huitième anniversaire de la visite du président Sadate à Jérusalem. Seize personnes sont tuées dans ce carnage, qui est revendiqué par le JIE. Zawahiri ne ménage aucune astuce casuistique pour justifier aussi bien le caractère aveugle de l'attentat que le recours à un kamikaze[27]. Al-Qaida n'est pas impliquée en tant que telle et Ben Laden est mis devant le fait accompli. Privé de sa garde rapprochée égyptienne, il a aussi été abandonné par son fils aîné, Abdallah, dont le retour en Arabie saoudite a été négocié discrètement*. Jamais le chef d'Al-Qaida ne s'est senti à Khartoum aussi vulnérable et fragile.

À juste titre, car le régime soudanais n'a pas craint, en août 1994, de livrer aux services français un de ses hôtes sulfureux, le terroriste vénézuélien Carlos. De discrètes manœuvres d'approche sont menées par Khartoum en direction de Washington. Mais les États-Unis ont bien assez d'un jihadiste arabe dans leurs prisons avec le cheikh Omar Abderrahmane, et Ben Laden ne les intéresse qu'indirectement, dans le cadre de l'enquête sur l'attentat de février 1993 contre le World Trade Center. Quant à l'Arabie saoudite, elle refuse de garantir au Soudan l'impunité sollicitée pour Ben Laden en contrepartie de sa livraison[28]. L'Égypte se satisfait au fond de la dispersion du groupe de Zawahiri, sans toutefois renoncer à éliminer celui-ci. Il ne reste donc au chef d'Al-Qaida que l'option du départ vers un pays tiers... et accommodant.

Les mois s'étirent et la situation de Ben Laden devient

---

* Abdallah Ben Laden établira plus tard à Djedda une société de publicité, spécialisée dans l'événementiel : Fame Advertising.

de plus en plus intenable. Les entretiens avec Tourabi tournent à l'aigre et l'émir d'Al-Qaida, acculé au départ, réactive ses amitiés afghanes, désormais installées à Kaboul ou dans les provinces, et toujours bien en cour auprès des services pakistanais. Khartoum valide la solution de l'aller simple pour l'Afghanistan, mais Ben Laden est contraint de solder à vil prix, voire de céder sans contrepartie, l'intégralité de ses investissements au Soudan. Cette expulsion, que la dictature islamiste espérait monnayer politiquement avec Washington, devient financièrement très profitable. Ben Laden distribue à chacun des membres d'Al-Qaida un pécule et un billet vers le pays de son choix. Et il s'envole lui-même pour Peshawar en mai 1996. Cinq ans plus tôt, il a vécu une humiliation comparable en partant, déjà, pour les confins afghans. Il quittait alors une patrie qui a fini par le renier et le bannir. Il laisse cette fois un régime islamiste qui l'a manipulé et dépouillé. Sa conviction est faite : le jihad global sera son propre maître ou ne sera pas.

*
* *

La période soudanaise d'Al-Qaida se décompose clairement en deux phases contrastées : en 1992-1994, l'organisation bénéficie de la véritable plate-forme radicale que lui offre la dictature islamiste, elle noue des relations qui lui seront précieuses dans l'avenir, elle rode les instruments dogmatiques et opérationnels d'un jihad anti-américain et elle détourne une partie du crédit lié à l'humiliation des

États-Unis en Somalie ; mais les deux années suivantes révèlent la fragilité de ces avancées, dont aucune n'est consolidée, Al-Qaida n'arrive pas à s'implanter sur les fronts actifs du jihad, le bras de fer de Ben Laden avec la monarchie saoudienne se cantonne dans une escalade verbale et Zawahiri manque de compromettre le sanctuaire pakistanais pour régler ses comptes avec le régime égyptien. Les complots contre l'organisation ont aggravé sa rigidité interne, avec un « noyau dur » saoudien et égyptien, quelques centaines de militants aguerris dans les camps afghans et une ouverture très limitée à des recrues non arabes.

L'activisme parfois brouillon, et rarement discret, du régime soudanais a pu conduire à exagérer son importance dans le développement d'Al-Qaida[29]. Le tandem Bachir-Tourabi assume une responsabilité incontestable dans les facilités accordées à Al-Qaida durant quatre années, mais leur dictature africaine n'avait pas l'infrastructure sécuritaire capable de contrôler un réseau qui avait une telle ambition internationale. Khartoum était disposé en 1996 à un arrangement avec Washington aux dépens de Ben Laden et c'est l'administration Clinton qui a préféré l'expulsion du jihadiste saoudien à sa livraison.

La conclusion paradoxale de cette deuxième vie revient à Jamal al-Fadl, le membre soudanais d'Al-Qaida recruté aux États-Unis dès la première vie de l'organisation et dépêché en avant-garde de Ben Laden à Khartoum. Fadl, devenu très proche au Soudan de l'émir d'Al-Qaida, abuse de sa confiance et détourne des sommes importantes. Il est contraint d'avouer son forfait à Ben Laden, qui lui refuse le pardon. Dans la crainte de la vengeance d'Al-Qaida, Fadl décide de rechercher la protection des États-Unis et, à l'été 1996, il se réfugie à leur ambassade en Érythrée.

Ses révélations détaillées offrent au renseignement américain une image inédite du fonctionnement et des projets d'Al-Qaida[30]. Si ces données avaient été disponibles quelques mois plus tôt, Washington aurait peut-être tenté de mettre la main sur Ben Laden, mais il est trop tard : la volonté de ses pires ennemis a renvoyé l'émir d'Al-Qaida sur le théâtre fondateur de sa mythologie et de son organisation. Al-Qaida, que la crise menaçait à la fin de son exil soudanais, va se ressourcer dans son berceau afghan et y provoquer le monde.

TROISIÈME VIE

Les défis à l'Amérique (1996-1998)

Ben Laden, qui craint désormais le pire de ses hôtes soudanais, entoure son départ de Khartoum, en mai 1996, d'un luxe de précautions. Un second avion sert de leurre pour protéger l'appareil qu'il emprunte et le plan de vol est tenu secret. L'ancien « béret vert » Ali Mohammed avait accompagné l'émir d'Al-Qaida du Pakistan au Soudan en décembre 1991 ; c'est cette fois un autre transfuge égyptien des forces de sécurité, Seif al-Adel, qui se charge d'expliquer au pilote russe l'itinéraire à suivre. Adel, homme de confiance de Zawahiri, a gagné celle de Ben Laden en mettant en place une cellule d'Al-Qaida au Kenya, parallèlement aux opérations menées en 1993 par Atef en Somalie. L'avion se dirige, *via* le Golfe, vers l'est de l'Afghanistan.

Le chef d'Al-Qaida s'en est remis à Yunus Khales et à son Hezb Islami pour arrêter sa destination : Jalalabad, dont la province est contrôlée par Hajji Abdul Qadir au nom du Hezb Islami, a été privilégié pour sa situation sur l'axe Kaboul-Peshawar. Le choix s'est fait aussi par défaut, car le territoire contrôlé par les factions historiques de la résistance antisoviétique se réduit comme peau de chagrin, du fait de la montée en puissance d'une nouvelle milice, les talibans. Ces combattants pachtounes ont imposé leur ordre moral rigoureux face à la corruption et aux querelles des seigneurs de la guerre, expulsés de leurs fiefs les uns après les autres, et le chef des talibans, le mollah Mohammed Omar, vient de se proclamer « commandeur des croyants » à Kandahar. Ben Laden nourrit une prudente méfiance envers les talibans dont il redoute les liens avérés avec les services saoudiens.

La déclaration de jihad

À peine installé à Jalalabad, Ben Laden apprend qu'Abou Ubayda al-Banchiri a péri dans le naufrage d'un ferry surchargé sur le lac Victoria. Le responsable militaire d'Al-Qaida avait quitté Khartoum pour Nairobi, d'où il supervisait les réseaux de l'organisation en Afrique orientale. Sa disparition va sans doute retarder la planification terroriste d'Al-Qaida, dont le volet militaire échoit dorénavant à son ancien adjoint, Mohammed Atef. Ben Laden est très affecté par ce décès et il est soucieux de l'incapacité d'Al-Qaida à perpétrer le moindre attentat depuis son coup d'essai, en décembre 1992 à Aden, qui avait d'ailleurs raté sa cible américaine. Cette faiblesse opérationnelle est d'autant plus préoccupante que d'autres groupes, eux, ne restent pas inactifs.

Le 13 novembre 1995, cinq coopérants américains périssent dans un attentat contre le siège de la Garde nationale à Riyad. Les services saoudiens réagissent par une rafle chez les « vétérans » d'Afghanistan, dont quatre passent aux aveux. Même si un des membres du commando est effectivement passé par le camp Farouk, Ben Laden n'est mentionné au cours du procès que pour ses diatribes diffusées depuis Londres et son influence intellectuelle sur les accusés n'est pas jugée plus importante que celle d'autres dissidents notoires [1]. Le 25 juin 1996, ce sont 19 militaires américains qui trouvent la mort à Dhahran, sur la côte orientale du royaume, dans l'explosion des tours Khobar. Cet attentat contraint les États-Unis à regrouper sur une base isolée, non loin de Riyad, les personnels chargés de la surveillance aérienne du sud de l'Irak. Les enquêtes américaine et saoudienne concluent à la responsabilité du Hezbollah saoudien, un mouvement chiite sous influence iranienne [2].

Ben Laden voit la cause à ses yeux la plus chère, celle de la lutte anti-américaine en Arabie saoudite, lui échapper au profit de groupes sur lesquels Al-Qaida n'a aucune prise. Il ne peut revendiquer ces explosions sous peine d'être désavoué, mais il laissera toujours planer une ambiguïté calculée dans ses éloges des « héros » responsables de ces deux attentats [3]. Le relais médiatique de Khaled al-Fawwaz et la chambre d'écho du « Londonistan » prennent alors une importance inconnue durant l'exil soudanais. Quelques jours après le carnage des tours Khobar, Ben Laden exprime sa joie au journaliste britannique Robert Fisk, car « les Saoudiens savent maintenant que leur véritable ennemi est l'Amérique [4] ». Mais il ajoute que « la guerre déclarée par l'Amérique contre le peuple saoudien représente une guerre contre l'ensemble des musulmans [5] ». Replié sur les hauteurs de Jalalabad, dans les grottes du massif montagneux de Tora Bora, l'émir d'Al-Qaida rumine le coup d'éclat qui doit propulser son jihad global sur le devant de la scène internationale. La fatwa de 1993 contre le déploiement américain en Somalie est demeurée à usage interne d'Al-Qaida. Il faut dorénavant frapper fort et large.

Le 23 août 1996, plusieurs journaux arabes reçoivent par télécopie la « Déclaration de jihad contre les Américains qui occupent le pays des deux Saintes Mosquées [6] », l'Arabie de La Mecque et de Médine. Dans ce texte proprement extraordinaire, Ben Laden prétend « œuvrer à effacer l'injustice commise envers la nation musulmane par la coalition judéo-croisée [7] ». Il égrène comme une litanie la liste des théâtres où « le sang des musulmans n'a plus aucun prix » : la Palestine, l'Irak et le Liban, mais aussi la Tchétchénie, la Bosnie, le Tadjikistan, l'Éthiopie, l'Érythrée, la Somalie, le Cachemire, l'Assam, la Thaïlande, la Birmanie et les Philippines [8]. Les Nations unies et « toute cette propagande mensongère sur les droits de l'homme » participent de ce « complot des Américains et de leurs alliés », qui culmine avec l'« occupation » de la terre sacrée d'Arabie [9].

Ben Laden lance son défi « après une longue absence imposée par la coalition dirigée par les Américains » et il se félicite d'avoir retrouvé ces montagnes afghanes où « s'est écrasée la plus grande puissance militaire athée du monde [10] ». Il prédit que les États-Unis connaîtront une déroute comparable en Arabie, dans le prolongement des attentats de Riyad et de Dhahran, tous deux mentionnés. Et il affirme que les troupes américaines ont déjà été contraintes de « partir précipitamment [11] » du Yémen, après l'explosion de décembre 1992 à Aden. Ben Laden salue avec emphase deux figures de la contestation islamiste en Arabie, les cheikhs Salman al-Auda et Safr al-Hawali, emprisonnés depuis 1994. Dans le même élan, il rend hommage au cheikh Omar Abderrahmane, condamné à perpétuité aux États-Unis, pour avoir inspiré l'attentat contre le World Trade Center.

Azzam justifiait dix ans plus tôt la priorité accordée au jihad en Afghanistan sur tout autre combat, Ben Laden emprunte le même type de raisonnement pour marteler son impératif saoudien : « Lorsque les devoirs s'accumulent, il faut commencer par le plus important et repousser cet ennemi américain qui occupe notre territoire [d'Arabie] [12] ». Toutefois, ce jihad de libération de la Péninsule arabique se décline sur tous les fronts où « la coalition judéo-croisée » agresse les musulmans et leur religion. À cette offensive planétaire contre l'Islam doit répondre une mobilisation globale. Ben Laden ne cite jamais Al-Qaida en tant que telle, tout au plus se vante-t-il de proférer sa philippique depuis une « base sûre » (*qâ'ida amîna*). Jamais pourtant l'ambition d'Al-Qaida n'a été exprimée avec une telle clarté.

L'OMBRE DES TALIBANS

Peu après sa tonitruante déclaration de jihad, Ben Laden est rappelé à sa propre vulnérabilité. Les talibans reprennent en effet leur progression vers Kaboul, tout en faisant mouvement dans les provinces orientales. Généreusement dotés par les services saoudiens, les fidèles du mollah Omar achètent la reddition de Hajji Abdul Qadir, qui s'enfuit au Pakistan, et étouffent toute velléité de résistance à Jalalabad. Ils s'emparent rapidement de la capitale afghane, d'où ils expulsent les deux frères ennemis du jihad antisoviétique, Massoud et Hekmatyar. Les talibans mettent à sac les bureaux de l'ONU à Kaboul, où l'ancien dirigeant communiste Najibullah, maître du pays de 1986 à 1992, vivait réfugié depuis le renversement de son régime. Les nouveaux maîtres du pays l'exécutent sommairement et exhibent son cadavre mutilé. L'ordre taliban règne.

Ben Laden se sait à la merci des vainqueurs et ne tente pas de gagner le Pakistan. Les différentes tendances du Hezb Islami se sont débandées, privant Al-Qaida de protection afghane. Mais Ben Laden dispose d'un atout majeur dans le camp taliban : Jalaluddine Haqqani, son allié historique de Jaji, s'est en effet rallié au mollah Omar et conserve le contrôle de la région de Khost. Et le chef d'Al-Qaida se découvre même une fraternité d'armes avec le « commandeur des croyants » puisqu'ils ont tous deux combattu à Jalalabad en 1989 (c'est au cours de cette bataille que le mollah Omar a perdu son œil droit). L'alliance entre Ben Laden et Omar n'aurait pourtant pas pu se conclure sans l'entremise des services pakistanais.

L'ISI s'emploie, à travers le mouvement taliban, à atteindre deux objectifs complémentaires : ancrer l'Afghanistan dans la sphère d'influence pakistanaise et déplacer vers l'ouest le potentiel d'agitation pachtoune des zones tribales. Mais la priorité des services pakistanais est à l'est : fort autonomes par rapport au gouvernement de Benazir Bhutto, ils livrent une véritable guerre par procuration à l'armée indienne au Cachemire[13]. Ils alimentent et manipulent la guérilla islamiste dont ils ont purgé les factions trop indépendantes au profit du Harakat ul-Ansar (HUA) et du Lashkar e-Tayyiba (LET). L'ISI ne pouvait entraîner ces insurgés sur le sol pakistanais, sauf à risquer des représailles indiennes : cette formation était dispensée dans les camps de Hekmatyar en Afghanistan. Après la dispersion du Hezb Islami, Ben Laden apparaît comme un partenaire fiable pour reprendre ce type original de sous-traitance.

C'est ainsi que l'ISI parraine à l'automne 1996 les premiers arrangements entre les talibans et Al-Qaida[14], qui récupère, dans la zone de Jalalabad, le campement de Hekmatyar à Darounta, ainsi que l'ancienne ferme collective de Hadda. Confortés du côté pakistanais, les talibans interrogent aussi leurs contacts saoudiens sur la conduite à tenir envers Ben Laden. Il leur est recommandé de le garder sous contrôle, sans pour autant lui nuire[15]. Quant à l'émir d'Al-Qaida, il prend soin de ménager la susceptibilité du mollah Omar en le couvrant d'éloges[16]. Les deux hommes conversent en arabe, langue que parle un peu le chef des talibans. Surtout, Ben Laden prête formellement allégeance au « commandeur des croyants », qui est flatté d'une telle reconnaissance au-delà sa communauté pachtoune. Ce serment sème le trouble chez certains militants d'Al-Qaida[17], mais il représente un prix bien faible à payer pour garantir la permanence de l'organisation à l'ombre des talibans.

Ben Laden se sent assez sûr de lui pour reprendre la campagne de provocation médiatique, ouverte par sa « déclaration de jihad » anti-américaine. En novembre 1996, il reçoit, à Tora Bora, Abdel Bari Atwan, le rédacteur en chef du quotidien *Al-Qods al-arabi*, publié à Londres. Au cours de leurs conversations, le chef d'Al-Qaida s'attribue volontiers la responsabilité des revers infligés aux États-Unis à Mogadiscio en octobre 1993 ou à Dhahran en juin 1996. L'opération de propagande réussit, puisqu'Atwan en paraît convaincu[18]. En mars 1997, c'est au tour de Peter Arnett et de Peter Bergen de prendre le chemin de Tora Bora, pour le compte de CNN. Il s'agit cette fois de réitérer de manière directe les menaces proférées à l'encontre des États-Unis pour leur violation de « la liberté de l'Arabie[19] ».

Pour adresser ces deux messages contrastés à l'attention du public arabe, d'une part, et occidental, d'autre part, Ben Laden est assisté par un familier du « Londonistan », Abou

Moussab al-Souri. Le jihad médiatique prend toute sa place dans l'arsenal d'Al-Qaida. Mais les talibans apprécient peu ces déclarations incendiaires. Le mollah Omar somme Ben Laden de venir s'installer à ses côtés à Kandahar, officiellement pour mieux garantir sa sécurité personnelle[20]. Le chef d'Al-Qaida obtempère et il flatte publiquement l'orgueil du « commandeur des croyants » en déclarant que l'établissement du « pieux califat » en Afghanistan n'est qu'un prélude à son extension dans l'ensemble du monde musulman[21]. Ben Laden va tirer le meilleur de cette proximité avec le mollah Omar, qui évite Kaboul et gère son « émirat islamique » depuis son fief pachtoune.

DE KANDAHAR À LOUXOR

Ben Laden est entouré à Kandahar par quelques dizaines de fidèles, dont certains sont accompagnés de leurs familles. Son premier cercle reste dominé par les vétérans égyptiens, mais il tient à choisir comme garde du corps un jihadiste saoudien, Abou Jandal (Nasir al-Bahri), dont la famille est, comme la sienne, originaire du Yémen. La barrière de la langue limite les relations avec l'environnement taliban et la communauté jihadiste vit dans un isolement bien plus net qu'à Khartoum. Les conditions de vie sont sommaires dans la capitale de fait de l'émirat islamique d'Afghanistan et le sentiment d'aliénation qui prévaut dans la hiérarchie d'Al-Qaida accentue la sublimation dans un ailleurs global.

Ben Laden reprend sa collaboration avec Jalaluddine Haqqani, le maître de la province de Khost, chargé de la surveillance des frontières dans l'émirat taliban. Cette complicité est idéale pour compléter le réseau de camps d'entraînement d'Al-Qaida, déjà consolidés autour de Jalalabad grâce à l'ISI. Ces communautés exclusivement masculines sont marquées par un fort brassage international qui entretient l'énergie d'un panislamisme de combat. L'admission dans un camp ne vaut pas affiliation à Al-Qaida, réservée à une élite, et les fidèles de Ben Laden côtoient ainsi tout un éventail d'autres mouvements jihadistes. Le camp de Khaldan constitue le point d'entrée des nouvelles recrues, où elles reçoivent une formation de base d'environ deux mois. Elles sont ensuite dirigées vers des centres plus avancés, à moins qu'on les oriente d'emblée vers le combat aux côtés des talibans. Les sessions comportent une forte dimension idéologique, où les principes du jihad global sont enseignés comme seuls conformes à l'orthodoxie de l'Islam[22]. Les formations plus poussées incluent des simulations explicites d'attaques anti-américaines[23].

Ben Laden est rejoint en mai 1997 par Zawahiri qui rentre bredouille de près de deux années de nomadisme subversif. Depuis son expulsion de Khartoum et l'attentat contre l'ambassade d'Égypte à Islamabad, Zawahiri a sillonné de nouvelles terres de mission pour y relancer le Jihad islamique égyptien (JIE). Il mise sur le retrait de l'Armée rouge hors de Tchétchénie, concédé de haute lutte à la guérilla indépendantiste en août 1996, pour détourner la victoire nationaliste au profit des radicaux islamistes. Il reproduit là le raisonnement déjà appliqué au jihad antisoviétique en Afghanistan, durant lequel son groupe est resté passif, afin de mieux jeter ses forces dans la bataille pour le pouvoir après le départ des « infidèles ». Mais Zawahiri commet une erreur d'amateur lors d'un déplacement dans le Caucase et il tombe aux mains de la sécurité russe qui, heureusement pour lui, ne perce pas sa véritable identité[24]. Relâché au bout de quelques mois, Zawahiri décide de ne plus s'exposer au-dehors de son sanctuaire afghan.

Ben Laden et Zawahiri renouent à Kandahar le fil de leur dialogue entamé à Peshawar et poursuivi à Khartoum. Ils ruminent tous deux les trahisons successives dont ils croient avoir été les objets, ils ressassent leur haine des régimes arabes « apostats », leur mépris des Frères musulmans et leur rancœur à l'encontre de toutes les autres formations islamistes. Cet « ennemi proche » et musulman est la cible stratégique qu'il convient de neutraliser, d'éliminer ou de purifier, pour que naisse un ordre nouveau et impitoyable. Mais les déboires d'Al-Qaida en Somalie, en Algérie ou en Tchétchénie révèlent l'ampleur du rejet de cette organisation par les guérillas locales, qui la considèrent comme un corps étranger et intrus. Pour contourner cet obstacle sur la voie de « l'ennemi proche », Ben Laden et Zawahiri caressent le projet de frapper « l'ennemi lointain », l'Amérique de toutes les vindictes[25], dont l'inévitable réaction déstabilisera en retour « l'ennemi proche ». La voie a été ouverte par la « déclaration de jihad » d'août 1996. L'effondrement du front égyptien accélère le passage à l'acte.

En juillet 1997, les dirigeants historiques de la Gamaa Islamiyya prennent acte de l'impasse de leur campagne de harcèlement jihadiste et ils endossent une « initiative de cessation de la violence », que le cheikh Omar Abderrahmane approuve depuis sa prison américaine. Zawahiri se démène contre cette décision, qui rencontre un écho important dans les rangs du JIE, et il accuse les promoteurs de l'initiative de toutes les compromissions[26]. Lorsque le cheikh Abderrahmane, sans doute déçu de ne pas avoir été libéré, revient sur son approbation initiale du cessez-le-feu, Zawahiri accorde la plus grande publicité à cette rétractation. Il parvient à circonvenir un de ses compatriotes installés en Afghanistan, Rifaï Ahmed Taha, le chef militaire de la Gamaa Islamiyya. Zawahiri et Taha planifient un massacre de touristes occidentaux, le 17 novembre, sur le site pharaonique de Louxor : 62 personnes, majoritairement suisses, sont assassinées par le commando terroriste, qui se suicide après le carnage. L'épouvante qui saisit alors l'Égypte fait plus pour l'arrêt de la violence jihadiste dans ce pays que toutes les « initiatives » politiques. Mais Zawahiri n'en a cure, car la planète entière va devenir le théâtre de son jihad.

Le Front islamique mondial

Le 23 février 1998, Khaled al-Fawwaz se charge de télécopier le manifeste fondateur d'un « Front islamique mondial pour le jihad contre les Juifs et les Croisés ». L'« occupation » de l'Arabie depuis 1991, l'embargo imposé à l'Irak et le soutien inconditionnel à Israël « constituent de la part des Américains une franche déclaration de guerre contre Allah et son Prophète » et chaque musulman a le « devoir individuel » de s'y opposer[27]. La proclamation prend alors des allures de fatwa, puisqu'elle édicte, avec quelques citations à l'appui, un impératif catégorique, à valeur universelle : « Tuer les Américains et leurs alliés, qu'ils soient civils ou militaires, est un devoir qui s'impose à tout musulman qui le pourra, dans tout pays où il se trouvera. [...] Nous appelons, si Allah le permet, tout musulman croyant en Allah et souhaitant être récompensé par lui à obtempérer à l'ordre d'Allah de tuer les Américains et de piller leurs biens, en tout lieu où il les trouve et à tout moment qu'il pourra[28]. »

Ces quelques lignes représentent une rupture radicale avec quatorze siècles de tradition et de pratique islamiques. La distinction entre les cibles civiles et militaires est au cœur de la jurisprudence classique : le jihad défensif, le seul à pouvoir être prescrit sur un mode individuel, n'est jamais défini dans l'absolu, mais toujours en relation avec une population à protéger ou un territoire à défendre. En tranchant ce lien avec un espace et ses habitants, Al-Qaida fait table rase de valeurs fondamentales dans la foi musulmane et déclare la guerre à l'Islam vécu, avant même de la déclarer à l'Amérique honnie. Le jihad global n'a déjà guère à partager avec les combats livrés au nom du jihad par des militants enracinés sur leur terre. Derrière l'« ennemi lointain » et « judéo-croisé », c'est bel et bien l'« ennemi proche » et musulman qui est visé.

Ben Laden signe la proclamation à titre individuel, car il juge encore prématuré pour Al-Qaida d'apparaître publiquement. Zawahiri, tout à ses intrigues égyptiennes, endosse le texte comme chef du JIE et il compromet à ses côtés son complice de Louxor, Rifaï Ahmed Taha, qui engage formellement la Gamaa Islamiyya... avant de se dédire. Le « Front islamique » n'est de toute façon qu'un artifice de propagande au service d'Al-Qaida et les trois autres organisations fondatrices sont des obligées de Ben Laden : le HUA cachemiri (dirigé en fait par Fazlur Rahman Khalil, un Pakistanais pachtoune), l'Association des oulémas du Pakistan (elle aussi très marquée par l'élément pachtoune) et le Mouvement du Jihad au Bangladesh (qui ne fait que de la figuration dans ce rassemblement).

Ni Ben Laden ni Zawahiri n'ont le moindre bagage religieux qui leur permettrait d'argumenter leur fatwa homicide. Leur culture est autodidacte, militante et sélective, nourrie de polémiques et d'anathèmes. La dynamique du takfir, cette condamnation à mort pour avoir trahi l'Islam, est poussée jusqu'à ses limites morales et opérationnelles. Dans son repaire de Tora Bora en 1996, Ben Laden prenait encore garde à ses propres formulations islamiques, conscient qu'il était de ses failles dogmatiques[29]. Désormais il se pare du titre de « cheikh », comme d'ailleurs Zawahiri, qui ne se contente plus d'être un simple « docteur ». Cette arrogance agressive à l'encontre de l'Islam réel scelle l'avènement du couple Ben Laden-Zawahiri à la tête d'Al-Qaida et aux commandes du jihad global.

Le lancement du « Front islamique » s'inscrit dans l'escalade verbale déclenchée par la « déclaration de jihad » contre l'Amérique. Ben Laden n'a plus les ressources financières qui lui permettaient d'entretenir Al-Qaida à fonds perdus durant l'exil soudanais. Les membres de l'organisation, qui lui ont prêté allégeance personnelle, sont moins nombreux à Kandahar qu'à Khartoum, mais les provocations médiatiques répétées vont permettre de relancer le recrutement et d'attirer une nouvelle génération dans les camps de la frontière afghane. C'est pourquoi Ben Laden multiplie les entretiens de plus en plus virulents, que ce soit avec le journaliste pakistanais Hamid Mir, qui va devenir son biographe, ou avec une équipe de la télévision américaine ABC.

Zawahiri flanque ostensiblement l'émir d'Al-Qaida et deux fils du cheikh Abderrahmane sont mis en avant durant ces opérations de communication. Ben Laden ose même convoquer une conférence de presse, le 26 mai 1998, dans le camp de Jawar*, non loin de Khost. Il pose avec Zawahiri devant des cartes du monde, leur nouveau terrain de chasse. Mohammed Omar Abderrahmane distribue à cette occasion une fatwa attribuée à son père emprisonné aux États-Unis : « Rompez toute relation avec les Américains, les Chrétiens et les Juifs, taillez-les en pièces, détruisez leur économie, brûlez leurs sociétés, brisez leur paix, coulez leurs navires, abattez leurs avions, tuez-les dans les airs, sur les mers et sur terre [30]. » Le jihad global martèle ainsi son appel au meurtre de ressortissants américains, sans distinction de temps ni de lieu.

Ce tapage finit par inquiéter sérieusement Washington. La CIA sollicite l'intervention des services saoudiens, qui se soucient eux-mêmes des projets d'Al-Qaida en Arabie (plus de 800 personnes sont arrêtées dans le royaume, après la découverte de missiles antichars aux mains de militants jihadistes). Le prince Turki, patron des renseignements saoudiens, se rend auprès du mollah Omar à Kandahar pour demander qu'on lui livre Ben Laden. Mais l'émir des talibans temporise en proposant la réunion à ce sujet d'une commission de sages saoudiens et afghans, selon les uns [31]; il dénonce la servilité de Riyad envers les États-Unis, selon les autres [32]. Le fait est que le mollah Omar, pour qui Ben Laden était un inconnu peu recommandable deux ans auparavant, se retranche désormais derrière les devoirs de l'hospitalité pachtoune.

Les flatteries et la générosité du chef d'Al-Qaida n'expliquent pas à elles seules ce revirement. L'émir du jihad

---

* Parfois orthographié Zhawar, voire Zhawar Kili. Ce camp est aussi appelé Badr, en référence orgueilleuse à la première victoire remportée par le prophète Mohammed, à Badr, en 624.

global et le « commandeur des croyants » partagent la même volonté de subversion de l'Islam établi, au nom de la restauration d'une pureté mythique, et le huis clos de Kandahar n'a pu que conforter leur complicité. Le mollah Omar supporte très mal que le mouvement taliban soit accusé d'être manipulé par les États-Unis et Ben Laden lui fournit une caution radicale sans équivalent[33]. Surtout, les militants qui rejoignent les camps d'Al-Qaida sont souvent mobilisés pour participer aux campagnes des talibans contre leurs ennemis afghans rassemblés sous la bannière de l'Alliance du Nord et la direction du commandant Massoud. Les supplétifs étrangers constituent avec leur « brigade 55 » un renfort appréciable pour le mollah Omar qui prépare une offensive majeure en août 1998. Ben Laden et Zawahiri, de leur côté, ont d'autres plans.

Le huitième anniversaire

Le 7 août 1998, à 10 h 38, deux membres saoudiens d'Al-Qaida, Ali Azzam et Mohammed Rachid al-Owhali, se présentent au poste d'accès à l'ambassade américaine à Nairobi. Leur fourgonnette Toyota est chargée de près d'une tonne de TNT, reliée par un détonateur au tableau de bord. Owhali lance une grenade sur les gardes de faction, mais la camionnette reste bloquée à l'entrée. Azzam périt dans l'énorme explosion qui fait 213 morts et des milliers de blessés. Seuls 12 Américains sont tués, car le véhicule piégé n'a pas atteint le périmètre de sécurité. L'écrasante majorité des victimes sont des civils kenyans, dans la rue très fréquentée de la capitale qui borde l'ambassade. Owhali s'enfuit, considérant que son suicide n'aurait plus la valeur d'un « martyre »[34].

Ce même 7 août 1998, à 10 h 47, un jihadiste égyptien surnommé « Ahmed l'Allemand » conduit une fourgonnette, elle aussi bourrée de TNT, sur le parking de l'ambassade des États-Unis à Dar es-Salam, capitale de la Tanzanie. Il déclenche le même type de détonateur et disparaît dans la déflagration, dont le choc est amorti par un camion-citerne rempli d'eau. 11 personnes sont tuées et des centaines blessées, toutes africaines.

Une « Armée de libération des Lieux saints » revendique les deux attentats, en associant le commando de Nairobi au sanctuaire de La Mecque, et celui de Dar es-Salam à la mosquée Al-Aqsa de Jérusalem. Mais Owhali ne tarde pas à être arrêté et la responsabilité d'Al-Qaida ne fait bientôt plus aucun doute.

Ben Laden a choisi de célébrer à sa sinistre manière le huitième anniversaire du déploiement des troupes américaines en Arabie, cette « occupation » de son pays natal à propos de laquelle il a déclaré le jihad à l'Amérique, deux ans plus tôt. Il n'est pas indifférent de souligner que l'émir d'Al-Qaida persiste à suivre le calendrier « chrétien » et solaire, au lieu de respecter le calendrier islamique et lunaire, qui aurait décalé la date d'un tel « anniversaire ». Cette aliénation symbolique en dit long sur la dérive conceptuelle du jihad global, qui s'éloigne sans retour des termes de référence les plus élémentaires de l'Islam. Al-Qaida ne recule jamais devant une acrobatie casuistique et la programmation du double attentat-suicide en milieu de matinée d'un vendredi était censée épargner les musulmans pieux [35]. La réalité est que, au Kenya et en Tanzanie à majorité islamique, ces deux explosions ont surtout massacré des « fidèles ».

La condamnation du carnage est générale dans le monde musulman. Mais, au-delà des dénonciations, prévaut l'incompréhension face à cette collision meurtrière entre des

ambassades américaines, l'Afrique orientale, l'Arabie saoudite et l'émirat taliban. La logique du jihad global émerge en effet comme radicalement nouvelle et comme tragiquement opportuniste. Al-Qaida frappe là où elle peut frapper et cette tautologie opérationnelle est projetée sur l'ensemble de la planète.

La planification terroriste a été entamée dès 1994, avec les repérages d'Ali Mohammed à Nairobi, puis l'installation sur place d'Abou Ubayda al-Banchiri et, après sa mort en 1996, le relais a été pris par Abdallah Ahmed Abdallah. Ces cadres d'Al-Qaida, tous égyptiens, ont recruté des militants kenyans ou tanzaniens*, à l'exception notable d'Abdallah Mohammed Fazul, jihadiste comorien, formé par Ali Mohammed lui-même au camp Farouk en 1991-1992 [36]. La mise en œuvre de l'attentat de Nairobi, lié à La Mecque par la propagande d'Al-Qaida, a été confiée à deux militants saoudiens sélectionnés dans l'entourage direct de Ben Laden en Afghanistan. Owhali déclare avec aplomb après le carnage : « C'est l'Amérique mon ennemi, pas le Kenya [37] ». Le jihad global nie l'horreur infligée en terre d'Afrique pour se concentrer sur l'« ennemi lointain », les États-Unis.

*
* *

---

* Ces militants se replièrent plus tard auprès d'« Al-Qaida central » au Pakistan : le Tanzanien Khalfan Gailani fut capturé en juin 2004, à Lahore, et le Pentagone affirme avoir tué le Kenyan Sheikh Selim Ahmed Swedan, en janvier 2009, dans un raid sur les zones tribales.

Il aura fallu dix ans et trois vies à Al-Qaida pour lancer enfin son jihad global. Ben Laden a forgé au cours de ses exils successifs une exceptionnelle aura militante sans aucun rapport avec son expérience militaire, somme toute limitée. Zawahiri a finalement renoncé à ses pérégrinations intercontinentales pour se consacrer à la mobilisation d'Al-Qaida. Les deux hommes ont bricolé ensemble un argumentaire sommaire du jihad global, mais leur démarche est politique bien avant d'être religieuse. L'arme du takfir, cette condamnation à mort pour cause d'apostasie, permet d'invalider toute critique islamique. Al-Qaida tourne désormais à plein régime, solidement campée sur ses deux « bases » éponymes : la « base » géographique, territoriale et militaire, en l'espèce le sanctuaire offert par l'émirat taliban, avec la bénédiction de l'ISI ; et la « base » de données, soit le réseau transnational, hérité du Bureau des services, puis étoffé par les complots du groupe de Zawahiri.

Al-Qaida demeure une phalange d'initiés et de conspirateurs bien incapable d'établir un quelconque rapport de force avec « l'ennemi lointain ». Pour surmonter cette faiblesse insigne, elle privilégie l'impact symbolique d'un terrorisme à la visibilité maximale. Peu importe dès lors que les explosions du 7 août 1998 n'aient tué qu'une douzaine d'Américains, seule compte la sidération induite par les deux attentats suicides, perpétrés à quelques minutes d'intervalle contre des représentations des États-Unis à l'étranger. La confrontation ne pouvant être qu'inégale, le jihad global se décline sans front ni carte. Le pire est évidemment à venir.

QUATRIÈME VIE

Le Jihadistan afghan (1998-2001)

Alors même que Nairobi et Dar es-Salam tremblent sous le choc d'Al-Qaida, le mollah Omar lance une offensive majeure dans le nord de l'Afghanistan. Sa cible est le bastion de l'opposition à Mazar i-Sharif, dont les talibans s'étaient emparés en mai 1997 avant d'en être chassés par les milices de l'Alliance du Nord. Le mollah Omar veut à tout prix effacer ce revers et mobilise les unités les plus aguerries de son « émirat islamique ». Ben Laden répond à l'appel et envoie au front des centaines de supplétifs arabes de la « brigade 55 ». Mazar i-Sharif est prise d'assaut et la ville rebelle est livrée aux massacres. Les milices de l'Alliance du Nord se replient en désordre, tandis que la bataille tourne au triomphe pour le mollah Omar. Les neuf dixièmes du territoire et de la population de l'Afghanistan sont désormais sous le contrôle des talibans. Seuls résistent encore, dans le nord-est, le commandant Massoud et quelques milliers de ses partisans.

Le bain de sang de Mazar i-Sharif scelle l'alliance entre Al-Qaida et les talibans. Pour le mollah Omar, les attentats d'Afrique orientale pèsent bien peu face à la contribution de Ben Laden à la déroute de ses ennemis. Les représailles américaines vont encore radicaliser l'« émirat islamique » : dans la nuit du 20 août 1998, une soixantaine de missiles de croisière, de type Tomahawk, s'abattent au sud de Khost et frappent le camp de Jawar, tuant 21 personnes, pour la plupart des jihadistes pakistanais du HUA[1]. Une réunion d'Al-Qaida et de ses alliés était effectivement programmée ce soir-là à Jawar, avec la participation de Ben Laden, mais il est facile d'imaginer que l'émir d'Al-Qaida ait préféré ne pas s'exposer sur le site de sa conférence de presse provocatrice du 26 mai 1998[2]. Le garde du corps de Ben Laden va accréditer le mythe de la prescience de son chef, faisant demi-tour juste avant de rejoindre Jawar[3]. Dans ces conditions, le déferlement impuissant de la technologie américaine ne peut que magnifier la stature de l'émir d'Al-Qaida. Quant aux talibans, ils condamnent l'agression des États-Unis et expulsent tous les étrangers de leur territoire.

L'ENFERMEMENT DE KANDAHAR

Juste après le bombardement de Khost, le président Bill Clinton désigne Ben Laden comme « l'homme qui est peut-être aujourd'hui le principal organisateur et soutien financier du terrorisme international ». Il justifie les raids américains sur l'Afghanistan moins par une volonté de représailles que pour prévenir « de nouveaux attentats contre les Américains et d'autres peuples amis de la liberté[4] ». Les talibans ne sont pas accusés publiquement et un haut fonctionnaire du Département d'État[5] s'entretient téléphoniquement avec le mollah Omar, le 22 août, pour le convaincre de livrer le chef d'Al-Qaida. L'émir des talibans commence par nier l'implication de Ben Laden dans les explosions de Nairobi et de Dar es-Salam, avant de reprendre à son compte la rhétorique d'Al-Qaida : « Le peuple d'Arabie finira par obliger le gouvernement saoudien à chasser les Américains [6]. » C'est la première fois que le mollah Omar endosse ainsi la logique militante du jihad global.

Le royaume wahhabite est exaspéré par cette radicalisation des talibans. Le prince Turki, chef des renseignements saoudiens, est à nouveau dépêché à Kandahar à la mi-septembre. Il somme le mollah Omar de cesser de protéger Ben Laden, mais le « commandeur des croyants » défend l'honneur de ce « vaillant musulman », non sans vilipender l'occupation de la Péninsule arabique par les « soldats infidèles [7] ». L'entretien se conclut sur un constat de rupture et Riyad rappelle peu après son ambassadeur à Kaboul. Ben Laden choisit ce moment pour renouveler son allégeance au chef des talibans et inviter « tous les musulmans à lui prêter secours et à coopérer avec lui, de toutes les façons possibles [8] ». La formulation est identique à celle de la fatwa anti-américaine de février 1998, car la globalisation du jihad contre « les Juifs et les Croisés » correspond à celle du soutien à l'émirat taliban : les deux dimensions d'Al-Qaida comme « base » éponyme se développent de concert, la « base » de données, donc le réseau transnational et subversif, et la « base » territoriale, en l'occurrence l'émirat islamique d'Afghanistan.

Le mollah Omar ne fait pas l'unanimité au sein du mouvement taliban en accordant sa protection inconditionnelle à Ben Laden, mais ses opposants sont divisés, vulnérables à la surenchère nationaliste et incapables de contester la légitimité du « commandeur des croyants ». Les services pakistanais auraient sans doute pu peser sur leur allié afghan, mais Nawaz Sharif, qui a succédé comme Premier ministre à Benazir Bhutto, est encore plus faible qu'elle face à l'institution militaire. Et l'ISI refuse d'abandonner la carte des groupes jihadistes au Cachemire, qu'elle manipule *via* les camps d'entraînement d'Al-Qaida en Afghanistan : la mort de militants du HUA dans le bombardement de Jawar a mis en lumière l'ampleur de cette manipulation, Washington a exigé d'Islamabad qu'il y soit mis fin et l'ISI s'est esquivée [9] en... changeant le sigle HUA en HUM (pour Harakat ul-Mujahideen).

Le mollah Omar demande simplement à Ben Laden de s'abstenir désormais de toute provocation médiatique. L'émir d'Al-Qaida acquiesce d'autant plus facilement que les accusations de la Maison-Blanche et l'emballement de la presse américaine lui assurent une bien plus forte publicité que toute opération de communication personnelle. Il nie sa responsabilité dans les attentats d'Afrique orientale au cours d'un entretien accordé à un journaliste pakistanais et publié par l'hebdomadaire *Time* [10]. Mais Ben Laden reste déterminé à s'adresser le moment venu à l'opinion arabe et pare ce recentrage de justifications islamiques, au nom d'un boycott tardif des « médias non musulmans [11] ». Il noue une relation d'avenir avec Al-Jazira, une chaîne satellitaire fondée en 1996 au Qatar, dont la liberté de ton et le goût du scandale sont en passe de bouleverser le paysage médiatique arabe. En décembre 1998, Ben Laden déclare à Jamal Ismaïl, le responsable du bureau d'Al-Jazira au Pakistan : « Une agression américaine contre l'Afghanistan ne doit pas être considérée comme une agression contre l'Afghanistan seulement. Elle doit être considérée comme une agression contre le jihad entrepris au nom du monde islamique [12]. » Cette profession de foi du jihad global est enregistrée, sans être diffusée dans l'immédiat.

Ce relatif profil bas est apprécié par les talibans qui essuient en décembre 1998 une sévère condamnation au Conseil de sécurité de l'ONU [13]. Ils affirment en février 1999 avoir privé Ben Laden de tous ses moyens de communication, ajoutant que l'émir d'Al-Qaida « ne pouvait utiliser le sol afghan pour des opérations militaires [14] ». La pression internationale s'accentuant, les responsables talibans tentent un moment d'accréditer la fable d'une « disparition » de Ben Laden [15]. Le mollah Omar multiplie aussi les gestes de bonne volonté en matière de culture du pavot : il envisage de prononcer sa prohibition, pensant ainsi se gagner les bonnes grâces de Washington. Mais la justice américaine, qui a accusé Ben Laden de terrorisme depuis août 1998 devant un tribunal fédéral, suit son cours et, le 8 juin 1999, le FBI fait du chef d'Al-Qaida l'homme le plus recherché du monde, proposant 5 millions de dollars pour sa capture. Al-Jazira saisit cette actualité pour diffuser les menaces enregistrées par Ben Laden à l'encontre des États-Unis, s'assurant un indéniable succès d'audience, entre autres dans le Golfe*. Le 6 juillet, le président Clinton décide de sanctionner les talibans pour avoir « autorisé des territoires placés sous leur contrôle en Afghanistan à servir de refuge et de base opérationnelle à Oussama Ben Laden et à l'organisation Al-Qaida [16] ».

Le conflit est donc ouvert entre Washington et Kandahar, alors que les talibans préparent leur traditionnelle offensive d'été contre l'opposition retranchée dans le Nord. Les

---

* La diffusion de l'interview de Ben Laden, le 10 juin 1999, est précédée d'un battage intense et prolongé sur le thème : « Sur Al-Jazira, un homme seul se dresse contre un État et un État contre un homme. »

supplétifs de la « brigade 55 », fidèles à Ben Laden, continuent de se distinguer par leur combativité. Les troupes de Massoud tiennent bon, avant de regagner du terrain jusqu'aux environs de Kaboul et d'infliger de lourdes pertes aux talibans. Ce revers de fortune militaire est très mal ressenti par le mollah Omar, qui suit les opérations depuis son repaire de Kandahar. Le 25 août, un camion piégé explose devant sa résidence, tuant une dizaine de personnes. Le « commandeur des croyants » sort indemne de l'attentat dans lequel périt l'une de ses deux filles, mais il est désormais convaincu que les « infidèles » étrangers et leurs « agents » afghans veulent sa perte. Ben Laden s'engage à lui construire un palais à la fois sécurisé et digne de son rang de « commandeur ». Entre le mollah Omar et son protégé saoudien, la communauté d'ennemis scelle une communauté de destin*. Le huis-clos de Kandahar peut se refermer sur cette alliance, qui tient de l'osmose, entre l'émirat taliban et le jihad global.

Le régime du mollah Omar n'a été reconnu que par le Pakistan, l'Arabie saoudite et les Émirats arabes unis. Son isolement international s'aggrave lors d'une nouvelle provocation, en janvier 2000, quand il établit des relations diplomatiques avec la « République d'Itchkérie » des indépendantistes tchétchènes. L'Armée rouge a lancé quelques mois plus tôt la seconde guerre d'écrasement du nationalisme tchétchène et la propagande de Moscou met en scène sa lutte contre la subversion islamiste pour mieux nier la légitimité des aspirations tchétchènes. Quelques dizaines de jihadistes arabes, menés par le Saoudien Khattab, un

---

* Cette intimité est accentuée par le caractère soupçonneux et secret du mollah Omar qui n'a rencontré de non-musulmans qu'à cinq ou six reprises.

« vétéran » de la guerre civile au Tadjikistan, sont effectivement engagés aux côtés des islamistes tchétchènes, mais rejetés par le camp nationaliste[17]. Échaudée par les mésaventures de Zawahiri dans le Caucase, Al-Qaida est absente de ce théâtre, mais elle agite le symbole du jihad tchétchène, très populaire dans le Golfe, pour susciter de nouvelles vocations en Arabie. Là encore, les talibans servent des desseins qui les dépassent.

Les années fastes d'Al-Qaida

Les attentats d'Afrique orientale ont coûté à Al-Qaida deux de ses plus efficaces relais d'action extérieure : le Saoudien Khaled al-Fawwaz est détenu à Londres, où Al-Qaida perd sa tribune médiatique, et l'Égyptien Ali Mohammed est arrêté aux États-Unis, où il s'était réinstallé depuis décembre 1994*. Quant à Abou Hajer al-Iraqi, l'auteur de la première fatwa anti-américaine d'Al-Qaida, en 1993, il est aussi arrêté en Allemagne. Mais ces pertes sont incomparablement compensées par la vague de vocations, suscitée par la focalisation des États-Unis sur Ben Laden. Comme le commente alors un responsable islamiste à Peshawar, « l'Amérique a fait d'Oussama un être surnaturel. [...] Oui, c'est un héros pour nous, mais c'est

---

* L'arrestation d'Ali Mohammed, en septembre 1998, est tenue secrète. Il est inculpé en mai 1999 pour ses actions de formation au sein d'Al-Qaida. En octobre 2000, il plaide coupable pour son implication dans l'attentat de Nairobi. Ali Mohammed n'a jamais été condamné et son lieu de résidence demeure inconnu. Il semble qu'il se trouve sous la « protection » des services américains en contrepartie de sa « coopération » dans les procès d'Al-Qaida aux États-Unis.

l'Amérique qui a fabriqué ce héros[18]. » Abou Jandal, le garde du corps du chef d'Al-Qaida, indiquera plus tard à ses enquêteurs du FBI : « Vous n'avez pas idée du nombre des recrues que ces attentats ont apportées à Ben Laden. On a vu arriver des centaines de candidats au martyre[19]. » Ben Laden se réjouit de percer enfin en milieu saoudien, même si ce sont des jihadistes de toutes nationalités qui sont attirés par l'aura de l'ennemi désigné des États-Unis.

Les deux attentats au Kenya et en Tanzanie ont été perpétrés pour quelque 10 000 dollars[20] et, au-delà de leur impact en termes de recrutement, ils s'avèrent une opération très rentable pour Al-Qaida dont ils relancent les réseaux de financement. Les services américains ont longtemps colporté le mythe des 300 millions de dollars de fortune personnelle de Ben Laden, chiffre étrangement stable et repris en boucle[21]. Une analyse plus solide, menée par une autre agence américaine, révise très sérieusement ce chiffre à la baisse : Ben Laden a pu jouir d'un revenu annuel d'1 million de dollars et d'un capital de 8 millions de dollars avant le gel de ses avoirs saoudiens en 1994. Ayant perdu une part importante de ses ressources au cours de son aventure soudanaise, l'émir d'Al-Qaida mène avec sa suite une existence frugale en Afghanistan. Mais il se donne les moyens d'entretenir une réputation de générosité, à la mesure de la pauvreté de l'environnement afghan.

La vision parfois trop statique des spécialistes occidentaux d'Al-Qaida a parfois conduit à sous-estimer la dynamique du développement du jihad global, ce qui est particulièrement vrai pour la question de son financement. Les attentats meurtriers d'août 1998 et l'échec des représailles américaines ont ouvert à Al-Qaida de multiples opportunités de mobilisation matérielle et humaine, de nature très diverse et hétérogène. Ben Laden a habilement remplacé sa part de la fortune familiale par sa notoriété personnelle comme capital moteur de son organisation. Levée de fonds et investissements pour la cause militante se conjuguent dans le même projet. L'évaluation américaine d'un budget annuel de 20 millions de dollars pour Al-Qaida en Afghanistan semble très exagérée, mais une telle somme est devenue accessible à Ben Laden, icône captatrice de ressources mondialisées[22].

Outre ses camps historiques des provinces de Jalalabad et de Khost, Al-Qaida dispose désormais d'implantations proches de Kandahar*. Le centre de Khaldan demeure le site d'apprentissage des nouveaux membres, la formation militaire allant toujours de pair avec l'embrigadement idéologique. Les recrues ainsi entraînées peuvent être rapidement versées dans la « brigade 55 », surtout à l'approche des offensives estivales des talibans, très consommatrices en ressources humaines. Sinon, l'apprentissage se poursuit dans des camps spécialisés, où le jihad global approfondit peu sa dimension religieuse. Une discipline de fer règne dans les centres d'Al-Qaida, où toute résistance est brisée par la torture, voire la liquidation**. Une grande attention

---

* Les trois principaux camps d'Al-Qaida à Kandahar sont dénommés « Farouk » (à ne pas confondre avec le camp Farouk de la province de Khost, datant du jihad antisoviétique), « Fermes de Tarnak » et « Aéroport » (pour des raisons topographiques évidentes, ce camp étant lui-même subdivisé en une demi-douzaine d'implantations).

** Un ancien garde du corps de Ben Laden témoigne en ces termes : « Beaucoup d'hommes abandonnaient l'entraînement. Ce n'était généralement pas un problème si quelqu'un d'important les avait recommandés. Il en allait autrement de ceux venus d'eux-mêmes ou n'appartenant à aucune faction. Il arrivait qu'ils soient torturés. Cela se produisait aussi durant la période d'entraînement : passage à tabac

est accordée à la manipulation d'explosifs de toute nature et le camp de Darounta développe notamment des expériences dans les domaines chimique et biologique, accessibles à une élite d'initiés triée sur le volet et tenue par le secret le plus strict [23].

Les membres d'Al-Qaida constituent au sein de ces camps afghans une minorité [24] soudée par l'allégeance personnelle à l'émir Ben Laden, qui leur garantit en retour subsistance matérielle et carrière jihadiste. La direction d'Al-Qaida est assurée par un « Conseil consultatif » (*Majlis al-Choura*), en fait un Bureau politique à la tête d'une organisation de type avant-gardiste, avec ses départements militaire, politique, médiatique, administratif et financier. Il est frappant de constater comment Al-Qaida « islamise » formellement des catégories organisationnelles qui renvoient aux structures clandestines d'inspiration léniniste : l'émir au pouvoir incontesté, le Conseil qui n'a de « consultatif » que l'appellation, l'organigramme souvent en trompe-l'œil et l'implacable sécurité intérieure [25]. La question reste ouverte de savoir si les fondateurs d'Al-Qaida, très proches à Peshawar du Hezb Islami d'Hekmatyar, ont été influencés par l'organisation rigide et élitiste de leur allié pachtoune, lui-même fasciné par l'efficacité partisane des communistes afghans.

---

avec des fils électriques, étranglement jusqu'à la quasi-asphyxie, arrachage des ongles et privation de sommeil et de nourriture. Je me rappelle que quelqu'un est mort parce qu'on l'avait étranglé trop longtemps. À Kandahar, il y avait deux cellules avec des cordes accrochées au plafond. On y attachait les gens par les bras. En outre, il y avait une cellule minuscule sans fenêtre, où il faisait toujours noir. On y plaçait beaucoup de gens pour qu'ils n'aient ni assez d'espace ni assez d'air. Ils devenaient littéralement fous. » (P. BERGEN, *Ben Laden, l'insaisissable*, Paris, Michel Lafon, 2006, p. 330-331).

Le « centralisme démocratique » du modèle marxiste n'est en tout cas pas plus indulgent envers les voix dissonantes que les commissaires politiques d'Al-Qaida[26]. Aux côtés de l'émir Ben Laden, Zawahiri assume sans contestation les fonctions de numéro deux. Seuls les observateurs extérieurs recourent à la catégorie de « numéro trois » pour désigner le responsable de la direction militaire, Mohammed Atef. Cette stricte hiérarchie et sa discipline absolue rebutent une personnalité aussi forte qu'Abou Moussab al-Souri. Le vétéran syrien du jihad antisoviétique a quitté le « Londonistan » pour contribuer à la propagande de Ben Laden en 1997-1998, mais il préfère prêter directement allégeance au mollah Omar et entrer au service de l'émir taliban*. Toute une nébuleuse de « compagnons de route », plus ou moins dépendants, amplifie l'impact d'Al-Qaida et contribue à brouiller l'image d'une organisation fondamentalement secrète.

Les membres d'Al-Qaida côtoient dans les camps afghans des jihadistes d'origine diverse rattachés à leur propre structure. Le contingent pakistanais est de loin le plus important**, avec le Harakat ul-Mujahideen (HUM, avatar du HUA, qui a payé un lourd tribut au bombardement du 20 août 1998), le Lashkar e-Tayyiba (LET) ou l'Armée de Mohammed (Jeish e-Mohammed/JEM)***.

---

* Abou Moussab al-Souri prête formellement allégeance au mollah Omar en avril 2000 et établit dans la banlieue de Kaboul le camp « Al-Ghuraba » (littéralement « les Étrangers »), intégré au ministère taliban de la Défense.
** Sur les 24 camps jihadistes recensés sur le territoire taliban, 6 sont sous l'autorité directe de groupes « cachemiris », en fait des formations pakistanaises.
*** Massoud Azhar, un des fondateurs pakistanais du HUA/HUM, arrêté par l'armée indienne à Srinagar en 1994, est libéré à la faveur du détournement sur Kandahar, en décembre 1999, d'un avion de ligne

L'armée pakistanaise utilise l'alibi jihadiste pour occuper au Cachemire les hauteurs de Kargil en mai 1999[27], avant d'être contrainte par Washington à un retrait humiliant. L'institution militaire se venge, quelques mois plus tard, en renversant le Premier ministre Sharif, jugé trop conciliant avec l'Amérique, au profit du chef d'état-major, le général Pervez Musharraf. Les services de l'ISI croient plus que jamais à la nécessité stratégique de préserver l'arme de la guérilla cachemirie, ainsi que le soutien au régime taliban, dans l'épreuve de force avec l'Inde. Al-Qaida profite pleinement de cette posture d'Islamabad.

L'autre composante majeure de la diaspora jihadiste des camps afghans est constituée par le Mouvement islamique d'Ouzbékistan (MIO) de Jouma Namangani et de Taher Yuldachev. À leurs yeux, le renversement du régime postcommuniste à Tachkent s'insère dans un projet plus vaste d'islamisation politique de l'Asie centrale, désignée sous le nom générique de « Turkestan ». Même si le recrutement du MIO demeure très largement ouzbèke, cette vision régionale lui permet de recruter des militants tchétchènes, ouïgours ou tadjiks. Le MIO a participé de 1992 à 1997 à la guerre civile au Tadjikistan, au cours de laquelle le

---

indien. En février 2000, il lance l'Armée de Mohammed (JEM), dont la projection islamiste ambitionne d'aller bien au-delà de la « libération » du Cachemire. Dès avril 2000, le JEM perpètre à Srinagar le premier attentat-suicide de l'histoire du Cachemire : le kamikaze est un Britannique d'origine pakistanaise, ce qui illustre à la fois l'influence du JEM dans la diaspora et son potentiel de globalisation. Le JEM collabore avec un mouvement antichiite particulièrement violent, le SSP (Sipah e-Sahaba Pakistan), dont la branche armée, le LEJ (Lashkar e-Jhangvi) dispose en Afghanistan d'une centaine de militants regroupés dans leur propre camp d'entraînement. Le LEJ est responsable de toute une série de liquidations et de massacres antichiites, notamment après la prise de Mazar i-Sharif par les talibans en août 1998.

jihadiste égyptien Mustapha Hamid (Abou al-Walid), demeuré en Afghanistan durant l'exil soudanais de Ben Laden, a supervisé la formation de ses combattants dans les camps d'Al-Qaida [28]. L'ancien parachutiste Namangani mène les commandos du MIO au combat, tandis que le mollah Yuldachev mobilise la diaspora ouzbèke depuis Peshawar.

La fin des hostilités au Tadjikistan contraint le MIO à se replier sur l'Afghanistan, où Namangani rencontre Ben Laden dès 1997 [29]. Le MIO ne compte alors que quelques centaines de combattants qui partagent avec les supplétifs arabes de la « brigade 55 » le camp militaire de Rishikor, dans la banlieue de Kaboul. La haine que le mollah Omar nourrit à l'encontre du commandant Massoud n'a d'égale que celle de Namangani à l'égard d'Abdel Rachid Dostom, chef de la principale milice ouzbèke du nord de l'Afghanistan, allié de Massoud comme du régime de Tachkent. Cette dimension ouzbèke est cruciale dans la contribution du MIO à la victoire des talibans, à l'été 1998, et elle entraîne une montée en puissance des partisans de Namangani qui aligne bientôt plusieurs milliers de jihadistes, sous la bannière de l'« émirat islamique » d'Afghanistan. Yuldachev quitte Peshawar pour s'installer à Kaboul et, en août 1999, le MIO déclare formellement le jihad au régime de Tachkent. Namangani mène des raids meurtriers en Ouzbékistan et au Kirghizistan qui sèment le trouble dans toute l'Asie centrale *.

---

* Au cours de cette campagne, le MIO détient durant trois mois quatre otages japonais. En novembre 1999, Namangani et ses partisans rentrent en hélicoptère en Afghanistan, où Yuldachev et les talibans les accueillent en héros. En octobre 2000, la justice ouzbèke condamne Namangani et Yuldachev à mort par contumace.

Ces éléments pakistanais et ouzbèkes sont déterminants dans l'environnement afghan d'Al-Qaida qui compte aussi des jihadistes venus de tous les horizons, y compris des Philippins du groupe Abou Sayyaf*, voire des Malais et des Indonésiens de la Jemaa Islamiyya**. Le militant jordanien Zarqaoui, qui a fait ses premières armes sur le front de Khost en 1990, revient en Afghanistan en 1999, après cinq ans de prison en Jordanie. Il établit un camp indépendant pour son propre groupe, Al-Tawhid wal-Jihad (l'Unification et le Jihad) qu'il choisit d'implanter près d'Hérat, dans l'ouest de l'Afghanistan, pour bien marquer sa distance avec les autres expatriés arabes. Il trouve bientôt sa « niche » dans la constellation jihadiste en formant plus particulièrement des Kurdes irakiens.

De tous ces mouvements qui prospèrent à l'ombre des talibans, Al-Qaida est assurément le plus structuré. Il est aussi le seul à entretenir une relation organique avec l'« émirat islamique », du fait de la complicité entre le mollah Omar et Ben Laden. Il est surtout le seul à pouvoir

---

* Le groupe Abou Sayyaf est fondé en 1992 par Abdul Rajak Janjalani, un « vétéran » philippin des camps afghans d'Abdel Rassoul Sayyaf. Il compte quelques centaines de combattants dans les îles de Basilan et de Jolo qui pratiquent un terrorisme antichrétien systématique. Le chef du groupe Abou Sayyaf est tué en décembre 1998 dans un affrontement avec la police philippine. Il est alors remplacé par son frère Khadaffy Janjalani.

** La Jemaa Islamiyya, fondée en 1993, ambitionne d'établir un État islamique en Asie du Sud-Est. Elle est structurée en quatre zones opérationnelles (*mantiqi*) couvrant toute la région. La *mantiqi* 1 (Malaisie et Singapour) a les liens les plus réguliers avec Al-Qaida. Les trois premiers attentats de la Jemaa Islamiyya se produisent à Jakarta, ils visent le Conseil des oulémas (en avril 1999), l'ambassade des Philippines (en août 2000) et la Bourse (en septembre 2000), celui-ci étant le plus meurtrier avec 25 morts.

fédérer les programmes de ces divers groupes dans la vision offensive d'un jihad global. Al-Qaida n'a dès lors pas besoin de revendiquer une position dominante que la dynamique des camps afghans lui confère par défaut. Enfin, à la différence de ses partenaires, adossés à une cohérence pakistanaise, ouzbèke, kurde ou philippine, Al-Qaida projette la vision égypto-saoudienne de ses pères fondateurs dans un horizon planétaire. Le recrutement de l'organisation n'en est que plus diversifié, avec la mobilisation fort moderne d'individus plutôt que de communautés.

Vers le 11-Septembre

Ben Laden a conçu les attentats contre les ambassades des États-Unis en août 1998 selon le double principe de la centralisation de la décision et de la décentralisation de l'exécution. Satisfait de cette expérience, il relance dans cet esprit la planification terroriste anti-américaine, durant le printemps 1999, en associant à sa réflexion Mohammed Atef, le chef militaire d'Al-Qaida. Ben Laden envisage désormais, après s'en être pris à des ambassades, de viser des cibles militaires, d'une part, et de frapper le territoire des États-Unis, d'autre part. Conformément à sa « déclaration de jihad » d'août 1996, il veut mettre en exergue la dimension saoudienne des futurs attentats et cherche à les lier à la Péninsule arabique, soit par la nationalité des terroristes, soit par le lieu de leur passage à l'acte. L'objectif stratégique est de contraindre « l'ennemi lointain » et américain à réagir par une intervention directe et lourde sur le territoire afghan, où il ne pourra échapper à l'humiliation déjà infligée à l'Armée rouge. Il en résultera une déstabilisation en chaîne de « l'ennemi proche » et faussement musulman, donc un triomphe pour Al-Qaida.

L'émir d'Al-Qaida a rencontré, dans les premiers temps de son séjour à Tora Bora, l'oncle de Ramzi Youssef, le responsable de l'attentat de février 1993 contre le World Trade Center. Khaled Cheikh Mohammed est à la fois pakistanais et koweïtien, comme son neveu, et ils ont élaboré ensemble, aux Philippines, un audacieux projet de détournement et d'explosion coordonnés d'une douzaine d'avions de ligne[30]. Depuis l'arrestation de Youssef au Pakistan, en 1995, Khaled Cheikh Mohammed travaille seul sur un projet similaire, visant explicitement les États-Unis. Deux ans et demi après son premier entretien avec Ben Laden, il obtient enfin son accord pour lancer les préparatifs de l'opération. L'émir d'Al-Qaida, Atef et Mohammed s'accordent sur les cibles à détruire par les avions détournés : Ben Laden tient à frapper les États-Unis à la tête, à la Maison-Blanche, au Capitole et au Pentagone, Mohammed souligne la valeur symbolique du World Trade Center, que son neveu a échoué à détruire, et la planification se concentre sur Washington et New York, abandonnant les options de Chicago ou de Los Angeles[31].

Deux équipes sont parallèlement mobilisées à Kandahar pour cette série d'attentats suicides. L'une est constituée autour de Nawaf al-Hazmi et de Khaled al-Mihdhar, deux Mecquois, « vétérans » du jihad en Bosnie et des offensives anti-Massoud. Ben Laden leur accorde une confiance absolue et il charge Khaled Cheikh Mohammed de pallier leur ignorance totale de la langue anglaise et des techniques de vol[32]. La seconde équipe est composée de quatre militants arabes de Hambourg, menés par Mohammed

Atta, un ingénieur égyptien, qui entament leur formation à Khaldan en novembre 1999. Ben Laden les remarque pour leur maîtrise polyglotte et leur familiarité avec le monde occidental. À l'issue de leur apprentissage jihadiste, Atef renvoie Atta et ses trois compagnons en Allemagne, avec instruction d'y suivre des cours de pilotage[33]. Quant à Hazmi et Mihdhar, ils gagnent Los Angeles en janvier 2000 pour y suivre un stage de conduite aéronautique[34].

Tandis que se trame cette frappe majeure du territoire des États-Unis, Ben Laden et Atef n'abandonnent pas leur projet d'attentat contre un objectif militaire américain à l'étranger. Le choix se porte sur un bâtiment de guerre, plus accessible qu'une implantation terrestre. Al-Qaida ne dispose pas des réseaux aptes à perpétrer une telle attaque dans le Golfe persique et le Yémen est privilégié pour les facilités anciennes dont y dispose l'organisation. Ben Laden confie la mise en œuvre de l'opération à Tawfik Ben Attash, surnommé Khallad, qui a perdu une jambe en combattant aux côtés des talibans en Afghanistan. Ben Attash travaille sous la supervision d'Abderrahim al-Nashiri, chargé de l'infiltration clandestine d'Al-Qaida en Arabie depuis 1998. Ils décident tous deux de viser Aden, en écho à l'attentat fondateur d'Al-Qaida en décembre 1992. La cible sera un des destroyers américains, qui font régulièrement escale en rade d'Aden, et contre lequel viendra se jeter un canot de fibre de verre, bourré d'explosifs, et conduit par deux kamikazes. Une première tentative contre l'*USS The Sullivans* échoue en janvier 2000, du fait de l'ensablement du canot piégé[35]. Ben Laden est tenté de réviser ses plans initiaux, mais les responsables locaux tiennent bon et le complot n'est que reporté[36].

À Kandahar, l'obsession sécuritaire née de l'attentat manqué contre le mollah Omar, en août 1999, transforme l'équilibre des rapports entre la hiérarchie des talibans et celle d'Al-Qaida. Ben Laden ne laisse rien filtrer de sa planification anti-américaine* et exclut tout ressortissant afghan de sa garde rapprochée, mais il se montre en revanche très attentif à la protection du « commandeur des croyants » : tout en préservant les formes de l'allégeance au chef des talibans, il renverse en partie la relation entre la partie afghane et ses invités arabes. Sur le plan militaire, la « brigade 55 » est au premier rang de l'offensive de l'été 2000 qui est couronnée par la prise de Taloqan, la dernière ville encore contrôlée par Massoud. L'alliance entre Al-Qaida et les talibans est d'autant plus solide qu'elle est victorieuse. Ben Laden se sent assez fort pour défier de nouveau les États-Unis.

Le 12 octobre 2000, l'*USS Cole* est éventré en rade d'Aden par l'explosion d'un canot-suicide : 17 militaires américains sont tués par la déflagration, ainsi que les deux kamikazes, dont l'un avait été blessé dans le bombardement de Khost en août 1998. Ben Laden a dispersé la direction d'Al-Qaida dans la perspective de représailles américaines qu'il croit inévitables[37]. Mais le président Clinton est absorbé par l'effondrement du processus de paix israélo-arabe et il a gardé un souvenir cuisant de la riposte inaboutie de l'été 1998. Ben Laden, encouragé par

---

* Certes, les services américains s'inquiètent de la possibilité d'un attentat de Ben Laden, au cours de la brève visite du président Clinton à Islamabad, le 25 mars 2000. Mais l'émir d'Al-Qaida a beau affirmer au journal *Pakistan*, publié en ourdou à Peshawar, le 2 mai 2000, qu'il y aura « un jihad contre les États-Unis aux États-Unis », cette déclaration est mise sur le compte de ses précédentes rodomontades et passe inaperçue.

cette passivité, va encore plus loin dans la provocation. À l'occasion de la fin du mois de Ramadan, il appelle tous les musulmans à surmonter « 1 400 ans de désastre », à abattre les frontières politiques et à s'unifier dans un califat dont la capitale ne peut être que La Mecque [38].

L'émir d'Al-Qaida reste tiraillé entre le désir de revendiquer l'attaque contre le *Cole* et la nécessité de ménager les talibans, mis une nouvelle fois devant le fait accompli. Il choisit une voie détournée pour surmonter cette contradiction. Le mariage d'un de ses fils avec une des filles d'Atef, le commandant militaire d'Al-Qaida, lui offre, le 26 février 2001, l'opportunité de célébrer par un poème l'attentat d'Aden. La déclamation est enregistrée par un correspondant d'Al-Jazira [39] et la cassette est diffusée par le réseau mondial des sympathisants d'Al-Qaida qui relaie déjà les philippiques de Ben Laden à l'encontre de l'Amérique, de l'Arabie, de l'Égypte et de tous les « apostats » arabes.

La susceptibilité afghane est ménagée, le mollah Omar ne proteste pas auprès de Ben Laden. D'ailleurs, l'émir des talibans, frustré de voir que sa prohibition de la culture du pavot n'a pas atténué le boycott diplomatique à son endroit, s'est engagé dans un nouveau bras de fer, cette fois autour des statues géantes de Bouddha à Bamyan. Le chef d'Al-Qaida et une de ses références saoudiennes, le cheikh Hamoud Chouaibi, encouragent le mollah Omar à démolir ces « idoles ». Les talibans passent outre le concert de protestations internationales et détruisent le monument à l'explosif, dans les derniers jours de février 2001. Ben Laden se rend à Bamyan pour participer personnellement au saccage [40].

En mettant l'Afghanistan taliban au ban des nations, ce massacre symbolique lie le sort de l'« émirat islamique » au dessein global d'Al-Qaida. Le mollah Omar ne nourrit aucune illusion sur les risques d'une telle osmose : « La moitié de mon pays a été détruite durant vingt années de guerre. Si la moitié restante doit être aussi détruite dans notre effort pour protéger Ben Laden, je suis disposé à un tel sacrifice [41]. » Zawahiri juge le moment opportun pour dissoudre formellement son Jihad islamique égyptien (JIE) au sein de l'organisation de Ben Laden [42].

Al-Qaida se place en ordre de bataille et s'emploie à parachever l'assujettissement stratégique de l'émirat taliban : Ben Laden décide d'offrir au mollah Omar la tête de son ennemi juré, l'indomptable Massoud, inexpugnable de son réduit dans l'extrême nord-est du pays. Les réseaux d'Al-Qaida en Europe mobilisent deux jihadistes tunisiens qui se présentent sous la fausse identité de journalistes belges, d'origine marocaine. Ils s'introduisent auprès de Sayyaf, le partenaire historique des « Afghans » arabes, qui a rejoint l'opposition aux talibans. Sayyaf croit que ces deux « reporters » peuvent améliorer l'image de l'Alliance du Nord dans le Golfe et recommande à Massoud de leur accorder une interview. Le « lion du Panchir » hésite longtemps avant de les recevoir dans son fief, le 9 septembre 2001. Les deux sicaires déclenchent l'explosion d'une caméra piégée. Massoud, touché de plein fouet, décède durant son transfert vers l'hôpital [43].

Alors que l'Alliance du Nord tente de nier la mort de son chef, des membres saoudiens d'Al-Qaida informent la direction des talibans de la liquidation de Massoud. Ben Laden transmet une enveloppe de cinq cents dollars à la veuve d'un des kamikazes, installée à Jalalabad [44]. Le meurtre de Massoud est célébré à Kandahar. En éliminant le dernier obstacle au contrôle total de l'Afghanistan par les talibans, Ben Laden scelle définitivement la communauté de destin entre Al-Qaida et l'« émirat islamique ».

Le territoire afghan est devenu un redoutable Jihadistan, où Ben Laden ambitionne de piéger la puissance américaine[45]. L'attentat contre l'*USS Cole* n'a pas suffi à faire réagir les États-Unis, une provocation d'une tout autre ampleur est en marche.

Depuis le début de l'été, 19 candidats d'Al-Qaida à une mission suicide, dont 15 Saoudiens, se trouvent sur le territoire des États-Unis. Au matin du 11 septembre 2001, ils détournent quatre avions de ligne, deux au départ de Boston, un autre à Washington et le dernier à Newark. Deux avions percutent successivement les tours jumelles du World Trade Center, dont ils provoquent l'effondrement. Le troisième avion s'écrase sur l'aile nord du Pentagone. Le quatrième s'abîme dans un champ de Pennsylvanie, après une lutte désespérée entre les terroristes et les passagers qui ont probablement évité une catastrophe sur le Capitole. Près de trois mille personnes sont tuées en quelques heures, durant lesquelles Al-Qaida a changé la face des États-Unis.

*
* *

La séquence qui conduit de l'assassinat de Massoud aux attentats du 11-Septembre expose à nu les ressorts du jihad global. Le symbole vivant de la résistance antisoviétique doit être éliminé pour qu'Al-Qaida lance son défi le plus spectaculaire à l'« ennemi lointain ». Le jihad national s'est épuisé à libérer le territoire de l'Afghanistan de l'Armée rouge tandis que le jihad global multiplie les provocations pour attirer la puissance « infidèle » sur le théâtre afghan. La contradiction entre le jihad national, enraciné dans sa terre et dans sa population, et le jihad global, indifférent aux hommes comme aux traditions, est inexpiable, et elle est aggravée par la volonté d'Al-Qaida d'effacer la dimension afghane de son jihad fondateur.

L'écho de la gigantesque conflagration résonne immédiatement dans les métropoles des États-Unis. La liquidation de la résistance afghane livre tout un pays aux desseins d'Al-Qaida : l'Afghanistan n'est plus qu'un espace privilégié de conflit dans la planification du jihad global, à laquelle son destin et son peuple sont sacrifiés. Il faut toute la myopie de l'émirat taliban, sur fond d'expansionnisme pachtoune et de contagion centre-asiatique, pour tomber dans ce piège stratégique.

Les trois années qui se sont écoulées entre les attentats d'Afrique orientale, en août 1998, et ceux du 11-Septembre représentent l'âge d'or d'Al-Qaida. Chacune des dimensions de l'organisation se développe de manière impressionnante, enrichissant les autres composantes du jihad global. Un recrutement élargi a encouragé la levée de fonds, tandis que la propagande a stimulé en retour la mobilisation des ressources humaines et matérielles. L'aura de Ben Laden et la minutie de Zawahiri se complètent parfaitement à la tête de l'organisation, dont Atef gère avec méthode le volet militaire. L'effectif d'Al-Qaida ne dépasse pas le millier de membres totalement dévoués [46], dont l'impact est démultiplié par les cercles concentriques de la solidarité et de la propagande jihadistes.

À l'ombre des services pakistanais et de leur confrontation avec l'Inde, le territoire taliban est devenu un véritable Jihadistan où Al-Qaida a pu déployer la mécanique de son jihad global : conditionnement d'individus par une organisation totalitaire qui exalte leur appartenance à un Islam fantasmé, aux dépens de toute autre identité nationale ou culturelle ; minorité soudée et clandestine qui oriente par sa cohérence la nébuleuse militante des camps afghans ; animation par cette « base » politico-militaire de réseaux diasporiques, très difficilement pénétrables, avec projection mondialisée d'une terreur transnationale. L'idéologie du jihad global, radicalement coupée des réalités musulmanes, aveugle les dirigeants d'Al-Qaida au point de les entraîner dans une confrontation directe avec l'« ennemi lointain ». L'apogée du Jihadistan va précipiter sa ruine.

CINQUIÈME VIE

L'effondrement du sanctuaire (2001-2003)

Ben Laden n'a pas plus prévenu le mollah Omar des attentats du 11-Septembre qu'il ne l'avait averti, trois ans plus tôt, des attaques anti-américaines de Nairobi et de Dar es-Salam. L'assassinat de Massoud parachève le renversement de la relation entre le chef d'Al-Qaida et l'émir des talibans, en faisant de celui-ci l'obligé de celui-là. Le sort du Jihadistan n'appartient plus aux Afghans qui y vivent, Ben Laden et Zawahiri appellent de leurs vœux l'offensive américaine, dont ils prédisent l'enlisement, puis la déroute. Ils se gardent de revendiquer publiquement le 11-Septembre, pour que l'inévitable réaction des États-Unis apparaisse comme une agression et renforce la détermination jihadiste. Ce n'est qu'avec un invité saoudien, de passage à Kandahar, que Ben Laden se laisse aller à se vanter de la destruction du World Trade Center, s'attribuant une expertise en travaux publics qui aurait contribué à amplifier la catastrophe[1].

Al-Qaida se prépare à l'intervention des États-Unis. Les camps trop repérables, notamment Farouk[2], sont en partie évacués, les responsables et leurs familles sont dispersés. Ben Laden prend l'attache d'Al-Jazira pour enregistrer un message à diffuser lors du début de la campagne américaine. L'émir d'Al-Qaida prend à témoin l'ensemble de la communauté musulmane depuis une grotte de montagne, dans une mise en scène qui multiplie les allusions au Prophète combattant. Ben Laden, un fusil d'assaut à son côté, est flanqué de Zawahiri et d'un éphémère porte-parole d'Al-Qaida, le Koweïtien Suleyman Abou Gheith, dont la promotion médiatique est censée conforter le message jihadiste dans le Golfe*. La cassette de l'allocution de Ben Laden quitte les confins afghans pour rejoindre les studios d'Al-Jazira au Qatar, où elle est placée sous embargo journalistique.

L'émotion suscitée par le 11-Septembre rassemble autour des États-Unis une coalition antiterroriste sans précédent. Le soutien du Conseil de sécurité de l'ONU est très vite acquis à des représailles américaines**. L'Union européenne, la Russie, la Chine ou l'Inde affichent leur solidarité avec Washington. Dans le monde arabo-musulman, de nombreux régimes multiplient les gestes de bonne volonté envers les États-Unis, non sans associer leur propre opposition islamiste à Al-Qaida. Le mollah Omar persiste dans son refus de livrer Ben Laden et il y perd le soutien de Pervez Musharraf comme d'une partie de

---

* Abou Gheith est déjà intervenu au téléphone au cours d'une émission d'Al-Jazira consacrée à Ben Laden, le 10 juillet 2001.
** Il s'agit de la résolution 1368, votée dès le 12 septembre 2001, puis de la résolution 1373, véritable ultimatum envers les talibans, adoptée le 29 septembre 2001.

l'ISI*. La prime américaine pour la capture de Ben Laden, mort ou vif, passe de 5 à 25 millions de dollars et tous les chefs d'Al-Qaida voient leur tête mise à prix. Les États-Unis battent le rappel de leurs réseaux, dans la région et au-delà, pour consolider l'encerclement des talibans. Conseillers et, plus encore, matériels, affluent auprès de l'Alliance du Nord, dont la combativité revancharde s'accompagne de la volonté de « libérer » l'Afghanistan de l'emprise d'Al-Qaida. Les États-Unis se chargent de l'essentiel de la campagne de bombardements, qui débute le 7 octobre 2001.

Al-Jazira diffuse alors le message pré-enregistré de Ben Laden à l'attention « de l'Amérique et de son peuple » qui « ne connaîtront pas la sécurité tant que nous ne la connaîtrons pas en Palestine et tant que les armées infidèles n'auront pas quitté la terre de Mohammed[3] ». Le jihad global sublime la confrontation afghane dans une querelle planétaire, où la présence américaine en Arabie est assimilée à l'occupation israélienne des Territoires palestiniens. Al-Qaida se croit à la veille d'une guerre de longue haleine et Jalaluddine Haqqani, l'allié historique de Ben Laden à Khost, partage cet optimisme stratégique : « Nous battrons en retraite dans les montagnes et nous commencerons une

---

* Le général Musharraf, « tombeur » du gouvernement civil de Nawaz Sharif deux ans plus tôt, réussit en 2001 une opération comparable à celle du général Zia ul-Haq en 1979 : le dictateur militaire avait pu faire avaliser par Washington son putsch de 1977 contre Ali Bhutto en s'engageant dans la campagne antisoviétique en Afghanistan. Musharraf parvient de même à « blanchir » son coup d'État en ralliant la mobilisation contre Al-Qaida en Afghanistan. Il en profite pour limoger les membres les moins accommodants de la hiérarchie militaire, dont le chef de l'ISI, le 7 octobre 2001, quelques heures avant le début de l'offensive occidentale en Afghanistan.

longue guérilla pour arracher notre terre pure des mains des infidèles et la libérer comme nous l'avons fait avec les Soviétiques. Nous attendons avec impatience que les troupes américaines débarquent sur notre sol[4]. »

Le siège de Tora Bora

Ces rodomontades paraissent bien dérisoires lorsque, début novembre, les lignes de front tenues par les talibans cèdent partout sous les coups de boutoir de l'Alliance du Nord. Environ dix mille partisans du mollah Omar périssent en quelques semaines[5]. Le Mouvement islamique d'Ouzbékistan paie un tribut encore plus lourd aux bombardements occidentaux au cours desquels son chef Namangani trouve la mort. La vengeance des partisans de Massoud, qui mènent l'offensive terrestre, est implacable et de nombreux Afghans rachètent leurs compromissions avec l'« émirat islamique » en sacrifiant leurs anciens alliés arabes. Les jihadistes étrangers sont livrés aux lynchages et aux liquidations dans les villes reconquises. Les éléments de la « brigade 55 », encerclés dans Kunduz, se soulèvent après leur reddition et sont massacrés par les combattants de l'Alliance du Nord. Les membres d'Al-Qaida sont souvent abandonnés à leur sort, même en pays pachtoune où les talibans et leurs adversaires nouent des arrangements informels pour endiguer les hostilités. Kandahar négocie sa reddition et le mollah Omar s'enfuit sans gloire.

Ben Laden et quelques centaines de ses fidèles se replient sur Tora Bora, à une quarantaine de kilomètres au sud-ouest de Jalalabad. Le nid d'aigle jihadiste est perché à plus de 3 000 mètres d'altitude, le froid y est mordant. Pour Al-Qaida, ce retour dans les zones frontalières qui l'ont vu naître prend des allures de déroute : le chef militaire de l'organisation, Mohammed Atef, demeuré à Kaboul pour y coordonner la défense de la capitale, est pris de court par la débandade des talibans et il fuit vers le sud et la ville de Gardez, où il périt dans un raid américain, le 16 novembre 2001. Des dizaines de cadres et de militants sont tués dans les bombardements et les représailles. Le mois de Ramadan, supposé propice au jihad dans la propagande d'Al-Qaida, a un goût de cendres. Le désastre est consommé et les États-Unis lancent la curée. À partir du 3 décembre*, l'aviation américaine entame un pilonnage intense des positions jihadistes, utilisant même des bombes dites *daisy cutter*, « faucheuses de marguerites », à l'impact dévastateur dans le rayon de leur explosion. Les bombardements répétés durant dix jours d'affilée infligent des pertes considérables dans les rangs d'Al-Qaida. Il semble que Ben Laden et ses partisans, terrés dans des tranchées, perdent alors tout espoir[6].

Washington ne conduit pas le siège de Tora Bora différemment du reste de sa campagne afghane : ses alliés locaux tiennent le terrain, avec un soutien efficace mais limité des Forces spéciales américaines, tandis que les États-Unis assurent les vagues de bombardements dévastateurs. Cette discrétion du Pentagone et de la CIA en première ligne a contribué à l'effondrement des talibans[7], qui se sont retrouvés bien plus faibles à combattre d'autres Afghans que des « infidèles ». Mais ce profil bas va, à Tora Bora, remettre le sort de Ben Laden aux mains des

---

* Ce 3 décembre 2001 correspond au 17e jour de Ramadan (de l'année islamique 1422) et la propagande jihadiste assimilera plus tard la bataille de Tora Bora, livrée par « 300 moujahidines » sur « trois kilomètres carrés » à la victoire de Badr, remportée par le prophète Mohammed en 624, un 17e jour de Ramadan (de l'an 2 de l'Islam).

milices afghanes qui tiennent le siège, et qui sont elles-mêmes divisées entre trois commandants : Hazrat Ali, membre de l'ethnie minoritaire des Pashaïs, très appuyé par la CIA, Hajji Zaman, ancien officier, fraîchement rentré d'exil, et Hajji Zahir, moujahidine inexpérimenté de vingt-sept ans.

À la mi-décembre, Hajji Zaman concède une trêve à Al-Qaida[8], à la faveur de laquelle deux groupes de jihadistes évacuent leur sanctuaire. La CIA se concentre sur l'un de ces deux groupes, dont les membres sont désarmés et interrogés, avant d'être incarcérés sous responsabilité américaine. Il apparaît que ce groupe n'était qu'un leurre, destiné à couvrir la fuite de Ben Laden et des principaux chefs d'Al-Qaida[9]. La confusion est telle que les miliciens de Hazrat Ali sont aussi accusés d'avoir été corrompus par les jihadistes arabes[10]. Rechercher la faille dans les rangs afghans à Tora Bora est cependant un peu vain, puisque le troisième commandant sur place, Hajji Zahir, n'est autre que le fils de Hajji Abdul Qadir, qui avait accueilli Ben Laden à Jalalabad en mai 1996... et qui est redevenu gouverneur de la province, dans les fourgons de l'armée américaine*. Avec des loyautés afghanes aussi discutables, le siège de Tora Bora prend des allures de théâtre d'ombres.

Le 13 décembre 2001, une attaque spectaculaire vise le Parlement indien à New Delhi. Les cinq terroristes sont

---

* Hajji Abdul Qadir n'est pas le seul ancien compagnon de Ben Laden à être remis en selle par l'intervention américaine. Sayyaf, le parrain historique des jihadistes arabes lors de la lutte antisoviétique, est également réhabilité. Les États-Unis rétablissent ces seigneurs de guerre pachtounes dans leurs fiefs de Jalalabad (pour Hajji Abdul Qadir) et de Paghman (pour Sayyaf), dont les avaient chassés les talibans.

tués au cours de l'assaut, qui provoque une immense émotion en Inde. Les groupes actifs au Cachemire, avec le soutien de l'ISI, sont mis en cause publiquement et l'Inde mobilise ses troupes à la frontière avec le Pakistan, dans la perspective d'éventuelles représailles. La diplomatie américaine se dépense sans compter pour neutraliser la crise, mais Islamabad redéploie une partie de ses troupes vers ses provinces orientales. La présence militaire dans les confins afghans, déjà insuffisante pour boucler des zones aussi montagneuses, en est d'autant plus réduite, ce qui facilite les déplacements de Ben Laden et de ses partisans. La diversion de l'attentat de New Delhi achève ainsi de démanteler la nasse de Tora Bora.

La direction d'Al-Qaida se replie dans la zone pakistanaise de Parachinar, connue sous le nom de « bec de canard », du fait de son avancée en territoire afghan, entre les deux bastions historiques de l'organisation sur les hauteurs de Jalalabad, au nord, et de Khost, au sud. Ben Laden ne va pas perdre cette occasion rêvée de narguer la coalition occidentale : il enregistre pour Al-Jazira une déclaration prédisant la « fin imminente de l'Amérique[11] ». Une conférence internationale sur l'Afghanistan se déroule alors dans les environs de Bonn, elle adoube le chef pachtoune Hamid Karzaï à la tête d'un gouvernement dominé par l'Alliance du Nord. Le 22 décembre 2001, Karzaï recueille à Kaboul l'allégeance de deux mille chefs tribaux et autres seigneurs de la guerre, sans réaction notable de la part des talibans en déroute. Cinq jours plus tard, Al-Jazira diffuse le défi pré-enregistré de Ben Laden qui magnifie sa stature d'indomptable résistant à la campagne « infidèle ».

Les unités d'élite américaines et leurs alliés afghans ratissent Tora Bora jusqu'en janvier 2002, avant de reconnaître leur fiasco. Expulsée de la province de Jalalabad, Al-Qaida peut aisément basculer de Parachinar vers le fief de son allié et protecteur historique, Jalaluddine Haqqani. À cheval sur la frontière entre la province afghane de Khost et la zone tribale du Nord-Waziristan, Haqqani a évité la confrontation directe à l'automne 2001 et conserve un important potentiel militaire. Les États-Unis décident d'offrir à Karzaï un succès bienvenu contre un de ses principaux rivaux pachtounes. Les erreurs de Tora Bora ont été méditées et une coalition occidentale est constituée pour assurer l'essentiel de l'engagement au sol. C'est l'opération « Anaconda », lancée en mars 2002 contre un bastion taliban à l'ouest de Khost*. Les pertes sont sévères dans les rangs de l'insurrection, mais aucune figure d'Al-Qaida n'est identifiée parmi les morts. Quant à Haqqani, il demeure introuvable et son fils Sirajuddine gagne en légitimité militante à ses côtés.

Tandis que Ben Laden et Zawahiri disparaissent dans les zones tribales des confins afghano-pakistanais, toute une partie de la diaspora jihadiste choisit de s'enfuir, non pas vers l'est, mais vers l'ouest et l'Iran. C'est le cas d'Abou Moussab Zarqaoui, l'émir jordanien d'Al-Tawhid wal-Jihad, dont le camp principal était proche de la ville d'Hérat. Lors de l'assaut occidental, Zarqaoui s'échappe en compagnie de ses partisans kurdes qui, après un transit en Iran, le conduisent jusque dans leurs repaires montagnards du nord de l'Irak. Le jihadiste syrien Abou Moussab al-Souri gagne lui aussi l'Iran, où il plonge dans la

---

* Le chef taliban de ce bastion, Saifur Rahman Mansour, échappe à l'opération Anaconda. Jalaluddine Haqqani et lui sont les deux seuls commandants de l'Est afghan à être intégrés en juin 2003 à la nouvelle direction des talibans, constituée autour du mollah Omar et des responsables du Sud.

clandestinité, ruminant l'humiliation de l'effondrement de l'émirat taliban. Mais des membres importants d'Al-Qaida se réfugient également en Iran, qu'il s'agisse de Seif al-Adel, l'adjoint égyptien de Mohammed Atef, de Mustapha Hamid (Abou al-Walid), le vétéran de Khost, lui aussi égyptien, ou du propre fils d'Oussama Ben Laden, Saad. Ils peuvent compter sur l'appui de Hekmatyar, le chef du Hezb Islami afghan, qu'ils ont fréquenté à Peshawar quinze années plus tôt et qui s'est installé en Iran après 1996. Le régime iranien place ces hôtes d'un genre particulier en résidence surveillée, dans la perspective de tractations futures, notamment avec les États-Unis.

LE TEMPS DES RUINES

En échappant à l'étau américain, Ben Laden et Zawahiri amplifient le mythe de leur invulnérabilité face au déchaînement de la machine de guerre « infidèle ». Mais leur survie n'est qu'une bien piètre compensation face au démantèlement de l'infrastructure d'Al-Qaida. La CIA estime que les deux tiers environ des membres d'Al-Qaida ont été neutralisés en quelques semaines, qu'ils aient été tués ou emprisonnés [12]. Il est vrai que les vagues d'arrestations vont bien au-delà du « noyau dur » jihadiste et que les services pakistanais, pressés de faire oublier leur collaboration passée avec Al-Qaida, se rachètent en raflant sans grand discernement [13]. Toute une piétaille du jihad international s'en va ainsi emplir les centres d'interrogatoire gérés par les États-Unis en Afghanistan (à Kandahar ou à l'aéroport de Bagram, proche de Kaboul). L'afflux de prisonniers devient tel que Washington décide, en janvier 2002, d'en transférer une partie sur sa base de Guantanamo, enclave américaine sur le territoire cubain.

Les services américains récupèrent de leurs homologues pakistanais le responsable libyen du camp de Khaldan, Ibn Cheikh al-Libi (Ali Abdel Hamid al-Fakhiri). Ils l'interrogent sur un navire croisant en mer d'Arabie, avant de s'en décharger auprès des renseignements égyptiens [14]. Le « Docteur Fadel » (Sayyid Imam al-Sharif), un des fondateurs égyptiens d'Al-Qaida, installé au Yémen depuis 1993, est détenu à Sanaa, où son interrogatoire est mené en coordination avec Le Caire et Washington. La CIA développe dans le monde entier un réseau de prisons secrètes, souvent gérées avec des partenaires locaux, étatiques ou miliciens. Cette constellation de « trous noirs » émerge en violation flagrante du droit international [15]. Des centaines de membres supposés d'Al-Qaida y disparaissent pour une durée indéterminée, Guantanamo n'étant que la face émergée d'un système tentaculaire. La Maison-Blanche forge le statut sans précédent d'« ennemis illégaux combattants » pour désigner la très large cible de sa campagne planétaire d'arrestations, elle s'exonère ainsi des normes de la législation américaine comme des conventions de Genève tout en étendant son objectif bien au-delà d'Al-Qaida [16].

La mobilisation internationale, suscitée par le 11-Septembre, est d'une ampleur inédite, mais les homonymies patronymiques et les confusions linguistiques favorisent les incompréhensions, voire les bavures. Les informations soutirées des « ennemis illégaux » dans des conditions douteuses sont rarement opérationnelles et les véritables enchères lancées sur le marché international du renseignement encouragent affabulations et intoxications. En fait, c'est surtout la masse des documents saisis dans les différentes implantations afghanes d'Al-Qaida qui permet de remonter les réseaux et les filières. Un projet d'attentats contre les ambassades occidentales à Singapour est ainsi démantelé en décembre 2001 [17].

Le retournement de l'ISI contre ses anciens clients jihadistes est aussi déterminant dans l'affaiblissement d'Al-Qaida. La crise ouverte avec l'Inde par l'attaque du Parlement de New Delhi contraint en effet le président Musharraf, en janvier 2002, à bannir les groupes engagés au Cachemire, Lashkar e-Tayyiba (LET) et l'Armée de Mohammed (JEM). Ce basculement dans l'illégalité des partenaires historiques d'Al-Qaida rend ses réseaux plus vulnérables dans les métropoles pakistanaises. Ainsi Abou Zoubayda (Zaynelabidine Mohammed Hussein), un des cadres de la direction militaire d'Al-Qaida, est-il capturé à Faisalabad, en mars 2002, dans une cache du LET [18]. Quelque deux cents jihadistes étrangers, pour la plupart arabes, sont incarcérés à Kohat, dans la province de Peshawar [19].

Sur la défensive et pourchassée, la hiérarchie d'Al-Qaida est dispersée et éclatée entre ses différentes terres de refuge. Ben Laden et Zawahiri s'appuient sur un premier cercle d'inconditionnels, au dévouement aveugle, que les analystes américains désignent bientôt sous le terme d'« Al-Qaida central ». Seif al-Adel et les responsables repliés en Iran exhalent leur rancœur envers les planificateurs du 11-Septembre, qui ont précipité le jihad global dans une confrontation catastrophique avec les États-Unis. Ce clivage idéologique et territorial recoupe une ligne de fracture, apparue dès 2000, entre les tenants d'un soutien loyal à l'émirat taliban et les partisans d'une primauté absolue du Jihadistan [20]. La contestation de l'orientation stratégique du 11-Septembre vaut mise en cause de la direction de Ben Laden, et Abou Moussab al-Souri se prévaut de son indépendance vis-à-vis d'Al-Qaida pour instruire ce procès avec sévérité. Alors même que Khaled Cheikh Mohammed assume les responsabilités militaires d'Atef au nom d'« Al-Qaida central », Seif al-Adel prétend depuis l'Iran endosser la direction militaire de l'organisation.

Ben Laden et Zawahiri ne peuvent faire taire ces voix dissidentes qu'en reprenant l'initiative terroriste. Mais l'extrême vigilance internationale permet de déjouer toute une série de complots, durant l'automne et l'hiver 2001-2002, qu'il s'agisse d'un projet d'attentat contre l'ambassade des États-Unis à Paris ou de l'entreprise suicidaire du Britannique Richard Reid, arrêté le 22 décembre 2001 à l'embarquement d'un avion d'American Airlines. « Al-Qaida central » mobilise alors les réseaux tunisiens qui ont déjà perpétré l'assassinat de Massoud. Khaled Cheikh Mohammed, en cavale au Pakistan, manipule *via* l'Allemagne un jihadiste de Djerba, Nizar Naouar, qui s'abstient de tout signe extérieur de piété et échappe ainsi à l'attention des services tunisiens. La cible choisie est la synagogue de la Ghriba, au cœur de l'île de Djerba, où un pèlerinage rassemble chaque année des milliers de Juifs venus d'Europe et d'Israël. Al-Qaida veut frapper un régime arabe réputé pro-occidental, et donc « apostat » à ses yeux, tout en misant sur l'impact médiatique d'un tel attentat.

Le double principe de la centralisation de la décision et de la décentralisation de l'exécution, selon lequel Al-Qaida mène sa programmation terroriste depuis 1998, reste logiquement en vigueur après l'effondrement du sanctuaire taliban, qui rend les communications plus malaisées et repérables dans les réseaux jihadistes. L'objectif initial d'un attentat lors du pèlerinage en mai 2002 est laissé à l'appréciation de Naouar, qui s'inquiète de la montée en puissance du dispositif policier autour de la synagogue. Le futur kamikaze décide de passer à l'acte sans tarder. Il acquiert un camion-citerne qu'il remplit de carburant, avant de se jeter à ses commandes contre la synagogue, le 11 avril 2002. 21 personnes sont tuées dans l'explosion, dont 14 touristes allemands et 2 Français. Les autorités tunisiennes, inquiètes pour leur réputation sécuritaire et pour les recettes touristiques du pays, défendent pendant plusieurs jours la thèse officielle d'un « accident » et en censurent toutes les images. Même si la vérité émerge tardivement, cette propagande d'État atténue sensiblement le choc de l'attentat. Il n'en reste pas moins qu'« Al-Qaida central », sept mois après le 11-Septembre, a démontré sa capacité à frapper à des milliers de kilomètres une cible amalgamant ses obsessions contre les « judéo-croisés » et les « apostats ».

La décentralisation de l'exécution présente cependant pour Al-Qaida des risques sérieux, lorsque le responsable terroriste n'est pas aussi méthodique que Nizar Naouar. C'est le cas du jihadiste saoudien Zouheir Tbaïti, qui avait défavorablement impressionné ses instructeurs dans les camps afghans d'Al-Qaida [21]. À la faveur de l'écroulement du sanctuaire taliban, Tbaïti prend en main une mission qui le dépasse : la surveillance des bâtiments de l'OTAN dans le détroit de Gibraltar, dans la perspective d'une opération-suicide de type *USS Cole*. Le complot est éventé et Tbaïti, arrêté par la sécurité marocaine en mai 2002. Un attentat du même ordre est en revanche perpétré au large des côtes yéménites, en octobre 2002, à l'encontre d'un pétrolier français, le *Limburg*. L'explosion du canot piégé fait une seule victime, tout en causant d'importants dégâts matériels. « Al-Qaida central » a perdu le contrôle de la chaîne d'opérations, qui a été absorbée par des règlements de comptes yéménites. Le responsable de ce relatif fiasco, Abderrahim al-Nashiri, avait pourtant l'expérience de l'attentat contre le *Cole*, mais il est capturé le mois suivant aux Émirats arabes unis.

Al-Qaida cherche dès lors à frapper un nouveau coup d'éclat, et réactive les réseaux terroristes d'Afrique orientale qui lui avaient permis de lancer son jihad global en août 1998. Le jihadiste comorien Fazul planifie une audacieuse opération combinée à Mombassa, au Kenya, le 28 novembre 2002. Deux missiles sol-air sont tirés contre un avion de ligne israélien, cinq minutes avant qu'un camion piégé n'explose devant un hôtel très fréquenté par les touristes israéliens. 15 personnes sont tuées, dont 3 Israéliens, la plupart des victimes étant des membres kenyans d'une troupe folklorique locale. Les missiles ratent leur cible, mais le caractère coordonné de l'opération, en écho explicite du double carnage d'août 1998, vise à démontrer que la capacité de nuisance d'Al-Qaida demeure largement inentamée. À défaut de pouvoir frapper les États-Unis ou leurs représentations à l'étranger, Al-Qaida se rabat sur des objectifs touristiques, choisis pour leur dimension juive (Djerba) ou israélienne (Mombassa). Ben Laden, qui avait jusqu'à présent plutôt visé les « Croisés » que les « Juifs », espère ainsi capitaliser sur le ressentiment suscité par la répression israélienne en Cisjordanie et à Gaza, mais cette manœuvre de propagande, qui ne rencontre aucun écho en milieu palestinien, fait long feu.

L'IMPASSE VIRTUELLE

L'écroulement du régime taliban a stupéfait Ben Laden, qui misait sur la résistance de l'« émirat islamique » pour soutenir la dynamique du jihad global. Le chef d'Al-Qaida attribue une telle débandade au travail de sape mené par « les agents, les faibles et les faux religieux [22] ». Il est contraint de se replier sous la protection de Haqqani, impavide dans la tourmente, mais enclavé dans les zones tribales. La désillusion causée à Ben Laden par les autres chefs talibans est pourtant faible en comparaison de son incompréhension face à l'opposition saoudienne. En recrutant 15 des 19 kamikazes du 11-Septembre en Arabie, l'émir d'Al-Qaida espérait déstabiliser la relation américano-saoudienne, dans une dialectique perverse entre « l'ennemi proche » et « l'ennemi lointain ». Il croyait aussi trouver un écho dans la contestation islamiste de plus en plus virulente dans le royaume wahhabite. Or les deux figures majeures de cette contestation, les cheikhs Hawali et Auda, dont Ben Laden vantait les mérites [23], condamnent sans appel les attentats du 11 septembre 2001. Seul le cheikh Chouaibi, qui avait déjà légitimé la destruction des statues géantes de Bouddha en Afghanistan, trouve quelques justifications aux attentats de New York et de Washington. Mais il meurt en janvier 2002, privant Al-Qaida de relais chez les notables de l'opposition en Arabie.

Le double pari stratégique de Ben Laden sur la combativité des talibans et sur la contestation saoudienne a échoué, acculant les survivants d'Al-Qaida à une impasse géographique et politique. La dynamique du jihad global est condamnée si elle n'est pas relancée, au moins sur le plan médiatique, ne serait-ce que pour étouffer les critiques internes d'une telle déroute. Ben Laden avait dès 1997-1998 joué la carte médiatique pour compenser ses faiblesses opérationnelles, encourager le recrutement et impressionner les adversaires. Il décide de capitaliser sur son prestige d'icône planétaire, tout en changeant de support de propagande. Les enregistrements du type de ceux de l'automne 2001 avec Al-Jazira sont devenus impossibles, sous peine de dévoiler les repaires de l'organisation, alors que l'Internet offre des possibilités de diffusion encore inexplorées. C'est ainsi qu'« Al-Qaida central » impulse à partir du Pakistan toute une cyber-propagande qui rencontre la mobilisation spontanée de dizaines d'autres initiatives jihadistes dans le monde entier, assurant un écho extraordinaire aux thèmes du jihad global ou à ses justifications casuistiques (par exemple, la fatwa du cheikh Chouaibi légitimant les attentats du 11-Septembre *).

Cette mutation virtuelle, entamée en 2002, atténue quelque peu le sentiment de vulnérabilité de la direction d'Al-Qaida. Mais la priorité est donnée à la consolidation de ce sanctuaire par défaut que sont devenues les zones tribales, après l'effondrement du régime taliban. Le déploiement tardif de l'armée pakistanaise le long de la frontière, entre la province de Khost et le Waziristan, a permis d'importantes infiltrations **. Al-Qaida se concentre

---

* Cette fatwa, en date du 17 septembre 2001, justifie les attentats en invoquant le recours à la catapulte et aux bombardements nocturnes par le prophète Mohammed. Elle reste une référence obligée sur la plupart des sites jihadistes, permettant d'occulter l'isolement du cheikh Chouaibi sur cette position extrême.

** De toute façon, le relief montagneux de la zone frontalière en rend le contrôle extrêmement ardu : il n'y a que 5 postes fixes entre l'Afghanistan et le Nord-Waziristan, pour 243 points de passage possibles !

plutôt dans le fief des Haqqani, autour de Miran Shah et dans le Nord-Waziristan. Elle renoue aussi sa collaboration avec le Mouvement islamique d'Ouzbékistan dont les rescapés, dirigés par Taher Yuldachev, sont repliés dans le district de Wana et le Sud-Waziristan[24]. Mais les revers infligés à Al-Qaida dans les métropoles pakistanaises sont assez sérieux pour pousser Ben Laden, en octobre 2002, à menacer directement le président Musharraf[25].

Al-Qaida profite des réseaux tissés par les groupes jihadistes engagés au Cachemire et joue de la colère suscitée dans les milieux islamistes, surtout pachtounes, par la coopération entre Washington et Islamabad. L'effervescence est intense au sein des différentes métastases du Harakat ul-Ansar (HUA), partenaire d'Al-Qaida dans le « Front islamique mondial » de 1998. Omar Sheikh, libéré des prisons indiennes après le détournement d'un avion de ligne sur Kandahar en 1999, commandite, en janvier 2002 à Karachi, l'enlèvement et le supplice du journaliste américain Daniel Pearl, avant d'être lui-même arrêté par la sécurité pakistanaise. Une vague de terreur anti-occidentale frappe l'Église protestante internationale d'Islamabad (5 morts, le 17 mars 2002, dont 2 Américains), l'hôtel Sheraton de Karachi (14 morts, le 8 mai, dont 11 coopérants français) et le consulat américain à Karachi (12 morts, le 14 juin). L'Armée de Mohammed (JEM), un autre des rameaux du HUA, tente dès le printemps 2002 d'éliminer Pervez Musharraf[26].

Cette communauté d'ennemis et d'indignations entre Al-Qaida et les extrémistes pakistanais facilite l'agitation clandestine et l'immersion dans les niches les plus radicales, mais elle ne vaut pas garantie absolue : en septembre 2002, le jihadiste yéménite Ramzi Ben al-Shibh, le seul survivant de la cellule qui a préparé à Hambourg les attentats du 11-Septembre, est arrêté à Karachi ; en février 2003, Mohammed Omar Abderrahmane, le fils de l'inspirateur égyptien du premier attentat contre le World Trade Center, qui distribuait les fatwas assassines de son père lors des conférences de presse d'Al-Qaida, est détenu à Quetta ; Khaled Cheikh Mohammed, le chef militaire d'Al-Qaida, échappe à ces deux coups de filet, mais est capturé en mars 2003, après une fusillade à Rawalpindi ; il entraîne dans sa chute Mustapha al-Hawsaoui, le financier saoudien de Ben Laden[27]. L'arrestation des responsables opérationnel et budgétaire d'Al-Qaida, prestement remis aux États-Unis, est un revers sérieux pour l'organisation. Le mois suivant, c'est au tour du Yéménite Tawfik Ben Attash (dit Khallad), un des maîtres d'œuvre de l'attentat contre l'*USS Cole*, d'être arrêté à Karachi.

La propagande d'Al-Qaida, qui utilise de plus en plus les différentes ressources de l'Internet, est très discrète sur tous ces coups encaissés au Pakistan, alors qu'elle entretient l'illusion d'une confrontation planétaire et soutenue. L'attentat de Bali, où 202 personnes, dont 88 touristes australiens, trouvent la mort, le 12 octobre 2002, est l'œuvre de la Jemaa Islamiyya. De nombreux militants malais ou indonésiens de ce groupe ont fréquenté les camps d'Al-Qaida durant le régime taliban, mais la Jemaa Islamiyya a conservé son indépendance vis-à-vis de Ben Laden[28]. Cela n'empêche pas les forums jihadistes de célébrer dans ce massacre un nouveau camouflet infligé aux « croisés ». Le chef d'Al-Qaida lui-même intervient un mois plus tard pour menacer tous les alliés des États-Unis : « L'Australie a ignoré les mises en garde contre sa participation à la guerre en Afghanistan, jusqu'au jour où elle a été réveillée par les explosions de Bali[29]. » Ben Laden reprend à son compte les attaques de la Jemaa Islamiyya, des jihadistes pakistanais ou des commandos tchétchènes afin de poser en grand démiurge du terrorisme international, alors même que, de tous les attentats évoqués lors de son allocution, seul celui de Djerba a été perpétré par Al-Qaida.

Le même opportunisme anime le jihad global depuis que, en 1993, il s'attribuait les humiliations infligées aux États-Unis par les miliciens somaliens : Al-Qaida cherche toujours à magnifier sa puissance réelle, somme toute limitée, en récupérant tout un éventail d'actions qu'elle n'a même pas inspirées. Cette illusion médiatique est servie par la propagande de la « guerre globale contre la terreur » et par sa logique d'amalgames, les régimes visés par la violence islamiste valorisant leur fraternité d'armes avec les États-Unis, y compris quand cette violence n'a rien à voir avec Al-Qaida[30]. Ben Laden devient l'épouvantail commode de crises auxquelles il est absolument étranger. C'est ainsi que l'administration Bush s'emploie, au mépris de l'évidence, à démontrer la collusion entre Saddam Hussein et Al-Qaida afin de justifier, durant l'hiver 2002-2003, ses préparatifs de campagne contre l'Irak. Une telle focalisation internationale est une aubaine pour le jihad global et Ben Laden appelle dès février 2003 à « une bataille longue, épuisante et prolongée[31] ».

*
* *

Al-Qaida n'a rien obtenu de ce qu'elle espérait atteindre avec le 11-Septembre : les États-Unis sont intervenus en

Afghanistan, mais le régime taliban, loin de leur résister, s'est écroulé en quelques semaines ; quant à la contestation islamiste en Arabie saoudite, elle a désavoué les attentats de New York et de Washington, privant Ben Laden de débouché politique dans son pays natal. Al-Qaida a perdu, mais elle a survécu à l'assaut occidental, elle s'est repliée sur les zones tribales qui l'ont vu naître, basculant cette fois du côté pakistanais de la frontière. Des deux acceptions fondatrices d'Al-Qaida comme « base », seule la « base de données » transnationale a surmonté l'épreuve du feu, durant laquelle a cédé la « base solide » de l'émirat islamique d'Afghanistan.

Ben Laden et Zawahiri ont échappé à la traque des nations. La question reste posée de savoir si Al-Qaida aurait vraiment pu être éliminée durant l'hiver 2001-2002. L'histoire ne peut être réécrite, mais un contrôle effectif des frontières occidentale et orientale de l'Afghanistan aurait sans doute permis de capturer les chefs jihadistes en fuite. Mais cela aurait impliqué, d'une part, une confiance qui faisait largement défaut entre les services américains et pakistanais, ainsi que, d'autre part, une restauration des relations entre Washington et Téhéran, rompues depuis 1979.

L'administration de George W. Bush a bien d'autres préoccupations : le déclenchement de la « guerre globale contre la terreur », très marquée par l'idéologie néo-conservatrice, ouvre la voie à toutes les confusions. La priorité de la lutte contre Al-Qaida se dilue dans une campagne de diabolisation des diverses formes de militantisme islamiste, dont Israël et les dictatures du monde arabo-musulman sont les principaux bénéficiaires. Et la fragilité persistante du triangle américano-indo-pakistanais dissuade Washington de s'engager sur le dossier du Cachemire, de tarir ainsi une des sources majeures de recrutement jihadiste et de trancher le lien entre Al-Qaida et ses partenaires pakistanais.

Plus grave encore, les emballements extra-judiciaires de la « guerre globale contre la terreur » ternissent vite l'image internationale de la puissance américaine. Le symbole de Guantanamo et l'infamie de la torture servent formidablement la dénonciation par Al-Qaida de la « propagande mensongère sur les droits de l'homme [32] ». La trahison par la coalition occidentale des valeurs au nom desquelles est menée la campagne antiterroriste fait le jeu de ses adversaires désignés, leur rendant un peu du crédit dilapidé lors du 11-Septembre. En Afghanistan même, la restauration du pouvoir des seigneurs de la guerre, ainsi que la reprise, à leur initiative, de la culture du pavot, tardivement bannie par les talibans*, conduit à la même crise de légitimité des États-Unis et de leurs alliés.

Moins d'un an après la prise de Kaboul, c'est vers l'Irak que les faucons de Washington concentrent leur mobilisation. La station de la CIA à Kandahar est fermée dès mars 2002 et les matériels les plus sophistiqués de détection et d'interception ne tardent pas à être transférés par les États-Unis, de l'Afghanistan vers le Golfe. Au lieu de se concentrer sur la neutralisation définitive d'Al-Qaida, la Maison-Blanche planifie ostensiblement l'ouverture d'un front d'une tout autre ampleur [33]. À l'abri de ces martiales gesticulations, Al-Qaida prépare sa propre campagne sur la terre sainte qu'elle a juré de « libérer » de l'Amérique.

---

* Le mollah Omar décide en 2001 la prohibition de la culture du pavot, même si les stocks existants d'opium continuent d'être écoulés. La production d'opium en Afghanistan, tombée à 185 tonnes en 2001, remonte à 3 400 tonnes dès 2002.

SIXIÈME VIE

La campagne d'Arabie (2003-2004)

Oussama Ben Laden est abasourdi de la fragilité du régime taliban, mais sa plus grande déception demeure la passivité de la population saoudienne après le 11-Septembre, aggravée du désaveu des attentats par les grandes figures de la contestation islamiste. Le suprême défi d'Al-Qaida n'est même pas parvenu à déstabiliser la relation entre « l'ennemi lointain », l'Amérique honnie, et « l'ennemi proche », le royaume wahhabite. Les turbulences entre Washington et Riyad restent somme toute contenues et les services saoudiens contribuent à leur mesure à la campagne internationale contre Al-Qaida. Certes, deux Américains sont tués à Khobar, le 6 octobre 2001, à la veille du début des bombardements occidentaux en Afghanistan, mais cet attentat relève d'une initiative locale et limitée. Lorsque Ben Laden émerge des ruines de son sanctuaire afghan, il se consacre à la planification d'une campagne terroriste de longue haleine en Arabie[1].

Veillées d'armes

La CIA intercepte en mai 2002 des échanges lourds de menaces entre « Al Qaida central » et des comploteurs en Arabie[2]. La Maison-Blanche en informe les autorités saoudiennes, déjà très préoccupées par la découverte d'un missile sol-air près d'une base aérienne du royaume*. Les services des deux pays se concentrent sur un réseau d'Al-Qaida, déjà responsable de l'attentat d'Aden en octobre 2000 et mené par des jihadistes saoudiens d'origine yéménite. L'étau se resserre autour du responsable principal de ce réseau, Abderrahim al-Nashiri, réfugié au Yémen. Washington et Riyad exercent une pression très forte sur Sanaa, dont la police, mal équipée, mène des raids contrastés en milieu jihadiste. C'est sans doute pour se venger de cet activisme sécuritaire, tout autant que pour frapper un nouveau coup d'éclat, que Nashiri ordonne l'attentat contre le pétrolier français *Limburg* au large des côtes yéménites, en octobre 2002. L'utilisation d'un canot piégé reproduit la technique utilisée contre le *Cole* et, même si une seule personne est tuée, l'ampleur des dégâts suscite une onde de choc sur les marchés pétroliers. La traque s'intensifie contre Nashiri, qui est capturé aux Émirats arabes unis un mois plus tard.

Les spécialistes américains et saoudiens du contre-terrorisme s'auto-congratulent, convaincus qu'ils sont d'avoir décapité Al-Qaida en Arabie. Mais un autre réseau,

---

* La sécurité saoudienne met en cause, le 18 mai 2002, un « vétéran » soudanais d'Afghanistan, Abou Hudhayfa, accusé d'avoir tiré un missile contre un avion américain, sans l'atteindre. Une supposée cellule d'Al-Qaida, composée d'Abou Hudhayfa, d'un jihadiste irakien et de 11 Saoudiens, est démantelée peu après.

implanté cette fois dans les provinces centrales du royaume, mobilise dans la clandestinité. Il est dirigé par Youssef al-Ayyiri, qui fut un des gardes du corps de Ben Laden durant la deuxième vie d'Al-Qaida, entre Peshawar et Khartoum. Emprisonné en Arabie de 1996 à 1998, il a ensuite mené des campagnes de levée de fonds en faveur du jihad en Tchétchénie, développant ainsi ses contacts dans les milieux radicaux saoudiens. Ayyiri contribue à « La voix du Caucase », le pionnier des sites Internet jihadistes, et cette expérience lui permet de lancer son propre site, Al-Nida (« L'appel »). Après le 11-Septembre, Ayyiri constitue dans le plus grand secret Al-Qaida pour la Péninsule arabique qui prétend frapper « l'ennemi lointain » sur le territoire de « l'ennemi proche », afin de libérer La Mecque et Médine de l'occupation « infidèle », conformément à la déclaration fondatrice du jihad global par Ben Laden en août 1996. Ce réseau s'étoffe avec le retour de centaines de jihadistes rescapés d'Afghanistan[3].

L'administration Bush prépare alors le terrain à son offensive contre le régime de Saddam Hussein, accusé de complicité avec Al-Qaida. Comme l'organisation de Ben Laden n'a aucune présence en Irak, la propagande américaine se concentre sur le terroriste jordanien Abou Moussab Zarqaoui, dont le groupe Al-Tawhid wal-Jihad s'est effectivement replié dans le Kurdistan d'Irak après l'effondrement du régime taliban. Colin Powell, le chef de la diplomatie américaine, va jusqu'à qualifier à l'ONU Zarqaoui de « collaborateur de Ben Laden et d'Al-Qaida[4] », alors même que le jihadiste jordanien a conservé toute son autonomie envers Ben Laden. Le déclenchement de la campagne américano-britannique en Irak, le 20 mars 2003, détourne complètement l'attention de la scène saoudienne, où pourtant les attaques contre les ressortissants occidentaux et les incidents armés se multiplient. Bagdad tombe aux mains des envahisseurs, le 9 avril, Saddam Hussein prend la fuite et son régime s'écroule. Le 1er mai, le président George W. Bush annonce dans le Golfe la fin du conflit. Peu d'observateurs remarquent qu'un Américain est tué ce jour-là sur la base saoudienne de Jubail. Ce n'est pourtant qu'un début.

GUERRES D'USURE

Le 12 mai 2003, quelques heures après une visite de Colin Powell à Riyad, trois attentats suicides coordonnés dévastent des résidences d'expatriés, dans l'est de la capitale saoudienne. Le bilan officiel de 35 morts, dont 9 Américains, est sans doute sous-évalué. Le régime, sous le choc, publie une liste de 19 terroristes recherchés et lance des vagues d'arrestations dans tout le royaume. Ces rafles dégénèrent souvent en accrochages avec des militants lourdement armés. Le 30 mai, Ayyiri échappe à une embuscade policière et tue deux membres des forces de l'ordre, mais il tombe le lendemain sous les balles de la sécurité saoudienne. Le fondateur d'Al-Qaida pour la Péninsule arabique a bien préparé sa succession, il est remplacé à la tête du réseau par Abdelaziz Moqrine*, un « vétéran » de

---

* Le dédoublement des réseaux constitués par Ayyiri, d'une part, et par Nashiri, d'autre part, a protégé le développement d'Al-Qaida pour la Péninsule arabique et il perdure sans doute durant cette période. Alors que Moqrine prend le relais d'Ayyiri, c'est Khaled al-Hajj, un ancien garde du corps yéménite de Ben Laden, né comme lui à Djedda, qui assume la succession de Nashiri, après l'arrestation de celui-ci en novembre 2002. Khaled al-Hajj, parfois présenté de ce fait comme chef d'Al-Qaida pour la Péninsule arabique est tué par la police saoudienne à Riyad, le 15 mars 2004.

l'Afghanistan et de la Somalie, qui a été emprisonné deux ans en Éthiopie pour avoir combattu aux côtés de la guérilla islamiste de l'Ogaden.

Les mois suivants sont scandés par des affrontements meurtriers entre les forces de sécurité et les militants d'Al-Qaida, avec courses-poursuites dans les rues de Riyad, voire batailles rangées à La Mecque ou Jizan. De nombreuses « caches » jihadistes sont prises d'assaut : on y découvre des arsenaux impressionnants composés d'armes automatiques et d'explosifs (un missile SAM7 est même saisi). Des centaines de membres et de sympathisants d'Al-Qaida sont incarcérés, tandis qu'une trentaine de militants de l'organisation périssent au cours des nombreux accrochages. Les autorités mettent en scène leurs succès en remplaçant la liste des « 19 » par une nouvelle liste de 26 terroristes recherchés*. En août 2003, les États-Unis transfèrent au Qatar l'essentiel des forces (7 000 militaires et 200 avions) jusqu'alors basées en Arabie. Ce déplacement, planifié de longue date, est naturellement présenté par Al-Qaida comme une première victoire contre les « infidèles », mais Ben Laden n'envisage pas de suspendre sa campagne, car, au-delà de la « libération » de l'Arabie, c'est bien la chute du régime saoudien qu'il vise.

Afin de démontrer sa résilience face à la répression gouvernementale, Al-Qaida décide de frapper de nouveau un quartier d'étrangers à Riyad, le 9 novembre 2003. L'attaque est planifiée pour se dérouler durant le mois de Ramadan, censé être propice au jihad dans la rhétorique des partisans de Ben Laden, et elle prétend commémorer la première victoire du prophète Mohammed, remportée

---

* La liste des « 19 » date du 8 mai 2003 et celle des « 26 » est publiée le 6 décembre 2003.

à Badr en 624. Al-Qaida, qui avait déjà comparé le 11-Septembre à la bataille de Badr, célèbre cette fois-ci le « Badr de Riyad ». Mais la société Boeing a pris soin d'évacuer les employés américains qui logent dans les résidences visées et la plupart des 17 personnes tuées dans cet attentat sont des musulmans, ce qui sème le trouble dans la mouvance jihadiste. Ce débat s'étend bien au-delà du Golfe et Abou Omar al-Seyf*, la figure emblématique des combattants saoudiens en Tchétchénie, recommande à ses compatriotes de « se rendre en Irak plutôt que de combattre le gouvernement saoudien [5] ».

Ben Laden n'a cure de ces mises en garde, la lutte contre le royaume wahhabite est à ses yeux une priorité absolue, l'Irak ne saurait le détourner de cet objectif stratégique. La branche saoudienne d'Al-Qaida lance deux bimensuels en ligne**, où les analyses idéologiques alternent avec les exposés proprement militaires, afin de magnifier sur Internet son influence réelle dans le pays. Elle décide de poursuivre sa campagne terroriste, mais s'efforce de la

---

* Abou Omar al-Seyf, de son vrai nom Mohammed Jaber Tamimi, est dès 1997 l'idéologue saoudien des jihadistes arabes en Tchétchénie, dont il organise les « tribunaux islamiques ». Il succède en avril 2004 à son compatriote Abou Walid (Abdelaziz Ghamdi), qui avait lui-même pris la suite de Khattab, en avril 2002, à la tête des jihadistes arabes en Tchétchénie. Abou Omar al-Seyf périt en décembre 2005 de mort violente, tout comme ses deux prédécesseurs.

** Le bimensuel *Saout al-Jihâd* (« La voix du jihad ») est diffusé à partir de septembre 2003. Il est complété, à partir de décembre 2003, par *Mu'askar al-Battar* (« Le camp d'Al-Battar »), Al-Battar (« Le Sabre ») étant le nom de guerre de Youssef al-Ayyiri, dont 22 numéros sont mis en ligne jusqu'en octobre 2004. Deux documentaires de propagande de longue durée, « Les martyrs des affrontements au pays des deux Saintes Mosquées » et « Badr de Riyad », sont diffusés respectivement en décembre 2003 et février 2004.

recentrer sur des cibles clairement identifiées, forces de sécurité ou ressortissants occidentaux. L'escalade de la violence s'accentue au printemps 2004, avec une succession d'attaques contre des expatriés américains ou européens. Le 1er mai, un commando d'Al-Qaida fait irruption au siège d'une compagnie étrangère de Yanbu, sur la mer Rouge, et il y assassine 5 employés occidentaux*. Les quartiers d'expatriés à Khobar, sur la côte orientale, sont livrés à la terreur jihadiste durant les deux journées des 29 et 30 mai, au cours desquelles 22 personnes sont tuées. L'Américain Paul Johnston est kidnappé le 12 juin à Riyad et Al-Qaida fait monter la pression internationale en diffusant un enregistrement de l'otage priant pour sa vie sauve. Mais le sort de Johnston est scellé et, peu après, il est décapité par ses ravisseurs. Moqrine, responsable de l'enlèvement comme du supplice, est repéré par la sécurité saoudienne ; le 19 juin, il est tué avec trois de ses fidèles dans une station-service de la capitale.

Le coup est sévère pour Al-Qaida pour la Péninsule arabique, d'autant qu'il est suivi, un mois plus tard, de la découverte par la police saoudienne de la « cache » principale de l'organisation à Riyad, véritable mine de renseignements pour le contre-terrorisme local. Mais les réseaux terroristes peuvent encore compter sur des ressources militantes appréciables. Saoud al-Utaybi, un jihadiste de Riyad, rodé à la clandestinité dans son propre pays, prend les commandes d'Al-Qaida pour la Péninsule arabique. Il est épaulé par Saleh al-Aoufi, un « vétéran » du Tadjikistan et de la Tchétchénie, rescapé de l'offensive américaine en Afghanistan. Et la direction centrale d'Al-Qaida a dépêché à leurs côtés le plus brillant de ses cadres

---

* 2 Américains, 2 Britanniques et 1 Australien.

marocains, Karim Mejjati, qui mobilisait jusque-là les réseaux de l'organisation en Afrique du Nord, avec l'Europe occidentale en ligne de mire*. C'est dire combien l'Arabie saoudite demeure encore le front principal pour Al-Qaida à l'été 2004.

La tentation irakienne

Ben Laden se concentre sur la subversion jihadiste dans son pays natal, mais Al-Qaida continue d'essayer d'apparaître comme le démiurge insaisissable de la terreur mondialisée, même quand elle n'est pas responsable des attentats perpétrés. C'est ainsi que l'organisation tente de profiter de la vague d'attaques-suicides qui secoue Casablanca, le 16 mai 2003, et frappe des cibles juives ou occidentales. Quatre jours après le lancement de la campagne d'Al-Qaida en Arabie, l'occasion est trop belle de magnifier la puissance du jihad global. À la différence de l'attentat contre la synagogue de Djerba en avril 2002, l'organisation de Ben Laden n'est pas formellement impliquée dans cette série d'explosions, dans lesquelles périssent douze kamikazes, originaires des bidonvilles de

---

* Les liens entre les réseaux saoudiens et marocains d'Al-Qaida sont anciens, comme le démontre l'arrestation dès mai 2002 de la cellule menée par le jihadiste saoudien Zouheir Tbaïti, qui planifiait un attentat dans le détroit de Gibraltar et, sans doute aussi, contre des cibles touristiques à Marrakech. En sens inverse, Karim Mejjati, « vétéran » d'Afghanistan, y est devenu proche de Youssef al-Ayyiri, qu'il a peut-être assisté dès l'hiver 2002-2003 à la constitution d'Al-Qaida pour la Péninsule arabique. La mort de Rabi Aït Ouzzou, le beau-frère de Mejjati, tué par la police marocaine lors du démantèlement d'une cellule jihadiste à Casablanca, en octobre 2002, a pu précipiter le transfert de Mejjati du Maroc vers l'Arabie.

Casablanca. La presse locale et internationale est cependant prompte à dénoncer la main de l'étranger dans ce carnage. Une fois de plus, la globalisation de la « guerre contre la terreur » sert la propagande d'Al-Qaida, qui dispose d'un « Média islamique global [6] » pour essaimer sur Internet ses documents écrits et audiovisuels.

L'organisation de Ben Laden est trop accaparée par le terrain saoudien pour en distraire des forces vers l'Irak de l'après-Saddam. C'est dès lors Zarqaoui qui étoffe ses propres réseaux sur le champ de ruines laissé par l'invasion américaine, la dissolution du parti-État et la mise à pied de l'armée irakienne. Le groupe Al-Tawhid wal-Jihad étend son influence, en étroite collaboration avec ses alliés kurdes d'Ansar al-Islam, puis d'Ansar al-Sunna, et il s'implante à Bagdad comme dans les provinces sunnites. Zarqaoui, idéologue médiocre, mais redoutable manœuvrier, mise sur la polarisation de la confrontation entre les troupes américaines, de plus en plus associées à la majorité chiite, et la communauté sunnite, victime de la répression occidentale comme de la revanche confessionnelle. Zarqaoui radicalise cette polarisation par deux attentats perpétrés, en août 2003, à quelques jours d'intervalle : d'abord, contre le siège de l'ONU et le représentant de son secrétaire général dans la capitale irakienne, afin de tuer dans l'œuf toute tentative d'internationaliser la crise et d'atténuer le poids de l'occupation américaine ; ensuite, contre le chef du principal parti chiite d'opposition à Saddam Hussein, dans le but d'éliminer une des rares personnalités chiites capables de tenir tête au proconsul des États-Unis. Zarqaoui s'emploie à convaincre Ben Laden et Zawahiri que seule l'aggravation du conflit entre sunnites et chiites peut être la clef du succès du jihad anti-américain en Irak [7].

La direction d'Al-Qaida prend le temps de la réflexion, tout en mesurant la formidable opportunité que représentent l'invasion et l'occupation de l'Irak par les « infidèles » pour la relance du jihad global. À défaut de valider la stratégie de Zarqaoui en Irak même, Ben Laden multiplie les coopérations avec son réseau dans les pays voisins : en Arabie, Al-Qaida pour la Péninsule arabique laisse Al-Tawhid wal-Jihad recruter les militants qui ne sont pas mûrs pour la guerre d'usure avec la sécurité saoudienne ; en Turquie, Al-Qaida et le groupe Zarqaoui complotent contre un régime accusé de collaboration avec les « judéo-croisés ». En novembre 2003, deux vagues d'attaques endeuillent Istanbul, visant dans un premier temps deux synagogues de la ville, puis, dans un second temps, une banque britannique et la représentation du Royaume-Uni (le consul général périt dans la déflagration). Al-Qaida assume la responsabilité du massacre au nom des « brigades Abou Hafs al-Masri », en hommage posthume à Mohammed Atef, son chef militaire disparu lors de l'écroulement de l'émirat taliban. Le maître d'œuvre des attentats, le jihadiste turc Habib Akdas, se replie, sous l'aile d'Al-Tawhid wal-Jihad, en Irak, où il est tué dix mois plus tard dans un bombardement américain.

L'Irak alimente les débats dans la mouvance jihadiste, non seulement chez les militants saoudiens qui mettent en cause la focalisation d'Al-Qaida sur l'Arabie, mais aussi chez les partisans d'un front anti-américain élargi aux chiites, au rebours de la stratégie adoptée par Zarqaoui. Ces débats se retrouvent sur les forums activistes du cyberespace. Une analyse des « espoirs et risques » du jihad en Irak prône dès décembre 2003 de s'attaquer aux alliés occidentaux des États-Unis et de cibler plus précisément l'Espagne, maillon faible de la coalition engagée en Irak [8].

La justice espagnole a démantelé dès l'automne 2001 des réseaux d'Al-Qaida impliqués dans la planification du 11-Septembre*, mais une cellule terroriste s'est recomposée à Madrid deux ans plus tard. Menée par le Tunisien Sarhane Fakhet, elle recrute surtout dans les milieux jihadistes marocains, en liaison avec la Belgique et la Turquie[9]. Sans avoir de lien direct avec la hiérarchie d'Al-Qaida, elle est encouragée par les appels de Ben Laden à frapper les alliés des États-Unis en Irak[10].

Au matin du 11 mars 2004, une série d'explosions dans quatre trains de banlieue tue 191 personnes à Madrid. Les bombes ont été déposées dans les wagons. Le léger retard du train attendu dans la gare principale d'Atocha évite un bilan encore plus effroyable. Al-Qaida s'empresse de revendiquer le carnage, cette fois encore au nom des « brigades Abou Hafs al-Masri ». Le gouvernement conservateur, qui persiste à accuser les séparatistes basques, perd les élections législatives du 14 mars au profit du Parti socialiste, opposé à l'engagement espagnol en Irak. Mais la cellule terroriste de Fakhet poursuit sa programmation terroriste et, le 2 avril, une bombe est désamorcée sur la ligne Madrid-Séville. Le lendemain, Fakhet et ses complices sont encerclés par la police espagnole dans la banlieue de la capitale. Ils choisissent de s'immoler collectivement plutôt que de se rendre. Ce suicide à l'explosif met fin à la campagne destructrice de la « Brigade de la Mort », ainsi que Fakhet avait intitulé son groupe.

Ben Laden croit pouvoir manipuler l'émotion suscitée par les attentats de Madrid : le 15 avril 2004, il propose

---

* Il s'agit de l'opération « Datil », menée en novembre 2001 sous l'autorité du juge Baltasar Garzón, et visant plus particulièrement Imadeddine Barakat Yarkas, alias Abou Dahdah.

solennellement une « trêve » à l'Europe, à condition qu'elle se désolidarise des États-Unis. Cette suggestion est rejetée par les différents dirigeants européens, ce qui permet à la propagande d'Al-Qaida de justifier par avance de futurs attentats. Par ailleurs, la brutalité provocatrice de Zarqaoui en Irak suscite des émules de plus en plus nombreux dans la mouvance jihadiste. Le chef d'Al-Tawhid wal-Jihad échappe à l'assaut lancé par les États-Unis contre le bastion sunnite de Fallouja, en avril 2004. Il parvient à enlever un ressortissant américain, Nicholas Berg, dont la mise à mort, enregistrée dans tous ses détails, est largement diffusée sur les forums jihadistes. La direction d'Al-Qaida est moins choquée par le procédé qu'inquiète de ses retombées négatives chez les militants. Mais la haine des États-Unis, avivée par la révélation des sévices infligés aux détenus irakiens dans la prison d'Abou Ghreib, atteint des sommets inégalés. La branche saoudienne d'Al-Qaida s'inspire dès lors du groupe Zarqaoui pour la mise en scène sinistre de l'enlèvement et de la liquidation de son propre otage américain, Paul Johnston, en juin 2004. Peu à peu, l'Irak, front que Ben Laden persiste à considérer comme secondaire, impose ses règles et ses normes au jihad global.

L'ÉMIRAT DU WAZIRISTAN

La direction d'Al-Qaida suit ces développements cruciaux, en Arabie comme en Irak, depuis ses nouveaux repaires dans les zones tribales pakistanaises. Sur les sept agences tribales qui longent la frontière afghane, deux ont été historiquement allouées à la confédération des Waziris, d'où leur nom de Nord et de Sud-Waziristan, le chef-lieu de la première étant Miran Shah et celui de la seconde Wana. Dans le Nord-Waziristan, qui jouxte la province afghane de Khost, Al-Qaida se sait sous la protection de Jalaluddine Haqqani et de son fils Sirajuddine, que certains secteurs de l'ISI continuent de ménager pour conserver un moyen de pression sur Kaboul et éviter une dérive pro-indienne du régime Karzaï[11]. Dans le Sud-Waziristan, Al-Qaida collabore avec le Mouvement islamique d'Ouzbékistan (MIO) qui reconstitue là ses forces après avoir perdu pied en Asie centrale. Les deux organisations gèrent de concert un camp d'entraînement à Angur Adda qui, sans avoir l'ampleur des centres de l'ère talibane, prouve une impressionnante capacité de récupération. Le Sud-Waziristan devient d'ailleurs un véritable carrefour de l'agitation jihadiste : les groupes cachemiris, formellement bannis par le président Musharraf, y replient leurs infrastructures et de jeunes chefs des tribus locales, au premier rang desquels Nek Mohammed, implantent avec brutalité le « modèle » taliban dans leur fief pakistanais.

« Al-Qaida central » se sent en tout cas assez en sécurité pour lancer une provocation médiatique majeure à l'automne 2003. Un enregistrement muet de Ben Laden, arpentant un paysage montagnard, est mis en ligne pour démentir les rumeurs persistantes sur la mort ou la maladie du chef d'Al-Qaida. Peu après, Zawahiri diffuse un véritable appel au meurtre de Pervez Musharraf[12], dans une déclaration encore plus violente que la charge de Ben Laden en octobre 2002. L'outrage est tel que l'armée pakistanaise lance, le 2 octobre 2003, un raid contre une position d'Al-Qaida dans le Sud-Waziristan, où trouve la mort un cadre financier de l'organisation, Ahmed Saïd Khadr, Canadien d'origine égyptienne[13]. Mais les menaces d'Al-Qaida n'ont pas été lancées en vain : le 14 décembre, le véhicule présidentiel échappe de très peu à une explosion télécommandée ; onze jours plus tard, deux kamikazes précipitent leurs voitures sur celle du chef de l'État, qui sort indemne du carnage. Les deux terroristes sont des militants pakistanais de l'Armée de Mohammed (JEM), préparés à l'action dans un camp d'Al-Qaida au Sud-Waziristan.

Le président Musharraf accuse directement Abou Faraj al-Libi [14], le jihadiste libyen qui a succédé à Khaled Cheikh Mohammed comme chef militaire d'Al-Qaida. Il ordonne un nouveau remaniement de l'institution militaire, qui est sommée d'intervenir au Sud-Waziristan et d'enfreindre ainsi le statu quo prévalant depuis l'indépendance du Pakistan. Les talibans pakistanais de Nek Mohammed et les jihadistes ouzbèkes de Tahir Yuldachev combattent côte à côte lors de l'assaut gouvernemental sur le district de Wana, en mars 2004. Malgré les lourdes pertes essuyées par les rebelles, ils remportent une victoire politique en contraignant l'armée pakistanaise à transiger : l'accord, conclu le 24 avril à Shakai, amnistie en effet les tribus insurgées et se contente d'exiger que les jihadistes étrangers s'enregistrent dans la semaine auprès des autorités. Cette prescription reste évidemment lettre morte, même si Al-Qaida, pour ne pas prendre le risque d'être prise au piège, transfère cadres et militants vers le Nord-Waziristan. Les États-Unis, furieux de ce compromis, se vengent en éliminant Nek Mohammed par un tir de missile, le 18 juin. Ses funérailles attirent une foule de Waziris en colère et les talibans pakistanais conspuent leur président sous le surnom de « Busharraf », vil agent de l'Amérique.

Les forces de sécurité pakistanaises imposent en représailles un blocus du Sud-Waziristan, avant d'y dépêcher des dizaines de milliers de militaires pour reprendre le contrôle de la zone. Les hostilités sont impitoyables et la population civile fuit vers le nord les destructions et les liquidations. Les jeunes rebelles accusent les chefs traditionnels de pactiser avec l'armée et d'avoir partie liée avec les « infidèles », ce qui justifie bien des exécutions sommaires. Après des semaines de conflit, une nouvelle trêve est signée en novembre 2004, mais elle n'est pas plus contraignante que le compromis arrêté six mois plus tôt. L'impuissance des troupes gouvernementales conforte l'autonomie croissante des talibans pakistanais, qui désignent volontiers l'ensemble du Waziristan par l'expression d'« émirat islamique ». Al-Qaida ne peut que se réjouir de cette reprise des slogans chers au mollah Omar. Wana ou Miran Shah ne sont certes pas Kandahar, mais les brutales convulsions du système tribal et de la société wazirie tournent plutôt à l'avantage des alliés d'Al-Qaida. Même le président Musharraf reconnaît que l'organisation de Ben Laden est bien implantée au Nord-Waziristan et peut mobiliser jusqu'à trois cents combattants aguerris[15]. Enfin, la détente entre l'Inde et le Pakistan interdit aux groupes jihadistes engagés au Cachemire d'y poursuivre leurs infiltrations et le repli du Lashkar e-Tayyiba (LET) ou de l'Armée de Mohammed (JEM) sur les zones tribales y accentue leur coopération avec Al-Qaida.

LE BASCULEMENT DE L'AUTOMNE 2004

« Al-Qaida central », consolidée dans son refuge du Waziristan, a de plus en plus de mal à nourrir son obsession saoudienne. Son organisation « pour la Péninsule arabique » a encaissé de lourdes pertes en un an et demi de guerres d'usure, alors que le jihad implacable d'Al-Tawhid wal-Jihad recueille, en Irak et au-delà, un écho croissant dans la mouvance militante. Les partisans de Zarqaoui poussent à une intégration dans Al-Qaida[16] et sa stratégie antichiite gagne en crédibilité avec l'insertion dans le jeu politique irakien de l'« Armée du Mahdi », la milice chiite jusqu'alors la plus farouchement opposée aux États-Unis et à leurs collaborateurs. La question chiite demeurait la principale pierre d'achoppement dans les laborieuses discussions qui se déroulaient depuis des mois entre Ben Laden, Zawahiri et Zarqaoui. Elle est tranchée en faveur du chef d'Al-Tawhid wal-Jihad qui peut prêter allégeance publique à l'émir d'Al-Qaida, le 17 octobre 2004[17].

C'est donc sous les couleurs du jihad global que Zarqaoui mène le combat, lors du second siège de Fallouja par l'armée américaine, en novembre 2004. Al-Qaida pour la Péninsule arabique lance pour sa part un « commando Fallouja » contre le consulat des États-Unis à Djedda, un mois plus tard. Aucun ressortissant américain n'est tué dans cette attaque, qui surprend cependant par son audace (la fusillade ne dure pas moins de trois heures). Mais Al-Qaida, désavouée par la contestation islamiste saoudienne après le 11-Septembre, continue de perdre pied chez les cheikhs radicaux : Safr al-Hawali négocie la reddition de militants repentis et Salman al-Auda va plus loin en n'autorisant le jihad en Irak... que pour les seuls Irakiens. Cette fatwa, signée le 6 novembre 2004 par 26 religieux saoudiens, torpille la construction idéologique du jihad global : si le jihad en Afghanistan est réservé aux seuls Afghans, le jihad en Tchétchénie aux seuls Tchétchènes, et ainsi de suite, Al-Qaida n'a tout simplement plus de raison d'être.

Ben Laden relève ce défi politique et dogmatique en fustigeant, le 27 décembre 2004, les oulémas saoudiens qui ont sanctionné une telle fatwa[18]. Et, dans le même élan, il accepte l'allégeance de Zarqaoui et l'adoube émir d'Al-Qaida en Irak (littéralement « en Mésopotamie »). La stratégie de la terreur antichiite est implicitement validée et Al-Qaida se pose en avant-garde implacable du sunnisme le plus agressif. Le jihad global fait basculer ses priorités, ses ressources et ses financements de l'Arabie vers l'Irak, ce qui lui permet de sortir de la logique nationaliste qui menace les fondements mêmes d'Al-Qaida. C'est en affrontant la « croisade » américaine en Irak que Ben Laden espère reconstituer une organisation en crise et surmonter l'échec de la campagne d'Arabie. L'internationalisation de la mobilisation jihadiste, qui a tant servi Al-Qaida durant « l'âge d'or » de l'émirat taliban, va reprendre au cœur du Moyen-Orient et sur les champs de bataille de l'Irak.

*
* *

Ben Laden et Zawahiri n'en finissent pas de ressasser l'impasse stratégique dans laquelle ils ont précipité le jihad global avec les attentats du 11-Septembre. Ils s'engouffrent dans la brèche de la subversion pakistanaise, ils enkystent leur organisation au Waziristan et ils y encouragent la contagion du modèle taliban. Mais ce ne sont là que des vendettas d'envergure limitée, bien loin des horizons que s'assignaient les pères fondateurs du jihad global.

C'est la flamme du jihad en Arabie qui anime cette sixième vie d'Al-Qaida. Ben Laden y consume ses énergies et ses espérances, l'organisation y perd nombre de ses cadres chevronnés, mais elle est incapable de se fondre dans un mouvement politique d'ampleur. La contre-attaque du régime saoudien ne ménage aucun recours financier, social ou clérical, et c'est sans doute le réarmement dogmatique qui affecte le plus Al-Qaida, en sapant l'assise wahhabite du jihad global. La campagne d'Arabie donne de sérieux signes d'essoufflement au bout de quinze mois. Ben Laden se résout alors à suivre la voie prônée par Zarqaoui. C'est la première fois qu'Al-Qaida se rallie ainsi à une stratégie définie en dehors de son cercle dirigeant. Et c'est en Irak qu'elle va jouer le devenir de son jihad global.

SEPTIÈME VIE

Le sang de l'Irak (2004-2006)

À l'automne 2004, la campagne électorale bat son plein aux États-Unis. George W. Bush est vivement attaqué sur le bilan discutable de la « guerre globale contre la terreur », alors même que la direction d'Al-Qaida est toujours en fuite. Son rival démocrate, le sénateur John Kerry, ne remet pas en cause le principe de l'intervention en Afghanistan ou en Irak, mais il en juge le coût exorbitant et s'interroge sur les priorités stratégiques de la Maison-Blanche : des moyens militaires et financiers considérables n'ont-ils pas été détournés de l'Afghanistan vers l'Irak, aux dépens de la traque effective des chefs d'Al-Qaida ? L'administration Bush martèle en réponse que les forces engagées en Irak visent à y fixer et à y combattre sur place la menace terroriste, qui épargne ainsi le territoire américain. Cette idée de l'Irak comme « première ligne » de la confrontation globale contre la terreur est au cœur de l'argumentaire républicain sur la sécurité internationale.

C'est alors que Ben Laden s'invite dans la campagne présidentielle, par un « message au peuple américain », diffusé par Al-Jazira, le 29 octobre 2004. Cette allocution est reprise aux États-Unis en ouverture de tous les journaux télévisés. L'émir d'Al-Qaida feint de mettre en garde l'opinion contre la réédition du 11-Septembre, dont il attribue par avance la responsabilité à George W. Bush : le président américain « continue à brouiller les pistes et à masquer les causes réelles, ce qui fait que les motifs d'une répétition sont toujours là [1] ». Ben Laden se vante de pouvoir attirer les États-Unis sur le terrain de son choix, Afghanistan, Irak ou autre, et de les y épuiser financièrement, la victoire militaire étant exclue : « Nous poursuivrons cette politique d'usure avec l'Amérique jusqu'à ce qu'elle fasse faillite. [...] Par exemple, Al-Qaida a dépensé 500 000 dollars pour l'opération du 11-Septembre, alors que l'Amérique a perdu dans l'événement et ses répercussions, au bas mot, 500 milliards de dollars, c'est-à-dire que chaque dollar d'Al-Qaida a vaincu un million de dollars [2]. »

Ben Laden adjure les électeurs américains de prendre en mains leur destinée, dans un involontaire hommage au système démocratique : « Votre sécurité ne repose pas entre les mains de Kerry, de Bush ou d'Al-Qaida, elle repose entre les vôtres et tout État qui ne menace pas notre sécurité ne met pas en danger la sienne [3]. » Cette menace explicite de nouvelles frappes terroristes joue à plein en faveur du candidat républicain pour qui la « guerre globale contre la terreur » demeure la seule option stratégique. Cinq jours après le « message au peuple américain » de Ben Laden, Bush l'emporte sur Kerry avec 50,7 % des voix. Al-Qaida est confortée par la confirmation de la posture des États-Unis, dont la « guerre globale » sert symboliquement le jihad global. Dans la propagande et la planification des deux camps, l'Irak est le théâtre focal d'une telle confrontation. Ben Laden s'en remet à son émir sur place, Zarqaoui, pour la conduite des opérations, tout en agitant le spectre d'un effondrement du régime saoudien, sur le modèle du « Shah d'Iran ou de Ceausescu en Roumanie[4] ».

L'ÈRE ZARQAOUI

Pour Abou Moussab Zarqaoui, que de chemin parcouru depuis 1989 et les premiers engagements jihadistes, dans la nébuleuse arabe de Peshawar et sur le front afghan de Khost ! D'une dizaine d'années plus jeune que Ben Laden et Zawahiri, Zarqaoui est arrivé trop tard pour se joindre à la lutte antisoviétique. Il a forgé son expérience combattante contre d'autres musulmans, promptement accusés d'« apostasie ». Brutal et impulsif, le militant jordanien n'a ni l'élocution, ni l'onction du fondateur d'Al-Qaida, mais son niveau très sommaire d'éducation ne le dissuade pas de s'affubler lui aussi du titre de « cheikh ». Son activisme clandestin l'a conduit à être emprisonné en Jordanie de 1994 à 1999 et son charisme de rebelle indomptable a impressionné ses codétenus, alors que l'expérience carcérale de 1981-1984 a humilié Zawahiri et accentué son ombrageuse solitude.

Zarqaoui a conservé de sa jeunesse délinquante, sublimée dans la vocation jihadiste, un goût prononcé pour l'action et une farouche indépendance. Lorsqu'il retourne en Afghanistan en 2000, il se garde bien d'intégrer Al-Qaida et préfère établir sa propre formation, Al-Tawhid wal-Jihad, à Hérat, non loin de la frontière iranienne, autour d'un noyau de partisans kurdes. L'effondrement de l'émirat taliban le pousse à fuir à travers l'Iran. Son groupe trouve refuge dans les régions kurdes du nord de l'Irak. À la différence de Ben Laden, absorbé par la conduite de sa campagne d'Arabie, Zarqaoui considère très vite que l'invasion américaine de l'Irak représente, en mars 2003, une « grâce » divine [5]. Il infiltre ses réseaux dans tout le pays. L'insurrection sunnite, qui émerge durant l'été 2003 dans la confusion et la tourmente, accueille avec faveur ce renfort inattendu, face à la machine de guerre des États-Unis et à leurs alliés chiites.

Zarqaoui étoffe les rangs de ses partisans à Bagdad, à Mossoul, à Samarra et, surtout, dans la province occidentale d'Anbar, bastion de la guérilla sunnite. Les deux sièges de Fallouja par l'armée américaine, en avril et en novembre 2004, magnifient son prestige militant, car Zarqaoui prétend s'être battu avec acharnement avant d'échapper aux envahisseurs. La focalisation des États-Unis sur Zarqaoui en Irak produit les mêmes effets de notoriété et d'attraction que la focalisation sur Ben Laden à l'échelle mondiale*, elle encourage un afflux de militants et de financements en faveur d'Al-Qaida, qui n'assume pourtant qu'une part très faible de l'activité anti-américaine en Irak [6]. Les autres factions jihadistes, divisées et dispersées, se soucient peu de la publicité acquise par Zarqaoui, car leur priorité va à la lutte quotidienne contre un occupant à la supériorité militaire incomparable.

Promu chef d'Al-Qaida en Irak, Zarqaoui en rajoute dans les démonstrations publiques d'obéissance à Ben Laden et à la direction du jihad global. Cette soumission emphatique cache toutefois mal le fait que l'activiste

---

* La prime promise par les États-Unis pour la capture de Zarqaoui, mort ou vif, finit par égaler en 2004 les 25 millions de dollars assignés pour celle de Ben Laden.

jordanien a imposé ses orientations à « Al-Qaida central », et non l'inverse, qu'il s'agisse de la terreur antichiite ou de l'ancrage régional. Dix ans plus tôt, le jeune Zarqaoui avait déjà sapé progressivement l'autorité de son mentor, le cheikh Abou Mohammed Maqdissi, afin d'établir un groupe qui lui fût dévoué et à lui seul. Maqdissi, de plus en plus dépité, avait multiplié les conseils paternalistes à son ancien disciple, avant de finir par dénoncer ses « erreurs » en Irak[7]. Zarqaoui balaie ces critiques et campe sur ses positions. Il n'est pas exclu que son jeu envers Ben Laden et Zawahiri soit aussi complexe, même si les formes de l'allégeance sont scrupuleusement respectées.

Homme des rapports de force, Zarqaoui sait jouer habilement de sa surexposition médiatique. En mai 2004, il met en scène le supplice d'un otage américain qu'il égorge lui-même. Il fait coïncider la diffusion de ces images insoutenables avec celle des sévices infligés par les matons américains aux prisonniers d'Abou Ghreib. L'intégration d'Al-Qaida permet à Zarqaoui de grandir encore sa stature *via* la galaxie des sites jihadistes. Quant à la propagande occidentale, elle attribue fréquemment à une insurrection multiforme le visage du seul Zarqaoui, ce qui aboutit à nier la dimension pourtant irakienne de la guérilla sunnite. Dans cette manipulation médiatique, Zarqaoui se révèle un des chefs d'orchestre les plus doués du jihad global.

L'émir d'Al-Qaida en Irak n'a pas d'insultes assez blessantes pour flétrir le processus électoral[8], chacun des scrutins programmés sous l'égide des États-Unis en 2005 (élection constituante du 30 janvier, référendum constitutionnel du 15 octobre et législatives du 15 décembre) fournit le prétexte d'une escalade terroriste. La guérilla sunnite collabore avec Al-Qaida pour imposer le boycott armé du vote pour l'Assemblée constituante et la participation à ce scrutin est négligeable dans la province d'Anbar. La violence insurrectionnelle s'intensifie durant les premiers mois de 2005, avec une moyenne d'environ cent attaques quotidiennes, pour plus de deux soldats américains tués chaque jour. Zarqaoui se pose en maître d'œuvre de cet acharnement jihadiste, d'autant que les autres groupes le laissent volontiers revendiquer les massacres de policiers ou de militaires irakiens. La guerre d'usure, que Ben Laden espérait mener contre les États-Unis en Afghanistan, semble être livrée avec succès par Zarqaoui en Irak. Al-Qaida, refoulée dans les marges terroristes par l'effondrement du sanctuaire taliban et l'échec de la campagne d'Arabie, replace ainsi son jihad global au centre d'une nouvelle mobilisation internationale.

De l'Irak vers le monde

Le Bureau des services d'Azzam et de Ben Laden a attiré vers Peshawar l'internationale activiste d'où a émergé Al-Qaida. Durant la décennie suivante, c'est l'émirat islamique d'Afghanistan qui a rallié toute une mouvance radicale, formée dans les camps d'Al-Qaida et partiellement engagée aux côtés des talibans. Le jihad anti-américain en Irak polarise une troisième génération de combattants et de sympathisants, dont l'entrée en militance est directement liée au choc de l'occupation « infidèle » de ce pays musulman. La contribution des combattants étrangers pèse aussi peu dans le rapport de force irako-américain qu'elle avait pesé dans la confrontation afghano-soviétique, mais la dynamique du jihad global est moins militaire que politique et symbolique. Des opportunités inédites de recrutement s'offrent à Al-Qaida et, surtout, des cellules clandestines se structurent dans les pays arabes et européens pour faciliter le transit de « volontaires » vers l'Irak.

Mohammed Siddique Khan, un éducateur britannique de Leeds, né en 1974 dans une famille d'origine pakistanaise, fréquente les groupes engagés au Cachemire dès 2001. Il ne franchit pas alors le pas de l'action violente et il dénonce même les attentats du 11-Septembre [9]. Mais Khan bascule après l'invasion américano-britannique de l'Irak. Il se rend en juillet 2003 dans un camp jihadiste situé dans les zones tribales pakistanaises, et c'est sans doute là qu'il a ses premiers contacts avec Al-Qaida. Il convainc un de ses très proches amis, Shahzad Tanweer, de huit ans son cadet, de l'accompagner au Pakistan, où ils séjournent de novembre 2004 à février 2005. Les deux jeunes Britanniques mettent alors au point un projet d'attentat-suicide dans les transports publics de Londres, afin de punir le Royaume-Uni pour sa participation à l'occupation de l'Irak. Khan enregistre un testament filmé destiné à être diffusé après l'attentat, où il rend hommage à ses « héros », Ben Laden, Zawahiri et Zarqaoui.

De retour à Leeds, Khan et Tanweer mobilisent deux de leurs compatriotes, Hasib Hussain, un admirateur affiché d'Al-Qaida, et Jermaine Lindsay, un converti d'origine jamaïcaine. Leur complot devient sérieux quand ils acquièrent, à partir de mars 2005, des éléments permettant la fabrication artisanale d'explosifs, puis louent un appartement qu'ils transforment en laboratoire rudimentaire. Le 7 juillet 2005, les quatre terroristes empruntent le métro et le bus à Londres, leurs sacs à dos remplis de charges puissantes. Dans trois stations de métro différentes, trois des kamikazes disparaissent dans le déclenchement de leurs bombes et le quatrième meurt en provoquant une explosion dans un bus à impériale. 52 autres personnes périssent dans cette série de déflagrations, alors même que le G8 se réunit dans le nord du pays. La vidéo posthume de Khan est diffusée deux mois plus tard par Al-Qaida, accompagnée d'une revendication formelle du « saint attentat de Londres » par Zawahiri [10].

Ce carnage dans la capitale du principal allié des États-Unis est d'autant plus célébré par Al-Qaida que la nationalité britannique des terroristes et l'absence de sophistication de leur conspiration accentuent la menace du jihad global. Les testaments des kamikazes du 11-Septembre avaient été enregistrés en arabe, celui de Mohammed Siddique Khan est prononcé dans un anglais marqué par le fort accent de Leeds. Al-Qaida joue de ce cosmopolitisme jihadiste, sur fond de guérilla anti-occidentale en Irak. Les terroristes de Londres n'ont pas eu à s'infiltrer dans un pays qui était le leur.

Entre le front irakien et la diaspora activiste, Al-Qaida s'efforce d'entretenir la flamme des structures de soutien humain, financier et militaire à la lutte anti-américaine en Irak. Des centaines de combattants quittent ainsi l'Afrique du Nord pour rejoindre Al-Qaida en Irak. L'explication de leur engouement tient en quatre lettres : GSPC.

Le Groupe salafiste pour la prédication et le combat (GSPC) naît dans les maquis algériens, en 1998, par dissidence d'avec le Groupe islamique armé (GIA), compromis dans les pires massacres collectifs de toute la guerre civile. Hassan Hattab, fondateur et émir du GSPC, s'emploie à se démarquer du GIA : il concentre la violence de son groupe jihadiste sur les forces de sécurité. Non content de tenir ses bastions montagnards de l'Est algérien, il incorpore des réseaux itinérants dans le désert saharien. Mais la relative retenue de Hattab est dénoncée par deux jeunes commandants du GSPC, Nabil Sahraoui et Abdelmalek Droukdal.

Peu après l'invasion américaine de l'Irak, ils déposent Hattab au nom d'un engagement nettement plus internationaliste. Sahraoui est tué dans un accrochage avec l'armée en juin 2004 et Droukdal lui succède comme émir du GSPC.

Droukdal développe ses relations avec Zarqaoui et choisit un nom de guerre proche du sien, Abou Moussab Abdelwadoud. Le GSPC s'emploie à mobiliser dans tout le Maghreb des recrues pour le jihad en Irak, qu'il forme dans ses maquis avant de les envoyer au Moyen-Orient, généralement *via* la Syrie. Droukdal parvient, grâce à cet appel d'air irakien, à enrayer l'hémorragie de ses maquis, minés par les dissensions factionnelles et par la politique gouvernementale de réconciliation. Afin de sceller cette coopération mutuellement profitable, Zarqaoui ordonne, en juillet 2005, l'enlèvement, puis l'exécution de deux diplomates algériens à Bagdad. Le GSPC célèbre ce double assassinat et y voit un juste châtiment pour tout « le sang des musulmans versé en Algérie [11] ». Le rayonnement international du jihad en Irak est en passe d'ouvrir à Al-Qaida les maquis algériens qui lui étaient restés obstinément fermés du temps du GIA.

Durant ce même mois de juillet 2005, particulièrement dense pour Al-Qaida, Zawahiri détaille à Zarqaoui le calendrier stratégique qui doit régir l'activité de la branche irakienne : d'abord l'expulsion des troupes américaines hors d'Irak, suivie de l'établissement d'un « émirat islamique » dans les territoires libérés, voire d'un « califat régnant sur le plus vaste territoire possible [12] », ensuite l'extension du jihad aux pays arabes voisins, parallèlement à une confrontation de plus en plus ouverte avec Israël. Cet ambitieux plan de bataille correspond aussi bien aux inclinations activistes de Zarqaoui qu'à la dialectique chère à Zawahiri : la lutte contre « l'ennemi lointain », américain ou israélien, est le plus sûr moyen de déstabiliser « l'ennemi proche », irakien ou arabe.

Un premier complot tourne court, le 4 août 2005, en raison de l'explosion prématurée d'une charge préparée à Antalya, dans le sud de la Turquie. Un collaborateur syrien de Zarqaoui, déjà impliqué dans les attentats d'Istanbul en novembre 2003, est arrêté à cette occasion[13]. Al-Qaida en Irak ne tarde pas à reprendre l'initiative avec, le 19 août 2005, un tir de roquettes sur le port jordanien d'Aqaba et sur la cité israélienne toute proche d'Eilat. Il est clair que Zarqaoui réactive ses réseaux militants dans son pays natal. L'attentat est revendiqué par les « brigades Abdallah Azzam », en hommage significatif à l'« imam du jihad », dont le culte est entretenu par les militants islamistes à Amman.

Le 9 novembre 2005, c'est le cœur de la capitale jordanienne qui est frappé par Al-Qaida : 60 personnes périssent dans les trois explosions déclenchées par des partisans de Zarqaoui dans des hôtels de luxe. Une quatrième kamikaze, Sajida Rishawi, de nationalité irakienne comme ses complices, hésite heureusement à actionner sa charge. La plupart des victimes sont des Palestiniens venus célébrer des réunions familiales, mais Al-Qaida affirme avoir visé des agents du Mossad, tout en punissant la Jordanie pour sa collaboration avec Israël. L'émotion est immense dans tout le pays et des foules défilent pour dénoncer le terrorisme. La tribu de Zarqaoui et la puissante confédération des Bani Hassan, à laquelle elle est rattachée, renient formellement le chef d'Al-Qaida en Irak.

Le roi Abdallah II, qui a gracié Zarqaoui en 1999, à la faveur de la généreuse amnistie marquant son accession au trône, ordonne aux services jordaniens de ne plus rien ménager pour venger la monarchie bafouée. Mais, pour le chef d'Al-Qaida en Irak, le carnage d'Amman n'est qu'un premier pas vers une confrontation de bien plus grande envergure avec Israël. Le Jihadistan afghan a défié l'Amérique « croisée », le Jihadistan irakien entend impliquer l'État juif dans un conflit implacable. La configuration qui a porté l'« âge d'or » d'Al-Qaida en Afghanistan semble se recomposer autour du groupe Zarqaoui, du Royaume-Uni à la Jordanie, en passant par l'Algérie. Dans ce contexte profondément transformé, le sort de la branche saoudienne d'Al-Qaida, longtemps crucial aux yeux de Ben Laden, apparaît d'une importance secondaire.

La déroute d'Arabie

Al-Qaida pour la Péninsule arabique s'est efforcée de profiter de la dynamique irakienne, en dédiant aux combattants de Fallouja sa propre attaque contre le consulat américain de Djedda, le 6 décembre 2004. Mais c'est contre la sécurité saoudienne que l'organisation planifie son opération suivante, le 29 décembre. Deux attentats-suicides d'ampleur sont censés frapper, à Riyad, le ministère de l'Intérieur et un centre de recrutement des forces de police. Les déflagrations ratent leurs cibles et une dizaine de terroristes périssent dans les explosions et les échanges de tirs. Le contraste entre l'arsenal mobilisé par Al-Qaida et l'absence d'impact sur ses ennemis illustre à la fois la perte de savoir-faire au sein de l'organisation jihadiste et la réactivité croissante des services gouvernementaux.

La branche saoudienne d'Al-Qaida encaisse le choc de ce fiasco et elle entre en sommeil trois mois d'affilée.

Elle commet la lourde erreur de regrouper une partie de sa direction à Al-Ras, où les forces de sécurité encerclent le repaire jihadiste, le 3 avril 2005. Les responsables d'Al-Qaida combattent avec l'énergie du désespoir pour briser le siège et l'épreuve de force se poursuit durant trois jours. Une centaine de policiers sont blessés, mais 14 jihadistes trouvent la mort. Saud al-Utaybi et son adjoint marocain, Karim Mejjati, figurent parmi les « martyrs ». Al-Qaida pour la Péninsule arabique est bel et bien décapitée.

Fort de ses états de service dans le jihad anti-américain en Afghanistan, Saleh al-Aoufi reprend les rênes de l'organisation. Il est l'un des deux seuls membres de la liste des « 26 » personnes officiellement recherchées à être encore en liberté. Les autorités publient d'ailleurs une nouvelle liste de 36 jihadistes traqués, dont une quinzaine seulement sont soupçonnés d'être présents en Arabie même. Même si de nombreux membres saoudiens d'Al-Qaida affirment se rendre en Irak pour brouiller les pistes, l'hémorragie jihadiste au profit du groupe de Zarqaoui affaiblit sérieusement Al-Qaida pour la Péninsule arabique. Abdallah Rachoud, le dernier responsable de l'organisation à avoir une certaine formation religieuse, décide, après le guet-apens d'Al-Ras, de rejoindre Al-Qaida en Irak, où il est tué un mois et demi plus tard.

Ce tournant irakien ne parvient pas à sauver une organisation en perte de vitesse. Deux agents recruteurs d'Al-Qaida en Irak sont tués à La Mecque, le 21 avril 2005. Saleh al-Aoufi lui-même tombe dans une embuscade policière à Médine, le 18 août 2005, et Al-Qaida pour la Péninsule arabique ne prend même pas la peine de lui désigner un successeur. L'organisation saoudienne est éclatée en une série de cellules, dont la plupart ont délaissé le front intérieur pour se consacrer à l'envoi de volontaires vers l'Irak[14]. Seuls quelques groupes d'irréductibles croient encore à la relance du jihad en Arabie même. C'est un de ces groupes qui mise le tout pour le tout en s'attaquant, le 24 février 2006, au complexe pétrochimique d'Abqaiq, dans la province orientale, la plus riche en gisements. La cible de cet « escadron Oussama Ben Laden » est ambitieuse, puisque 4 millions de barils de pétrole y transitent chaque jour, soit un dixième des échanges mondiaux d'or noir. Mais les deux voitures piégées sont neutralisées avant même d'atteindre le périmètre de sécurité. Surtout, la cellule responsable de l'attentat est repérée, pourchassée et liquidée trois jours plus tard à Riyad.

Al-Qaida pour la Péninsule arabique est exsangue, sa campagne subversive, enlisée dès l'automne 2004, n'a pu être relancée par la perspective irakienne, et la génération aguerrie sur les théâtres extérieurs a pratiquement disparu. La branche saoudienne d'Al-Qaida pâtit de son absence de recrutement au-delà des cercles jihadistes déjà endurcis. La répression policière grève l'organisation d'un lourd tribut, mais c'est surtout le rejet de la violence terroriste par la contestation islamiste qui enferme Al-Qaida dans une impasse. Les autorités complètent ce dispositif par des opérations de prévention, en amont, de la radicalisation jihadiste (dans les cercles de prière, par les médias ou sur Internet) et par une généreuse politique de réhabilitation, à la fois dogmatique et sociale. Certains militants repentis sont choisis pour leurs témoignages percutants, ils interviennent sur les chaînes télévisées pour dénoncer la « déviance » jihadiste et ses crimes contre l'Islam. Les mises en scène d'Al-Qaida pour la Péninsule arabique sur Internet peinent à neutraliser cette contre-propagande largement diffusée.

Le modèle irakien en Afghanistan

Ben Laden se sait impuissant à renverser le déclin de la branche saoudienne de son organisation et Zawahiri mise avec constance sur la confrontation avec les « Croisés » pour relancer le jihad global. Le couple dirigeant d'Al-Qaida encaisse un nouveau coup avec la capture, en mai 2005 au Pakistan, d'Abou Faraj al-Libi, le responsable des opérations militaires. Le général Musharraf ne cache pas sa satisfaction d'avoir mis la main sur celui qu'il accuse d'avoir tenté par deux fois de l'assassiner. Les États-Unis se félicitent d'autant plus de cette arrestation qu'ils savent leur bilan somme toute limité dans la neutralisation du « noyau dur » d'Al-Qaida : sur les 37 responsables de l'organisation identifiés par la CIA en 2002, seuls 15 ont été tués ou capturés trois ans plus tard. Ce chiffre est à mettre en parallèle avec la détention dans 90 pays de quelque 3 000 suspects, dont 650 ont été transférés aux services américains[15]. Comme lors des rafles qui ont suivi le 11-Septembre, c'est la piétaille jihadiste qui est la plus vulnérable à la « guerre globale contre la terreur », et non les dirigeants d'Al-Qaida. En outre, la fonction de chef militaire d'Al-Qaida perd de sa valeur avec la montée en puissance de la branche irakienne de l'organisation, dont l'émir Zarqaoui est aussi le responsable opérationnel.

Moins de deux mois après la chute d'Abou Faraj al-Libi, cette perte est symboliquement compensée par l'évasion spectaculaire de plusieurs responsables jihadistes, qui s'échappent dans des conditions rocambolesques de la prison américaine de Bagram, en Afghanistan. Parmi eux se trouve Omar al-Farouk, l'agent de liaison d'Al-Qaida pour l'Asie du Sud-Est, arrêté en juin 2002, qui ne tarde pas à quitter l'Afghanistan, cette fois pour gagner l'Irak. S'évade aussi de Bagram le jihadiste libyen Mohammed Hassan, plus connu sous son nom de guerre d'Abou Yahya al-Libi. C'est l'un des rares dirigeants d'Al-Qaida à détenir un certain bagage religieux, acquis au cours d'études islamiques en Mauritanie. Abou Yahya al-Libi va diffuser sur Internet les leçons tirées de son expérience carcérale à Bagram, qu'il s'agisse de la description des techniques d'interrogatoire ou de ses recommandations pour y résister. Ses états de service, doublés d'une appréciable culture dogmatique, amènent Abou Yahya al-Libi à intervenir de plus en plus souvent au nom d'Al-Qaida.

Cette promotion médiatique n'est jamais que la reconnaissance du poids croissant, au sein de la hiérarchie d'Al-Qaida, des cadres du Groupe islamique combattant libyen (GICL). Fondé en 1995 par des « vétérans » libyens du jihad afghan, le GICL engage alors une campagne de subversion contre le régime du colonel Kadhafi, lequel échappe à plusieurs tentatives d'assassinat. Les réseaux islamistes, surtout actifs en Cyrénaïque, sont progressivement réduits par l'armée libyenne et le GICL se replie en Afghanistan, où il coopère de plus en plus étroitement avec Al-Qaida*. Selon le modèle déjà suivi par le Jihad islamique égyptien (JIE) de Zawahiri, les responsables du GICL sont souvent cooptés par la hiérarchie d'Al-Qaida : Ibn Cheikh al-Libi, à la tête du camp d'entraînement de Khaldan, ou Abou Faraj al-Libi, à la direction militaire, finissent par tomber aux mains des États-Unis, mais Abou Leith al-Libi continue d'assumer d'importantes fonctions opérationnelles. Le GICL est aussi un des relais

---

* Le premier mandat d'arrêt international contre Ben Laden est d'ailleurs lancé à l'initiative de la Libye, *via* Interpol, le 16 mars 1998.

d'Al-Qaida en milieu maghrébin, notamment en liaison avec Mejjati, le jihadiste marocain tué en Arabie en avril 2005.

Toutes ces recompositions sont gérées, de plus ou moins près, depuis le sanctuaire d'Al-Qaida au Waziristan. L'alliance avec le réseau Haqqani ou les talibans pakistanais garantit largement la sécurité de Ben Laden et de Zawahiri sur le territoire de ce nouvel « émirat islamique ». Mais les autres régions frontalières ne sont pas toutes aussi hospitalières pour les jihadistes étrangers. Zawahiri échappe ainsi, en janvier 2006, au bombardement américain du village de Damadola, dans la zone tribale de Bajaur*. Le numéro deux d'Al-Qaida y gagne une réputation d'invulnérabilité qui était plutôt l'apanage de son chef. Surtout, le raid dévastateur provoque l'indignation de l'opinion pakistanaise, servant l'implantation à long terme du jihad global. Al-Qaida poursuit au Waziristan sa collaboration avec le Mouvement islamique d'Ouzbékistan (MIO), mais elle ne s'interdit pas de coopérer avec un groupe dissident, l'Union du jihad islamique (UJI), qui émerge dans les zones tribales en mai 2005, après l'échec d'une campagne terroriste en Ouzbékistan**.

---

* Zawahiri, dont la femme égyptienne a été tuée durant les bombardements américains de l'automne 2001 sur l'Afghanistan, s'est remarié avec une Pakistanaise originaire de Bajaur.

** Le traumatisme de la disparition de Namangani provoque, dès mars 2002, une scission du MIO, qui prend le nom de Groupe du Jihad islamique (GJI), autour de Najmeddine Jalolov et de Suheil Bouranov. Ce groupe mène deux séries d'attentats suicides à Tachkent, en mars et juin 2004, à la suite desquelles la structure en Ouzbékistan même est décapitée. Il se reconstitue en Union du jihad islamique (UJI) en mai 2005, avec un ancrage au Waziristan et une rhétorique globale qui le rapprochent d'Al-Qaida.

Sur le théâtre afghan proprement dit, l'influence d'Al-Qaida est sensible dans l'introduction de deux nouvelles techniques de guerre : les attentats suicides, dont le nombre passe de 6 en 2004 à 21 en 2005, et l'utilisation d'explosifs artisanaux*, de moins en moins repérables, pour une sophistication croissante. Les militaires américains imputent en 2005 aux talibans une moyenne de plus de 4 attaques quotidiennes, ainsi que 530 explosions télécommandées, et le Pentagone s'inquiète du transfert d'un savoir-faire qui lui a déjà coûté cher en Irak. Ce phénomène se fait sentir bien au-delà du fief de Jalaluddine Haqqani, le protecteur d'Al-Qaida dans l'est de l'Afghanistan.

Le mollah Dadullah, qui dirige le mouvement taliban dans le sud du pays, se vante de sa fraternité d'armes avec les jihadistes arabes [16], mais il est surtout fasciné par la brutalité agressive de Zarqaoui. Dadullah partage avec le chef d'Al-Qaida en Irak une haine virulente contre la communauté chiite (dont il a massacré des dizaines de civils en 1998) et un soutien précoce à l'exécution de ressortissants occidentaux (avec l'assassinat d'un humanitaire salvadorien dès mars 2003). La combativité des partisans de Dadullah conduit d'ailleurs à surnommer leur chef « le Zarqaoui afghan ». Il s'agit moins là d'une collaboration opérationnelle que d'un effet d'entraînement, qui en dit long sur la dynamique générée par le jihad global.

---

* Désignés sous l'acronyme anglais d'IED (*Improvised Explosive Device*).

La guerre antichiite

Zarqaoui n'a jamais accordé un grand intérêt au jihad en Arabie, dont il a cherché à capter les militants au profit de sa propre campagne en Irak, mais il est flatté de son prestige croissant auprès du mouvement taliban. Zarqaoui est surtout grisé par le sinistre bilan du triple attentat-suicide d'Amman, où il voit la préfiguration d'une extension à Israël du jihad anti-occidental d'Irak. Absorbé par ces perspectives régionales conformes à la logique expansionniste du jihad global, il ne mesure pas qu'il a franchi une ligne rouge dans ses rapports complexes avec la guérilla irakienne. L'insurrection nationaliste a beau être divisée entre de nombreuses factions, elles partagent toutes un virulent patriotisme, qui est une des motivations majeures du soulèvement anti-américain, et elles limitent leurs activités militaires au territoire irakien proprement dit. Elles s'inscrivent ainsi dans la lignée de près de deux siècles de jihad anticolonial, dont la guerre de libération d'Afghanistan a, de 1979 à 1989, été l'illustration la plus récente.

Les factions sunnites refusent absolument la manipulation de leur territoire et de leur cause par Al-Qaida au profit d'objectifs extérieurs à l'Irak. Alors que le mollah Omar, mis devant le fait accompli des attentats de Nairobi et de Dar es-Salam, a malgré tout renouvelé en août 1998 son appui à Al-Qaida, la guérilla irakienne fait le choix inverse et se désolidarise en novembre 2005 du jihad global. Ce divorce n'est pas porté sur la place publique, mais il est lourd de conséquences pour Al-Qaida, d'autant qu'il s'aggrave d'une divergence majeure au sujet de la participation aux scrutins irakiens. De nombreux groupes sunnites regrettent en effet que leur communauté ait boycotté le vote de désignation de l'Assemblée constituante, laissant le champ libre aux délégués chiites et kurdes pour élaborer un projet de constitution d'inspiration fédérale.

Les formations insurgées sont ainsi tentées de tolérer, voire d'encourager la participation au référendum constitutionnel du 15 octobre 2005, afin de faire barrage à la marginalisation de la communauté sunnite dans un Irak fédéral. Al-Qaida persiste dans son hostilité absolue à toute forme de scrutin, mais elle est désavouée par une importante participation sunnite au référendum, y compris dans la province d'Anbar. La tension monte entre les anciens alliés jihadistes et s'accentue à l'approche des élections parlementaires du 15 décembre 2005, où concourent de nombreuses personnalités sunnites. Les accrochages, les liquidations et les règlements de comptes se multiplient dans le « triangle sunnite », ce bastion de la guérilla à l'ouest de Bagdad, où les fiefs des rivaux d'Al-Qaida sont ensanglantés par des attentats aveugles.

Zarqaoui mesure l'ampleur de la menace. Il tente d'abord de la neutraliser en constituant autour d'Al-Qaida un « Conseil consultatif des moujahidines », mais aucune faction irakienne ne rallie cette coalition en trompe-l'œil et les incidents armés se poursuivent entre les insurgés nationalistes et Al-Qaida. Zarqaoui joue alors son va-tout en ordonnant, le 22 février 2006, la destruction d'un des sanctuaires les plus révérés par la communauté chiite. Les mausolées du grand-père et du père de « l'Imam caché », dont les chiites attendent le retour à la fin des temps, sont dévastés dans la ville de Samarra, au nord de Bagdad. Après plus de deux années d'attentats sanglants contre les rassemblements et les lieux de culte chiites, Al-Qaida parvient, par cette explosion sacrilège, à déclencher enfin une guerre confessionnelle d'une violence sans précédent. En déchaînant les démons du conflit sunnito-chiite, Zarqaoui contraint ses rivaux nationalistes à se concentrer sur les milices chiites et à relâcher la pression sur Al-Qaida, qui se pose en défenseur de la population sunnite menacée par les « hérétiques ».

Cette guerre civile, avec son cortège de massacres et d'expulsions, n'apporte pourtant à Zarqaoui qu'un répit de quelques semaines dans son bras de fer avec les factions nationalistes. D'importantes tribus choisissent de rallier les forces de sécurité, parfois avec le soutien tacite de la guérilla, afin de réduire la menace d'Al-Qaida, rendue responsable de l'ampleur de l'offensive chiite comme de la prolongation de l'occupation américaine. Zarqaoui réplique, le 25 avril 2006, par sa première vidéo de propagande : il promet les pires châtiments à tous ceux qui seraient tentés par la collaboration avec le gouvernement irakien. Les services jordaniens se sont alors infiltrés dans les tribus transfrontalières et resserrent leur étau dans l'entourage de Zarqaoui.

Le chef d'Al-Qaida en Irak ne se sent plus en sécurité dans la province d'Anbar, l'agressivité de la guérilla nationaliste le contraint à quitter le « triangle sunnite ». Zarqaoui se replie au nord de Bagdad, dans une zone de peuplement mixte, où sa vulnérabilité est encore accrue. Un informateur trahit la « cache » de Zarqaoui et, le 7 juin 2006, un bombardement américain détruit le repaire jihadiste. Le président Bush célèbre ce succès dans la « guerre globale contre la terreur », oubliant que Zarqaoui n'était, avant le 11-Septembre, qu'un jihadiste de second rang. La branche saoudienne d'Al-Qaida rend hommage au chef de l'organisation en Irak, en prétendant que lui seul a su stopper la progression américaine vers le cœur de l'Arabie. À Amman, les services jordaniens savourent leur satisfaction d'avoir vengé les victimes des attentats du 9 novembre 2005.

*
* *

La septième vie d'Al-Qaida est dominée par la figure de Zarqaoui. Le centre de gravité du jihad global se déplace des confins pakistano-afghans vers le cœur du Moyen-Orient. Cet extraordinaire effet d'aubaine permet à Al-Qaida de relancer recrutement, mobilisation et propagande dans la perspective du jihad anti-américain. Le contraste entre l'effondrement de la campagne subversive d'Arabie, d'une part, et la montée en puissance d'Al-Qaida en Irak, d'autre part, montre comment le jihad global s'épanouit dans la confrontation avec l'« ennemi lointain » et s'essouffle dans le conflit avec l'« ennemi proche ».

La dialectique de Zawahiri ne fonctionne donc que très imparfaitement et Ben Laden doit faire son deuil d'une victoire dans son pays natal : le jihad révolutionnaire d'Al-Qaida n'aura pas plus atteint ses objectifs en Arabie que la guérilla islamiste livrée en Algérie et en Égypte, durant la décennie précédente, ou en Syrie, un quart de siècle auparavant. Ce constat d'échec contraint Ben Laden et Zawahiri à avaliser la terreur antichiite de Zarqaoui comme nouvelle option stratégique. Al-Qaida se pose ainsi en ennemi acharné, non seulement des « judéo-croisés », mais aussi des « hérétiques », dans un Moyen-Orient où la fracture confessionnelle se creuse par les liquidations et les expulsions.

Ce pari sur la dynamique sectaire transforme durablement l'image d'Al-Qaida et la place en porte-à-faux avec l'émergence de l'Iran comme pôle de contestation actif de l'hégémonie américaine dans la région. Mais la mutation antichiite du jihad global ne lui épargne pas une crise majeure avec l'insurrection nationaliste d'Irak. Le tournant d'août 1998, à l'ombre de l'émirat taliban, a ouvert l'« âge d'or » du Jihadistan afghan, le basculement de l'hiver 2005-2006 sème les germes d'une meurtrière discorde au sein même du Jihadistan irakien. Dans le but de désamorcer un péril aussi grave, Al-Qaida va s'engager dans une entreprise baroque : l'instauration d'un califat postmoderne.

HUITIÈME VIE

Le califat des ombres (2006-2007)

La rhétorique américaine sur l'Irak comme « première ligne » de la confrontation planétaire contre le terrorisme* contribue à amplifier l'importance de l'élimination de Zarqaoui. Pourtant, c'est d'« Al-Qaida central » qu'émane peu après la plus sérieuse alerte sécuritaire depuis le 11-Septembre. Dans la nuit du 9 août 2006, la police britannique interpelle vingt-quatre personnes soupçonnées d'avoir planifié une attaque coordonnée contre une demi-douzaine d'avions de ligne à destination des États-Unis et du Canada**. Les kamikazes auraient mélangé en vol les composants

---

* La « guerre globale contre la terreur » reste d'actualité, malgré les efforts du Pentagone, à l'été 2005, pour promouvoir le concept moins martial de « combat global contre l'extrémisme violent ».

** Cette rafle a été déclenchée par des indications sur l'imminence des attentats, mais aussi par l'arrestation au Penjab de Rashid Rauf, un Britannique d'origine pakistanaise, présenté comme l'instigateur du complot, en liaison avec la hiérarchie d'Al-Qaida. Rauf s'évade en décembre 2007 et l'armée américaine affirme l'avoir tué dans un raid aérien au Nord-Waziristan en novembre 2008.

liquides des explosifs, qui auraient pu détruire les appareils au-dessus du territoire nord-américain. Six candidats au « martyre » avaient déjà enregistré leur testament politique et cinq des suspects avaient suivi une formation militaire dans les zones tribales pakistanaises[1].

Ces révélations provoquent de considérables perturbations dans le trafic transatlantique et incitent les compagnies aériennes à mettre en place des contrôles de sécurité encore plus rigoureux. Le ministre de l'Intérieur pakistanais affirme que le complot a été personnellement validé par Ayman Zawahiri, tandis que les spécialistes américains du contre-terrorisme soulignent la détermination de la direction militaire d'Al-Qaida[2]. Cette capacité de projection témoigne de la vitalité du jihad global, dont la dynamique transfrontalière n'est pas endiguée par la territorialisation de l'affrontement en Irak.

L'« ÉTAT ISLAMIQUE D'IRAK »

À la mort de Zarqaoui, Ben Laden et Zawahiri décident de renforcer leur contrôle sur la branche irakienne de l'organisation. Ils se méfient des velléités d'indépendance d'un éventuel successeur irakien de Zarqaoui. Leur choix se porte sur un jihadiste égyptien aguerri, qui a intégré le groupe de Zawahiri peu après l'assassinat du président Sadate. Abou Hamza al-Mouhajer, dont le vrai nom est sans doute Youssef Dardiri, a suivi le parcours classique de ses compatriotes ralliés à Al-Qaida : militantisme clandestin au sein du Jihad islamique égyptien (JIE), formation terroriste au camp Farouk de l'Est afghan, itinérance dans l'ombre de Zawahiri (où il gagne son surnom « al-Mouhajer », soit « le Migrant »), promotion régulière au sein du « Jihadistan » afghan. Abou Hamza al-Mouhajer est à partir de 2003 l'agent de liaison d'Al-Qaida auprès de Zarqaoui, dont la formation conserve encore sa pleine autonomie, et il est au cœur des laborieuses négociations qui, à l'automne 2004, aboutissent à l'intégration du groupe de Zarqaoui dans Al-Qaida. C'est donc un responsable d'une fidélité absolue que Ben Laden, émir tout-puissant de l'organisation, nomme à la tête de sa branche la plus active.

« Al-Qaida central » accorde donc la priorité à la discipline interne de son réseau et refuse de prendre en compte la profondeur du ressentiment de la guérilla sunnite. Les factions irakiennes, en conflit plus ou moins ouvert avec Zarqaoui depuis les attentats d'Amman, sont ulcérées de la nomination d'un jihadiste égyptien à la direction d'Al-Qaida en Irak. La fronde de la guérilla nationaliste prend de telles proportions que Ben Laden et Zawahiri, incapables de se dédire, optent pour le travestissement de la réalité. Abou Hamza al-Mouhajer est présenté comme un combattant irakien, à la faveur du flou qui entoure son nom de guerre, « le Migrant », alors que la plupart de ses compatriotes jihadistes sont désignés par le qualificatif « al-Masri » (« l'Égyptien »). Al-Qaida nie ainsi avec persistance qu'un des pseudonymes d'Abou Hamza al-Mouhajer a pu être justement Abou Ayyoub al-Masri. Ces astuces linguistiques ne sont pas qu'anecdotiques ; elles renvoient à un antagonisme de plus en plus prononcé entre la guérilla irakienne, au nationalisme volontiers xénophobe, et Al-Qaida, dont la logique globale continue d'être impulsée depuis le Waziristan. Le 17 septembre 2006, un rassemblement de tribus de la province d'Anbar proclame la mobilisation de ses forces au nom de la « Sahwa », le « Réveil » patriotique.

Ben Laden est indifférent à ces avertissements et endosse alors une surprenante manœuvre, dont il escompte à la fois la relance d'Al-Qaida en Irak et l'apaisement du jihad nationaliste : le 15 octobre 2006, un groupe de combattants masqués prête allégeance au « calife Abou Omar al-Baghdadi », dont le visage n'apparaît pas non plus. Cette cérémonie est retransmise sur Internet. Al-Qaida appelle les autres factions insurgées, ainsi que les tribus sunnites, à se rallier à l'autorité du nouveau « commandeur des croyants », de nationalité irakienne, puisqu'il est originaire de Bagdad (« al-Baghdadi »). Cette procédure virtuelle, sans précédent, jette un doute évident sur l'authenticité des serments proclamés. Elle résonne en lointain écho de l'allégeance prêtée au mollah Omar par les tribus pachtounes rassemblées à Kandahar, en avril 1996. Ben Laden n'a jamais évoqué qu'en termes généraux la question du califat, assignant l'établissement d'un nouveau calife à La Mecque comme objectif ultime au jihad global. De même que le « commandeur des croyants » taliban a cautionné de sa légitimité islamique la constitution du Jihadistan afghan, Abou Omar al-Baghdadi apporterait son crédit de « calife » à l'émergence du Jihadistan irakien.

Al-Qaida poursuit avec cette troublante proclamation sa campagne de réécriture de l'histoire islamique, dont Ben Laden a pu affirmer en 2001 qu'elle se résumait à « 1 400 ans de désastre[3] ». Il s'agit cette fois de renouer, non pas avec la geste du prophète Mohammed de 622 à 632, mais avec la lignée du dernier califat arabe : un « commandeur des croyants » abbasside était installé en Irak de 750 à 1258 et son autorité, plus ou moins reconnue dans l'ensemble du monde musulman, ne s'effondra que lors de l'invasion des Mongols. Les hordes d'Hulagu avaient alors saccagé Bagdad et martyrisé le calife abbaside, avec la complicité de collaborateurs chiites. La propagande jihadiste ne cesse depuis 2003 de comparer l'armée américaine aux Mongols d'antan, la duplicité chiite étant posée comme immuable. Al-Qaida s'efforce de mobiliser ces slogans militants à son profit, mais son dispositif califal paraît bien artificiel. Personne n'a connu ni rencontré Abou Omar al-Baghdadi, dont l'existence même est sérieusement mise en question. Ce calife voilé et mystérieux, voire immatériel, est ainsi voué à échapper à la traque de ses nombreux ennemis.

L'émergence énigmatique d'un calife irakien ne saurait suffire à neutraliser l'hostilité de la guérilla nationaliste, d'autant qu'elle s'accompagne de la proclamation par Al-Qaida d'un « État islamique d'Irak », placé sous l'autorité d'Abou Hamza al-Mouhajer. Al-Qaida publie fièrement la carte de son « État », dont le territoire va bien au-delà de la province d'Anbar pour englober Bagdad, Mossoul et Kirkouk. La partition de l'Irak est formalisée sur les cartes d'Al-Qaida entre cet « État islamique », qui se taille la part du lion, le Kurdistan et l'État chiite[*]. Or l'insurrection sunnite combat farouchement toute tentative de partition du pays, qu'elle associe aux visées de l'occupant américain, et elle ressent la proclamation de l'« État islamique d'Irak » comme une véritable déclaration de guerre. Tandis qu'Al-Qaida organise son « État », avec ses « ministères » de l'Information ou de la Défense, ses « forces armées » et sa télévision (sur Internet), les factions nationalistes fourbissent leurs armes contre cette nouvelle forme

---

* Al-Qaida désigne cet État chiite virtuel comme « État des fils d'Alqami », en référence au cheikh Alqami, un religieux chiite qui collabora avec l'invasion mongole au XIIIe siècle. La propagande d'Al-Qaida assimile l'Amérique actuelle aux Mongols du Moyen Âge, afin de souligner la traîtrise de la communauté chiite par-delà les siècles.

d'occupation : la branche irakienne d'Al-Qaida a beau équilibrer son recrutement initialement étranger par l'enrôlement d'une majorité de combattants irakiens, son « État islamique » est perçu comme un corps extérieur, dirigé par un Égyptien, lui-même aux ordres d'un Saoudien installé au Pakistan.

Al-Qaida espère calmer ses rivaux jihadistes en plaçant son « État islamique » sous l'autorité virtuelle d'un calife irakien. Mais les couteaux sont tirés dans tout le « triangle sunnite », tribus et factions s'engagent les unes après les autres contre les « étrangers ». Leur absence de coordination, face à un adversaire discipliné et implacable, est compensé par leur enracinement dans un terrain de plus en plus hostile à Al-Qaida. Les accrochages tournent aux dépens des partisans de Ben Laden, qui se vengent par des massacres indiscriminés au cœur des bastions de la guérilla anti-américaine : une cinquantaine de personnes sont ainsi tuées au nom de l'« État islamique » à Habbaniya, dans la seule journée du 25 février 2007, et les cités rebelles de Ramadi et de Fallouja ne sont pas épargnées. Al-Qaida inflige à la population sunnite qui a osé lui résister une terreur aussi aveugle que celle déchaînée jusqu'alors contre la communauté chiite.

Le formalisme assassin de Ben Laden et Zawahiri conduit l'« État islamique d'Irak » à diffuser en mars 2007 ses principes directeurs : le chiisme est passible de la peine de mort, de même que le nationalisme ou le communisme, et toute forme de collaboration avec les services gouvernementaux est assimilée à une « apostasie », punissable du châtiment suprême. Au fil de ces règles d'airain, c'est un authentique système totalitaire qui se dessine, car Al-Qaida multiplie les interdits et les sanctions pour rompre tous les liens entre les zones qu'elle contrôle et le reste du pays.

Les populations qui le peuvent fuient les diktats de l'« État islamique d'Irak », dont les attentats sèment l'horreur dans toute la province d'Anbar. Un nouveau palier est franchi, le 6 avril 2007, avec l'explosion d'un camion bourré de chlore et de TNT, qui tue 27 personnes à Ramadi.

Les troupes américaines, qui ne contrôlent, dans le « triangle sunnite », qu'une partie des centres urbains, restent largement spectatrices face à ce déchirement de la famille jihadiste. Elles continuent de considérer comme hostiles l'ensemble des groupes armés de la province d'Anbar, où elles ont enregistré le tiers de leurs pertes au combat en Irak (alors que la population d'Anbar ne représente que 4 % de celle du pays). Il faut attendre l'installation, en février 2007, d'un nouveau commandant américain, le général David Petraeus, pour qu'une distinction entre Al-Qaida et les autres factions soit enfin opérée. Des milices tribales sont progressivement constituées contre Al-Qaida, sous le terme générique de « Sahwa » (« Réveil ») et avec l'accord tacite de la guérilla. La pression américaine se relâche sur les formations nationalistes, qui peuvent concentrer leurs frappes contre l'« État islamique ».

En quelques mois, la situation bascule aux dépens d'Al-Qaida dans la province d'Anbar. Petraeus, sacré « homme de l'année » par l'hebdomadaire *Time*, y gagne une confortable popularité, mais sa surexposition médiatique conduit parfois à brouiller la chronologie de la spectaculaire stabilisation d'Anbar : le retournement de la guérilla nationaliste contre Al-Qaida précède de plus d'un an sa prise en compte par les États-Unis et l'intelligence de la manœuvre du général Petraeus consiste à s'engouffrer dans la brèche que lui ouvrent des forces combattues sans merci durant quatre longues années. L'histoire des occasions perdues en Irak est semée de charniers.

AL-QAIDA AU MAGHREB ISLAMIQUE

Ces déprimantes nouvelles d'Irak encouragent « Al-Qaida central » à répondre favorablement aux sollicitations du GSPC (Groupe salafiste pour la prédication et le combat) algérien. Abdelmalek Droukdal tient à formaliser son intégration dans le jihad global, afin de s'abstraire des tentations délétères du milieu local, qu'il s'agisse des rivalités avec les autres factions islamistes ou bien des offres gouvernementales de repentance. En misant sur Al-Qaida, l'émir du GSPC change de registre et redonne une perspective à son action armée, bien au-delà des brigandages miliciens de Kabylie ou du Sahara. C'est pourquoi la coopération nouée avec Zarqaoui n'est pas compromise par la disparition de celui-ci, d'autant que le flux de volontaires maghrébins assuré par le GSPC est précieux pour la branche irakienne d'Al-Qaida. Droukdal accompagne sa collaboration opérationnelle d'un recours de plus en plus appuyé à la rhétorique globale dans sa propagande, même si les « Croisés » vilipendés par le GSPC sont français et espagnols plutôt qu'américains.

Ben Laden et Zawahiri sont tentés par l'offre de service de Droukdal, mais, une fois la décision prise de doter Al-Qaida d'une branche maghrébine, il leur faut arbitrer avec les autres factions candidates à en assumer la responsabilité. Trois « groupes islamiques combattants » sont en effet nés à l'ombre d'Al-Qaida et à partir de « vétérans » d'Afghanistan de trois différentes nationalités nord-africaines. Le Groupe islamique combattant libyen (GICL) est de loin le mieux intégré à la hiérarchie d'Al-Qaida : il lui a fourni un chef militaire (Abou Faraj al-Libi) et des cadres de haut rang, dont Abou Leith al-Libi et Abou Yahya al-Libi, mais le GICL a perdu ses maquis de 1995-1996 en Cyrénaïque et il n'existe plus que dans la diaspora jihadiste.

Ce déracinement durable affecte aussi le Groupe islamique combattant tunisien (GICT), qui a offert à Ben Laden les deux assassins de Massoud, ainsi que le Groupe islamique combattant marocain (GICM), dont un des fondateurs, Karim Mejjati, est tombé aux côtés de la branche saoudienne d'Al-Qaida. La balance penche en faveur du GSPC, du fait de son assise territoriale, certes limitée aux gouvernorats de Boumerdes, Tizi Ouzou et Bouira, mais indéniable. En outre, « Al-Qaida central » est très intéressé par les perspectives transfrontalières ouvertes par la branche saharienne du GSPC, qui nomadise à partir du Sud algérien dans les cinq pays voisins, la Mauritanie, le Mali, le Niger, la Tunisie et la Libye. Un tel réseau est inestimable pour le jihad global.

Zawahiri choisit le cinquième anniversaire du 11-Septembre, en 2006, pour annoncer l'intégration du GSPC dans Al-Qaida et se féliciter de cet « os dans la gorge des croisés américains et français[4] ». Trois mois après la mort de Zarqaoui et un mois après le démantèlement du « complot transatlantique » de Londres, Al-Qaida souhaite démontrer qu'elle garde l'initiative et qu'elle peut même menacer de nouvelles cibles européennes. Droukdal prête publiquement allégeance à Ben Laden, selon la procédure suivie par Zarqaoui deux ans plus tôt, et son ambition de succéder symboliquement à l'émir « martyr » du jihad en Irak transparaît dans ses diatribes d'une rare violence contre le « colonialisme » de Paris ou de Madrid, ainsi que contre les régimes « apostats » de la région. Le chef du

GSPC en est récompensé par la promotion de son image et de ses discours dans la structure médiatique d'Al-Qaida.

Le jihad global entend démontrer sa capacité de nuisance en Afrique du Nord. Le 11 décembre 2006, le GSPC attaque, non loin d'Alger, l'autobus transportant les employés étrangers de Brown, Root & Condor, une société américaine de sous-traitance liée au puissant consortium Halliburton, très engagé en Irak. Deux semaines plus tard, un commando d'une trentaine de jihadistes, dont certains issus des maquis du GSPC, n'est neutralisé dans la banlieue sud de Tunis qu'après des affrontements meurtriers et répétés avec les forces de sécurité. Le 24 janvier 2007, Droukdal annonce la transformation officielle du GSPC en Al-Qaida au Maghreb islamique (AQMI). Ben Laden et Zawahiri, qui viennent d'imposer leur homme-lige à la tête de la branche irakienne de l'organisation, ont accepté cette fois de laisser l'émir algérien en place, mais la nouvelle dénomination vaut obligation de régionaliser ses activités. L'intégration formelle à AQMI des trois autres « groupes islamiques combattants », un moment envisagée, ne semble pas retenue, puisque le GICL rallie Al-Qaida de son côté, préférant la dissolution organique dans la matrice jihadiste, sur le mode suivi par le Jihad islamique égyptien (JIE) six ans plus tôt.

Ces enjeux structurels ont beau être importants, l'essentiel réside dans la montée en puissance du jihad global par le biais d'AQMI. Le 11 avril 2007, trois attentats suicides coordonnés frappent le palais du gouvernement à Alger, ainsi qu'un commissariat de police et une caserne de gendarmerie. Al-Qaida célèbre le « Badr du Maghreb », comme elle avait déjà détourné le nom de la première victoire du prophète Mohammed, en 624, pour glorifier les attentats du 11-Septembre ou le massacre de novembre 2003 à Riyad. Al-Qaida a choisi de sévir cinq ans jour pour jour après son attentat contre la synagogue de Djerba, afin de dramatiser son action en Afrique du Nord et son implantation aux portes de l'Europe. La population algérienne, pratiquement épargnée jusque-là par les kamikazes, retombe dans les pires angoisses de la décennie précédente et de la guerre civile. Elle découvre avec horreur les testaments filmés des trois terroristes, mis en ligne par Al-Qaida sur les sites jihadistes.

Droukdal multiplie les philippiques contre la France, il appelle à reconquérir l'« Andalousie spoliée » et à « nettoyer de l'impureté espagnole » les enclaves de Ceuta et Melilla[5]. « Al-Qaida central » reprend à son compte cette thématique anti-européenne, de même qu'elle avait entériné l'agressivité antichiite de Zarqaoui. Mais c'est en Algérie que l'ex-GSPC sème la terreur : le 11 juillet, une fourgonnette bourrée d'explosifs se précipite contre une caserne à Lakhdaria ; le 6 septembre, un kamikaze vise à Batna le cortège du président Bouteflika, qui sort indemne de l'attentat ; le 8 septembre, une caserne est frappée par un attentat-suicide, cette fois à Dellys. Le 20 septembre, Zawahiri appelle lui-même à « nettoyer les terres du Maghreb islamique des enfants de la France et de l'Espagne » et les commandos de Droukdal passent à l'action dès le lendemain, en attaquant le bus d'une société française, non loin de Lakhdaria. L'attentat-suicide ne cause que des blessés, mais AQMI affirme avoir tué trois étrangers, afin de prouver son efficacité dans l'exécution des consignes de la direction d'Al-Qaida.

Le 11 décembre 2007, une nouvelle opération-suicide d'Al-Qaida endeuille la capitale algérienne. Le choix des cibles est révélateur de l'engagement global d'Al-Qaida puisque les bureaux des Nations unies sont frappés en même temps que le Conseil constitutionnel. La propagande d'AQMI pourfend dans un même élan « les Croisés qui occupent nos terres » et l'« hérésie planétaire » de l'ONU[6] (17 employés de l'organisation internationale figurent parmi les 41 victimes des attentats). Ce massacre clôt une année intense pour l'ex-GSPC, dont le nombre d'attaques double de 2006 à 2007. La banalisation des actions kamikazes en Algérie s'accompagne d'une puissance de feu croissante, toutes deux fruit de l'intégration au jihad global. Pour Al-Qaida, cette percée terroriste en Méditerranée occidentale permet d'amortir médiatiquement la crise de la branche irakienne de l'organisation. Mais la scène nord-africaine reste périphérique, car Ben Laden et de Zawahiri souhaitent surtout prendre pied sur le théâtre de la confrontation avec Israël.

Feu sur les ennemis d'Israël

Al-Qaida, dont l'opposition au nationalisme palestinien est ancienne et enracinée, n'a historiquement pu recruter de membres palestiniens que dans les communautés exilées dans le Golfe. L'hostilité virulente à l'encontre de l'OLP, inspirée de la dénonciation de ses tendances « marxistes » par Abdallah Azzam, s'est aggravée avec l'engagement de Yasser Arafat, et de son mouvement Fatah, dans le processus de paix avec Israël. L'Autorité palestinienne, établie en Cisjordanie et à Gaza à partir de 1994, est assimilée par Al-Qaida à ces régimes « apostats » qui livrent le monde arabe aux « judéo-croisés ». L'organisation de Ben Laden est à peine plus indulgente à l'égard du Hamas, le rival islamiste du Fatah, car le Hamas n'envisage de poursuivre la « lutte armée » que dans un cadre géographique circonscrit à Israël et aux Territoires palestiniens. Ce refus d'exporter le conflit palestinien est inacceptable, dans la logique expansionniste du jihad global. En outre, le Hamas est issu de la branche palestinienne des Frères musulmans, dont Zawahiri ne cesse de flétrir les compromissions et les renoncements.

Les tentatives d'Al-Qaida pour s'infiltrer en Cisjordanie et à Gaza ont été brisées par les services de l'Autorité palestinienne, mais aussi par les militants du Hamas, ce qui a accentué le contentieux entre les partisans de Ben Laden et les « islamo-nationalistes ». Al-Qaida en est réduite à agiter l'étendard de la cause palestinienne et de la « libération de Jérusalem » à partir de l'Irak ou du Pakistan. Les attentats ordonnés par Zarqaoui à Amman, en novembre 2005, font une majorité de victimes palestiniennes et creusent un peu plus le fossé avec Al-Qaida. La propagande du jihad global ne trouve un certain écho que dans le milieu très particulier des camps de réfugiés du Liban, qui se sentent abandonnés par l'Autorité palestinienne. Les réseaux fidèles à Zarqaoui parviennent à y recruter des militants pour qui la migration combattante vers l'Irak s'apparente au parcours jihadiste d'Azzam vers l'Afghanistan. La stratégie antichiite d'Al-Qaida en Irak confère à ces flux miliciens une dimension confessionnelle supplémentaire : la lutte contre les « judéo-croisés » doit être aussi implacable à l'encontre des « hérétiques ». À l'heure où l'Iran du président Ahmadinejad se pose à la pointe de l'opposition à Israël, l'organisation de Ben Laden s'efforce de mobiliser le capital symbolique d'un jihad à la fois global et sunnite.

Al-Qaida condamne la participation du Hamas aux élections législatives de janvier 2006 en Cisjordanie et à Gaza, elle vilipende la reconnaissance tacite d'Israël qui accompagne le vote, et elle brocarde comme une nouvelle trahison la constitution d'un gouvernement islamiste, inscrit dans le cadre des accords conclus avec l'État juif. Ben Laden et Zawahiri misent sur l'effondrement rapide de l'expérience du Hamas, espérant qu'il leur ouvrira enfin une brèche dans les Territoires palestiniens. Al-Qaida s'inquiète aussi de la solidarité affichée avec le Hamas par la République islamique d'Iran et par le Hezbollah libanais. Ce rapprochement entre les militants sunnites et chiites va en effet à l'encontre de la stratégie de confrontation confessionnelle, imposée par la terreur en Irak et endossée par la propagande du jihad global. La guerre entre Israël et le Hezbollah, qui fait rage à l'été 2006, place Al-Qaida dans une position très inconfortable et Zawahiri ne sort de son silence gêné qu'à la fin des hostilités, pour fustiger l'acceptation du cessez-le-feu par la milice chiite.

L'organisation de Ben Laden demeure à l'affût des opportunités que peuvent lui offrir les querelles palestiniennes et la confusion milicienne. Une nouvelle formation jihadiste, Fatah al-Islam, émerge à l'automne 2006 dans le camp palestinien de Nahr al-Bared, au nord du Liban, sa rhétorique antichiite entre en résonance avec les algarades d'Al-Qaida et nombre de ses combattants ont été aguerris en Irak. Seule une fraction des quelques centaines de miliciens de Fatah al-Islam sont palestiniens et toutes les composantes du jihadisme arabe y sont représentées, avec un fort contingent saoudien. Al-Qaida suit avec attention la transformation de Nahr al-Bared en sanctuaire d'un jihad transnational, sous un alibi palestinien. Des émissaires de Ben Laden discutent de l'intégration de Fatah al-Islam dans une future « Al-Qaida au Levant »*, qui compléterait

---

* La propagande jihadiste parle du « pays de Cham » (*bilâd al-Châm*), appellation désuète d'un espace correspondant à la Syrie, au Liban, à la Jordanie et à la Palestine.

la branche irakienne, épaulant son « califat » et son « État islamique ». Les pourparlers tournent court en mai 2007, tandis que l'armée libanaise entame le siège de Nahr al-Bared. Les miliciens de Fatah al-Islam combattent avec acharnement durant plus de trois mois et une partie d'entre eux parvient à échapper à l'assaut final de leur place forte. Après la chute de Nahr al-Bared et la dispersion des forces jihadistes, Fatah al-Islam maintient le contact avec Al-Qaida, tout en préservant son autonomie opérationnelle.

Les manœuvres palestiniennes d'Al-Qaida sont tout aussi frustrantes à Gaza. Une mystérieuse « Armée de l'Islam » y développe une propagande de type global et revendique, en mars 2007, l'enlèvement d'Alan Johnston, correspondant de la BBC à Gaza. Plus d'une vingtaine d'étrangers ont déjà été kidnappés dans ce territoire[7] à la faveur de l'anarchie milicienne et pour des raisons crapuleuses. Mais l'« Armée de l'Islam » innove en exigeant la libération d'Abou Qutada, figure historique du « Londonistan », détenu au Royaume-Uni depuis 2002, et de Sajida Rishawi, complice irakienne des attentats d'Amman en novembre 2005. Al-Qaida sait que l'« Armée de l'Islam » émane du clan Dughmush, l'un des plus lourdement armés de la bande de Gaza, et elle salue un ultimatum aussi dégagé des contingences palestiniennes. Lorsque le Hamas élimine le Fatah de la bande de Gaza, en juin 2007, Al-Qaida l'encourage, à l'unisson de l'« Armée de l'Islam », à établir au plus tôt un « émirat islamique ». Le Hamas s'emploie tout au contraire à consolider son autorité sans partage à Gaza : les clans rebelles sont mis au pas sans ménagement, Alan Johnston est rapidement libéré et l'« Armée de l'Islam » est démantelée.

Al-Qaida réagit en déchaînant sa propagande contre le Hamas. L'organisation de Ben Laden, incapable de peser sur la scène palestinienne, se rabat sur la thématique antichiite, qu'elle a amplifiée pour détourner l'attention militante de la contestation sunnite contre l'« État islamique d'Irak ». Les discours se succèdent pour dénoncer la fourberie innée des « hérétiques », leurs sempiternels complots contre l'Islam orthodoxe, leur alliance inavouable avec les « judéo-croisés ». À défaut de recruter au nom de la Palestine, Al-Qaida escompte mobiliser sous la bannière d'un sunnisme d'autant plus agressif qu'il se dit agressé de toutes parts. Sans craindre la contradiction, Zawahiri appelle publiquement de ses vœux une offensive américaine contre l'Iran, où « judéo-croisés » et « hérétiques » s'affaibliraient mutuellement pour le plus grand profit du jihad global[8].

Un des éléments les plus obscurs de cette hostilité d'Al-Qaida à l'encontre de Téhéran est le sort réservé aux responsables de l'organisation repliés sur le territoire iranien, après l'effondrement de l'émirat taliban en 2001. Ceux-ci sont en fait l'objet d'un contrôle strict de la part de la République islamique, qui nie publiquement leur présence et leur interdit toute activité jihadiste. Saad Ben Laden, le fils de l'émir d'Al-Qaida, et Seif al-Adel, ancien cadre de la direction militaire, se retrouvent à la merci des autorités iraniennes et Riyad a apprécié que Téhéran les ait neutralisés au plus fort de la campagne terroriste d'Al-Qaida en Arabie, en 2003-2004. Les services iraniens usent aussi de cette monnaie d'échange pour dissuader Al-Qaida d'assister l'agitation islamiste dans les provinces sunnites du Kurdistan et du Baloutchistan. Dans ce jeu complexe, Ben Laden et Zawahiri ne sont sans doute pas mécontents de savoir Seif al-Adel réduit au silence en Iran, lui qui avait critiqué si vigoureusement le 11-Septembre. Mais la validation des thèses de Zarqaoui a surtout entraîné Al-Qaida dans une logique d'antagonisme avec Téhéran et ses alliés dans tout le Moyen-Orient[9].

LE PAKISTAN, TERRE DE JIHAD

Si « Al-Qaida central » peut se permettre d'adopter une posture aussi agressive, c'est parce que son sanctuaire, dans les zones tribales pakistanaises, lui paraît de plus en plus solide. L'organisation de Ben Laden profite du détournement durable vers l'Irak des moyens de détection et des unités d'élite que les États-Unis pourraient affecter à sa traque. Elle est aussi portée par la montée en puissance des talibans afghans, auprès de qui elle a banalisé les techniques des attentats suicides (de 21 en 2005 à 141 en 2006) et des explosifs artisanaux (de 530 en 2005 à près de 1 300 en 2006)[10]. Mais elle est surtout favorisée par le renforcement des talibans pakistanais dans l'ensemble de la région frontalière, avec des velléités de proclamation d'un « émirat islamique » à partir du Waziristan.

Islamabad espère pourtant pouvoir retourner les tribus frondeuses contre Al-Qaida et sa tactique est de reconnaître l'autorité des chefs rebelles, en contrepartie de leur engagement à ne plus soutenir les jihadistes étrangers. Telle était déjà l'économie de l'accord conclu en avril 2004 au Sud-Waziristan, avec des résultats plus que discutables. Telle est encore la base de la reddition négociée, en février 2005, avec Beitullah Mahsoud, l'étoile montante de la tribu des Waziris, dont le charisme militant rappelle celui du « martyr » Nek Mohammed. Tel est le principe de l'accord scellé, en septembre 2006, cette fois au Nord-Waziristan, avec Hafiz Gul Bahadur. Le gouvernement pakistanais escompte de chacun de ces pourparlers un affaiblissement de l'enracinement local des talibans comme d'Al-Qaida. Mais la nouvelle génération d'activistes pachtounes voit ces trêves comme un aveu de faiblesse du pouvoir central, et elle en profite pour marginaliser, voire liquider la hiérarchie traditionnelle de la société tribale.

Al-Qaida encourage ce processus révolutionnaire sur le territoire des Waziris, où elle a trouvé refuge, et les États-Unis, furieux de la politique d'apaisement d'Islamabad, dénoncent les facilités dont dispose au Pakistan l'organisation de Ben Laden. Le gouvernement de Pervez Musharraf se retrouve littéralement pris sous les feux croisés de son allié américain et de la subversion jihadiste : en novembre 2006, un raid américain particulièrement sanglant dans la zone tribale de Bajaur (80 morts) justifie en « représailles » le premier attentat-suicide contre l'armée pakistanaise (35 tués). Le théâtre de la confrontation se déplace de la frontière afghane jusqu'au cœur d'Islamabad, où les jihadistes rassemblent des centaines de partisans armés à l'intérieur de la Mosquée Rouge (Lal Masjid). L'épreuve de force s'aggrave entre les islamistes retranchés dans leur bastion et les forces de sécurité, qui passent à l'assaut à l'aube du 10 juillet 2007. Le bilan officiel de 83 morts (73 rebelles et 10 militaires) est sans doute sous-évalué, car une partie du bâtiment a été détruite, ensevelissant un nombre indéterminé de personnes.

Al-Qaida ne tarde pas à essayer de profiter du drame et Zawahiri appelle à la révolte contre Musharraf, accusé de vouloir « extirper l'Islam du Pakistan [11] ». Le bain de sang de la Mosquée Rouge donne le signal d'une campagne terroriste des talibans pakistanais. En trois semaines, 120 militaires et policiers sont tués au cours de 21 attaques jihadistes, dont 12 attentats suicides [12]. Les hostilités reprennent au Nord-Waziristan avec une brutalité inégalée et elles gagnent les autres zones tribales. Beitullah Mahsoud mobilise des milliers de miliciens au Sud-Waziristan et y capture en août 2007 quelque 250 soldats gouvernementaux, dont il négocie la libération en échange de celle d'une vingtaine de ses partisans. Ces actions spectaculaires renforcent son prestige au sein de l'« émirat islamique » et au-delà. Dans la zone de Bajaur, c'est un partenaire fidèle d'Al-Qaida, Faqir Mohammed, qui mène l'insurrection islamiste, avec des échos jusque dans la vallée de Swat. En décembre 2007, ces différentes formations se coalisent sous la bannière du « Mouvement des talibans du Pakistan » (*Tehrik e-Taliban Pakistan*/TTP), qui proclame le « jihad défensif » contre l'armée pakistanaise. Beitullah Mahsoud est adoubé émir du TTP, avec Hafiz Gul Bahadur et Faqir Mohammed comme adjoints.

La direction d'Al-Qaida est confortée par cette polarisation de la scène pakistanaise entre le défi taliban et l'État central. Puisque les zones tribales apparaissent inaccessibles aux forces gouvernementales, l'organisation de Ben Laden peut s'y développer en sécurité. L'heure n'est certes pas à la constitution d'un Jihadistan pakistanais, qui prendrait le relais de son « État islamique d'Irak ». Les talibans pakistanais sont en effet farouchement attachés à leur autonomie d'action et leurs homologues afghans n'entendent pas non plus céder la moindre parcelle de leur indépendance politico-militaire. Mais les insurgés afghans se mobilisent contre une occupation « infidèle », là où les talibans pakistanais proclament le jihad contre l'armée d'une République islamique. Al-Qaida ne peut que tirer parti d'une telle dégradation, d'autant qu'elle poursuit sa coopération avec les groupes engagés au Cachemire. Alors que le jihad global enregistre tant de revers au Moyen-Orient, le Pakistan offre de nouvelles possibilités d'expansion terroriste.

*
* *

C'est moins la disparition de Zarqaoui que son héritage qu'Al-Qaida peine à gérer au cours de cette huitième vie. La centralité assumée par l'Irak dans le jihad global est menacée par la confrontation croissante avec la guérilla sunnite et le Jihadistan irakien paraît d'autant plus vulnérable qu'il affiche sa dimension totalitaire. Al-Qaida, qui a jusqu'alors entretenu le flou sur ses projets politiques, formalise, à la faveur de son califat virtuel, les méthodes de contrôle social d'une population à réislamiser par la seule contrainte. La brutalité maniaque d'un tel projet renvoie à d'autres aventures miliciennes qui visaient à produire un « homme nouveau » par la terreur. La pulsion « purificatrice » d'Al-Qaida se manifeste dans toute sa violence et s'exerce prioritairement sur les musulmans qui ont le malheur de tomber sous sa coupe.

Comme si cette guerre d'Irak contre l'Islam sunnite et tribal n'était pas suffisante, Al-Qaida creuse le nouveau fossé de la sédition confessionnelle avec le chiisme iranien et arabe, tout en flétrissant les orientations politiques et militaires du Hamas. Le jihad global choisit ainsi l'opposition frontale à toutes les forces qui défient alors les États-Unis et Israël dans la région. Ce positionnement stratégique compromet l'avenir d'Al-Qaida au Moyen-Orient, sur fond de crise de la branche irakienne et d'effondrement de la branche saoudienne de l'organisation. L'intégration formelle des jihadistes algériens vise à compenser, plus médiatiquement que militairement, l'impasse moyen-orientale qui est la sienne. Jusque dans la tourmente pakistanaise, Al-Qaida encourage la subversion islamiste, mais elle n'a aucun contrôle sur le nouveau mouvement taliban.

Le califat des ombres n'a apporté au jihad global ni répit, ni renfort. L'heure de vérité approche pour Al-Qaida, l'heure des règlements de comptes aussi.

NEUVIÈME VIE

La fuite en avant (2007-2009)

La mouvance jihadiste est secouée en novembre 2007 par un véritable séisme : un des membres fondateurs d'Al-Qaida, Sayyid Imam al-Sharif, plus connu sous le nom de « Docteur Fadel », dénonce publiquement Ben Laden et Zawahiri. L'organisation a déjà connu des défections, mais toujours à un niveau subalterne. Il s'agit cette fois d'une des références les plus respectées de l'activisme global, auteur en 1987 d'un manuel politique très populaire dans les milieux jihadistes. Le « Docteur Fadel » a progressivement été marginalisé par Zawahiri, son ancien disciple *, et a préféré s'installer au Yémen plutôt que de suivre la

---

* « Docteur Fadel » est né en 1950, peu avant Zawahiri, et ils ont tous deux mené parallèlement études de médecine et militantisme clandestin au sein du Jihad islamique égyptien (JIE). Après l'assassinat du président Sadate en octobre 1981, Zawahiri est emprisonné, mais Fadel s'enfuit au Pakistan (*via* les États-Unis) et il reconstitue son groupe dans les camps d'entraînement de « volontaires » égyptiens pour le jihad antisoviétique en Afghanistan. Libéré en 1984, Zawahiri rejoint

direction d'Al-Qaida en Afghanistan. Au lendemain du 11-Septembre, Fadel fut arrêté au Yémen puis « transféré » en 2004 en Égypte où pesait sur lui une condamnation par contumace. Et c'est de sa cellule qu'il diffuse à l'automne 2007 son « Document d'orientation pour l'activité jihadiste en Égypte et dans le monde ». Cette publication coïncide avec le dixième anniversaire du massacre de touristes occidentaux à Louxor, qui a ruiné le crédit de la guérilla jihadiste en Égypte. Al-Qaida ironise sur les conditions de production carcérale d'un tel « document » et s'efforce de l'invalider, comme elle l'avait fait précédemment pour le désaveu de Zarqaoui par Maqdissi emprisonné, mais l'onde de choc que provoque sa diffusion est sévère.

Car Fadel frappe Al-Qaida au cœur de son dispositif idéologique, le takfir : cette accusation d'apostasie a permis à Al-Qaida d'exclure formellement ses ennemis musulmans de la communauté des « fidèles », afin de mieux justifier leur élimination. Fadel dénie aux « cheikhs » autoproclamés d'Al-Qaida le droit de décréter l'apostasie et insiste sur la supériorité de l'autorité religieuse par rapport à l'activisme jihadiste. Fadel compare les apprentis sorciers de la fatwa aux guérisseurs qui osent pratiquer la médecine, et il les adjure de compenser tout le mal qu'ils ont infligé. Fadel fustige l'arrogance des « héros de l'Internet », qui « vivent sous la protection de services de renseignement, ou d'une tribu, ou dans une grotte ». La charge contre Ben Laden est limpide. Plus généralement, Fadel condamne les assassinats de femmes et d'enfants, tandis qu'il prône la protection des étrangers en terre d'Islam, ne serait-ce que par réciprocité avec le traitement réservé aux musulmans dans les pays

---

Fadel à Peshawar ; il devient son adjoint dans la nouvelle structure du JIE.

occidentaux. Il assortit le jihad de tellement de conditions familiales (l'autorisation parentale), militaires (un rapport des forces raisonnable) ou pratiques (de fortes chances de succès ou de repli) que cette prescription ne paraît plus d'actualité. Enfin, Fadel accuse Al-Qaida d'avoir provoqué l'intervention américaine en Afghanistan et d'avoir ainsi « trahi » l'hospitalité de ce peuple musulman.

L'ABSOLUTION MÉDIATIQUE

Zawahiri encaisse le choc des accusations de son ancien mentor, mais il préfère dans un premier temps ne pas réagir directement. Al-Qaida choisit d'amortir la controverse en prenant une initiative inédite : l'ouverture durant un mois, à compter de la mi-décembre 2007, d'un espace de recueil des interrogations en ligne, auxquelles s'engage à répondre le numéro deux de l'organisation. La manœuvre d'Al-Qaida fait long feu et, comme la polémique gagne toute la mouvance jihadiste, Zawahiri se voit contraint de répondre formellement au « Docteur Fadel ». Sa réfutation, mise en ligne en mars 2008, est significativement intitulée : « L'absolution des oulémas et des moujahidines de toute accusation d'impuissance et de faiblesse »[1]. La démonstration est laborieuse, voire poussive, et Zawahiri avoue avoir eu « les plus grandes difficultés » à la rédiger[2].

Le numéro deux d'Al-Qaida mobilise l'intégralité des références contemporaines du jihad global, mais force est de constater qu'aucune des personnalités arabes citées n'a l'envergure du « Docteur Fadel ». À bout d'arguments, Zawahiri en est réduit à invoquer deux religieux pakistanais, associés au bain de sang de la Mosquée Rouge d'Islamabad. Il va jusqu'à conférer une autorité cléricale à Jalaluddine Haqqani, le protecteur afghan d'Al-Qaida, dont le titre pachtoune de « mawlana » n'est pourtant qu'honorifique. Zawahiri martèle les arguments habituels d'Al-Qaida pour justifier les massacres de civils : les sociétés occidentales étant démocratiques, chacun y est collectivement responsable de « l'agression odieuse » contre l'Islam[3] ; face à cette croisade moderne, la riposte est de l'ordre du « jihad défensif », et non offensif[4]. Zawahiri se résout à admettre que « le jihad a commis, commet et commettra des erreurs », car les combattants de l'Islam ne sauraient être « infaillibles »[5]. Il n'est cependant pas plus précis dans cette esquisse d'autocritique.

Peu après, le numéro deux d'Al-Qaida publie sa réponse aux interrogations des internautes, soigneusement filtrées et sélectionnées par l'organisation[6]. Il s'est écoulé près de trois mois entre la fin du recueil de ces questions et la réaction de Zawahiri, ce qui en dit long sur l'embarras d'Al-Qaida face à un début de fronde cybernétique. Deux thèmes concentrent l'essentiel des critiques, généralement exprimées de manière anonyme : les massacres de civils musulmans, d'une part, et l'antagonisme avec le Hamas, d'autre part. Zawahiri valide les carnages terroristes au nom de la notion médiévale des « boucliers » humains, qui permettait de tuer des musulmans installés dans des forteresses croisées. Il pose ainsi en règle absolue ce qui n'était qu'une exception historiquement datée, mise en avant par certains oulémas dans des circonstances précises. Il n'est pas plus convaincant quand il s'acharne contre le Hamas, accusé d'avoir pactisé avec Israël et les régimes arabes « apostats ». Ben Laden et son organisation mesurent leur impopularité croissante, jusque dans les milieux sympathisants, et décident de reprendre l'initiative pour restaurer leur image.

Dans cette contre-offensive médiatique, Al-Qaida fait

feu de tout bois. L'objectif est de saturer le terrain de la propagande pour tordre le cou au doute. Ben Laden se dépense sans compter, il distribue anathèmes et condamnations à l'encontre des dirigeants musulmans [7], il alterne les menaces contre l'Amérique et l'Europe. Zawahiri ritualise ses adresses mensuelles à ses coreligionnaires, s'exprimant avec aplomb sur tous les conflits du moment. Al-Qaida mobilise naturellement Abou Yahya al-Libi, son seul dirigeant à détenir un bagage religieux minimal, qui reprend la justification des massacres de civils en tant que « boucliers » humains [8]. Elle met aussi à contribution un jihadiste américain converti, Adam Gadahn, qui a menacé Los Angeles d'une attaque terroriste en septembre 2005, puis a invité ses compatriotes à se rallier non seulement à l'Islam, mais à sa version jihadiste. Gadahn continue de s'exprimer en anglais, Al-Qaida diffuse ses interventions avec des sous-titres arabes. Gadahn déchire emphatiquement son passeport américain et appelle au meurtre du président Bush [9]. Ces simagrées visent à l'évidence un public musulman plutôt qu'occidental.

La campagne d'Al-Qaida monte en puissance pendant l'été 2008, dans la perspective d'une commémoration retentissante du septième anniversaire du 11-Septembre, mais la célébration est gâchée par la neutralisation prolongée des relais d'Al-Qaida sur Internet. Ce n'est que le 19 septembre qu'un long métrage sur les « sept ans de croisades » est mis en ligne par Al-Qaida. L'organisation y annonce une escalade militaire en Afghanistan et au Pakistan, sans parvenir à dissiper le malaise suscité par ce premier « bug » dans sa communication virtuelle. Quatre des cinq forums les plus intimement liés à Al-Qaida sont hors service et les spéculations vont bon train sur la responsabilité de ce piratage réussi : certains y voient la main d'officines occidentales, d'autres penchent pour la piste saoudienne, voire iranienne (la République islamique est ulcérée par les attaques sectaires d'Al-Qaida à son encontre et une guerre virtuelle vient d'opposer sur Internet « hackers » chiites et sunnites). Le désarroi est tel au sein d'Al-Qaida que la branche irakienne de l'organisation décide de diffuser avec plusieurs semaines d'avance les documents de célébration du deuxième anniversaire de son « État islamique »[10]. Al-Qaida y affirme, au mépris de l'évidence, qu'elle élabore en Irak un missile capable de frapper Israël.

La cause palestinienne constitue toujours pour Al-Qaida un thème privilégié de surenchère, d'autant plus manipulable que l'organisation est pratiquement absente en milieu palestinien[11]. En mai 2008, Ben Laden condamne les célébrations du soixantième anniversaire de l'État juif, en accusant les dirigeants occidentaux de « se placer dans la même tranchée qu'Israël contre nous ». Il appelle le peuple égyptien à se soulever contre ses dirigeants pour lever le « bouclage tyrannique » de la bande de Gaza[12]. En janvier 2009, l'offensive dévastatrice de l'armée israélienne amène Ben Laden à se proclamer « de tout cœur » avec « nos frères de Palestine ». Mais l'émir d'Al-Qaida promet surtout d'« ouvrir de nouveaux fronts » contre l'Amérique[13], alors que le Hamas a toujours refusé de frapper au-delà du territoire israélien. Dans le même ordre d'idées, Zawahiri appelle à « attaquer les intérêts occidentaux et israéliens n'importe où[14] » et cette exhortation est relayée par les branches nord-africaine et saoudienne d'Al-Qaida[15]. Cette agitation du jihad global ne rencontre aucun écho sur la scène palestinienne, mais Al-Qaida mise sur la radicalisation de militants extérieurs et encourage un passage à l'acte terroriste, dont elle est disposée à se prévaloir.

La curée d'Irak

Le retournement des tribus sunnites contre Al-Qaida en Irak prend de l'ampleur avec l'enrôlement de dizaines de milliers de leurs membres dans les rangs de la Sahwa. Ces milices, constituées sur une base locale, sont financées et équipées par l'armée américaine, qui en assure rarement l'encadrement. Le Pentagone préfère en effet s'en remettre soit à la hiérarchie traditionnelle, soit aux personnalités qui s'imposent par leur combativité en milieu tribal. Ce pari sur le ressentiment sunnite à l'encontre d'Al-Qaida porte vite ses fruits et la province d'Anbar, longtemps fatale aux militaires américains, devient la vitrine de la réussite de la nouvelle politique du général Petraeus. Il y accompagne en septembre 2007 le président Bush et ils sont tous deux accueillis par le cheikh Abdel Sattar Abou Richa, le chef de la Sahwa pour la région d'Anbar. Al-Qaida se venge quelques jours plus tard en assassinant Abou Richa et quatre de ses gardes du corps. Mais ces meurtres spectaculaires, loin de dissuader l'engagement dans la Sahwa, nourrissent la dynamique de la vendetta tribale et le rejet des « étrangers » du jihad global.

Ce nationalisme, teinté de xénophobie dans les rangs de la Sahwa, est aussi très prégnant au sein de l'insurrection sunnite, dont de nombreuses factions sont organiquement liées à telle ou telle tribu. La structure rigide d'Al-Qaida l'a initialement favorisée face à des adversaires éclatés et dispersés, mais l'enracinement de chaque groupe insurgé sur un fief donné lui permet à terme d'en refouler les partisans de Ben Laden. Un « Front du jihad et de la réforme » rassemble dès mai 2007 trois des principales formations de la guérilla, unies dans leur hostilité à Al-Qaida, et différentes coalitions émergent ensuite pour repousser un ennemi de plus en plus perçu comme commun. Même sur le terrain médiatique, la position dominante du jihad global est contestée. Des chaînes satellitaires et des sites Internet d'inspiration nationaliste revendiquent l'essentiel de l'activité militante, tout en accusant Al-Qaida de massacrer civils musulmans et patriotes confirmés.

Les oulémas sunnites dénoncent les diktats et les « crimes » de l'« État islamique d'Irak » dont les membres se voient dénier toute légitimité militante et sont qualifiés de « takfiris ». Al-Qaida est ainsi réduite à une machine à produire du « takfir », de l'anathème à l'encontre de ses propres coreligionnaires, accusés d'apostasie pour être plus commodément éliminés. À l'exclusive homicide du jihad global répond donc l'exclusion d'Al-Qaida hors de la communauté sunnite d'Irak. L'organisation de Ben Laden s'efforce d'endiguer cette vague de rejet en relançant la terreur contre les « hérétiques » : après les massacres de civils chiites qui ont ponctué les années précédentes, elle s'attaque à la minorité particulièrement vulnérable des yézidis*. Le 14 août 2007, quatre attentats suicides coordonnés dévastent deux villages yézidis. Le bilan de près de 400 morts est le plus lourd infligé par Al-Qaida depuis le 11-Septembre. Ce carnage ne parvient toutefois pas à détourner la colère vengeresse des tribus sunnites.

---

* Les yézidis représentent une secte dualiste, implantée dans les montagnes du district de Mossoul, autour de la tombe de Cheikh Adi Ibn Musafir, à Lalish. L'Islam sunnite comme chiite les qualifie sommairement d'« adorateurs du diable » et il leur a infligé d'innombrables persécutions. La religion initiatique des yézidis, à forte dimension gnostique, ne prétend d'ailleurs pas se rattacher à l'Islam, à la différence des schismes alaouite ou druze.

La situation devient si grave que Ben Laden est contraint d'intervenir personnellement. En octobre 2007, il lance un appel solennel à l'« unification des rangs » du jihad en Irak « sous une seule bannière » et il se livre à un exercice inédit d'autocritique, en reconnaissant que l'obéissance aveugle à certains commandants a pu conduire à certaines « erreurs [16] ». Mais cet aveu, tardif et partiel, des exactions de l'« État islamique d'Irak » ne calme pas le conflit entre le jihad national et le jihad global. La position d'Al-Qaida est tellement dégradée que le cheikh Abou Bassir al-Tartoussi, référence jihadiste installée à Londres, condamne peu après le jusqu'auboutisme de l'« État islamique d'Irak », concédant qu'« il n'y a parfois pas d'autre choix que de s'asseoir avec son ennemi et de négocier avec lui [17] ». Le refus par Al-Qaida de tout compromis avec les « infidèles » comme avec la guérilla est ainsi désavoué par une des figures emblématiques de l'internationalisme islamiste, un cheikh syrien exilé à Londres et engagé symboliquement sur toutes les terres du jihad.

Al-Qaida perd l'essentiel de ses positions dans le gouvernorat d'Anbar et son rêve d'un Jihadistan irakien y est annihilé durant l'hiver 2007-2008. L'organisation de Ben Laden combat pour sa survie à Bagdad même, où l'élimination de ses cadres se poursuit à un rythme soutenu. L'activité de propagande de l'« État islamique d'Irak » chute de 90 % et son message devient pratiquement inaudible à l'intérieur des frontières du pays, malgré la chambre d'écho toujours complaisante du jihad global. Le nombre de combattants étrangers infiltrés par Al-Qaida en Irak tombe de 200 à 40 par mois [18] : cette perturbation des flux transfrontaliers contraint l'organisation de Ben Laden à « irakiser » son recrutement, alors même que ses rivaux sunnites vilipendent son caractère « étranger ». Éliminée d'Anbar, étrillée à Bagdad, Al-Qaida se replie sur la haute vallée du Tigre, soit dans la province à peuplement mixte de Diyala. Les attentats d'Al-Qaida contre les mosquées et les rassemblements chiites ne parviennent pas à relancer la guerre civile en Irak et le pari sur le conflit sunnito-chiite, gagné par Zarqaoui en 2006, échoue deux ans plus tard.

Al-Qaida sévit alors en milieu urbain, à Samarra, mais surtout à Baaqouba, où ses attentats fauchent 53 personnes, le 15 avril 2008, puis 35 policiers, le 15 juillet. Le quadrillage des villes de la province de Diyala la refoule dans des enclaves rurales, aux allures d'impasse, et l'oblige à transférer moyens et militants vers le Nord. Mossoul devient ainsi le principal refuge d'Al-Qaida, où elle se distingue par son acharnement à l'encontre de la minorité chrétienne [19]. Mais c'est la diversité du peuplement musulman de Mossoul qui sert les desseins d'Al-Qaida : la moitié du million et demi d'habitants de la plus grande cité du nord de l'Irak est constituée d'Arabes sunnites, qui y cohabitent avec plus d'un demi-million de Kurdes et quelque deux cent mille Turkmènes. Les milices kurdes, qui espèrent étendre l'autorité de leur gouvernement régional jusqu'à la ville voisine de Kirkouk, refusent l'implantation de la Sahwa à Mossoul, dans la perspective d'un bras de fer arabo-kurde dans tout le nord du pays. Al-Qaida profite de ce vide sécuritaire pour s'y engouffrer et la violence terroriste s'intensifie à Mossoul, alors qu'elle décroît dans le reste de l'Irak.

C'est un cadre marocain du jihad global, Abou Qaswara, qui dirige les réseaux d'Al-Qaida à Mossoul. Formé en Afghanistan puis installé en Suède, ce responsable des flux logistiques pour le nord de l'Irak y prend progressivement la conduite des opérations militaires. Deux de ses adjoints saoudiens sont tués au combat en février 2008, mais Abou Qaswara réussit à maintenir un niveau d'insécurité relativement élevé dans Mossoul. Repéré en octobre 2008 par des commandos américains, le jihadiste marocain est tué dans la prise d'assaut de son repaire. Le Pentagone est tiraillé entre la tentation de valoriser la mort du numéro deux d'Al-Qaida en Irak et la volonté de banaliser cette élimination (dans l'esprit de la réduction, de 5 millions à 100 000 dollars, de la prime correspondant à Abou Hamza al-Mouhajer, le chef de la branche irakienne d'Al-Qaida).

Mossoul demeure le point de fixation de la terreur d'Al-Qaida, même si ses attentats suicides continuent de secouer d'autres provinces. Le jihad global n'en a pas moins perdu ses bases en Irak. Sa capacité de nuisance, tout en restant sérieuse, est en chute libre [20]. La grande migration vers le nord du jihad global a atteint à Mossoul un point de non-retour. Et la possibilité de renverser le basculement de l'automne 2004, en renvoyant vers l'Arabie le potentiel militant, qui en fut alors transféré, est rendue impossible par la crise parallèle d'Al-Qaida pour la Péninsule arabique.

AL-QAIDA EN ARABIE ET AU YÉMEN

La branche saoudienne d'Al-Qaida a été largement brisée en 2005 et elle n'est plus en mesure de se lancer dans une opération d'envergure depuis son attaque avortée contre le complexe pétrolier d'Abqaiq, en février 2006. L'organisation de Ben Laden n'a pas pour autant disparu du royaume wahhabite et ses partisans restent à l'affût des opportunités terroristes. C'est ainsi qu'une famille française, repérée par hasard lors d'un déplacement dans le désert, non loin de Médine, est assassinée par un commando jihadiste en février 2007. La solidarité tribale, qui aurait pu avant 2003 jouer en faveur des meurtriers, ne les protège désormais plus de la répression gouvernementale et la cellule responsable est démantelée peu après. De manière générale, les autorités saoudiennes annoncent régulièrement l'arrestation de centaines de membres de groupes « déviants [21] », selon la terminologie employée pour désigner les sympathisants d'Al-Qaida. Ces chiffres sont à prendre avec précaution, car ils amalgament les rafles opérées sur une durée de plusieurs mois. Ils révèlent cependant le niveau élevé de vigilance et d'efficacité policières, qui n'épargnent plus les réseaux de mobilisation à destination de l'Irak ou de l'Afghanistan [22].

La dimension sécuritaire de la campagne antiterroriste est complétée par un ambitieux programme de réhabilitation des jihadistes repentis, dont les autorités saoudiennes estiment le taux de succès à 80 % [23]. Sur 2 000 personnes engagées dans ce programme de 2004 à 2007, quelque 700 ont été libérées et seulement une dizaine d'entre elles auraient repris leurs activités jihadistes [24]. La clef de la déconstruction du discours d'Al-Qaida réside dans la prohibition du jihad d'initiative individuelle : seuls les docteurs de la loi peuvent statuer à ce sujet et leur avis doit être endossé par le pouvoir musulman*, ce qui va absolument à l'encontre des prescriptions activistes du jihad global. La contre-offensive dogmatique du régime saoudien va jusqu'à proscrire toute forme d'internationalisme militant et le grand mufti du royaume publie, en octobre 2007, une fatwa interdisant aux jeunes Saoudiens de mener le jihad à l'étranger [25]. Des campagnes méthodiques de prévention de la « déviance » jihadiste sont aussi menées dans le système éducatif, dans

---

* L'expression classique, utilisée lors des séances de réhabilitation en Arabie, est *wali al-'amr*, littéralement le « gouvernant de l'époque », soit le pouvoir en place, dont la légitimité ne peut être contestée. Selon ce raisonnement, les relations diplomatiques établies par un État islamique interdisent à ses ressortissants de mener le jihad sur le territoire d'un autre État, protégé par un tel pacte.

la presse écrite et audiovisuelle, ainsi que sur Internet. Ces efforts coordonnés sont généreusement dotés, sur fond de records inégalés du prix du pétrole. L'organisation de Ben Laden n'a jamais été aussi impopulaire dans le pays natal de son chef[26].

Confrontée à un tel rejet en Arabie saoudite, Al-Qaida pour la Péninsule arabique est tentée de se rabattre sur le terrain yéménite. Les liens sont historiquement très étroits entre les jihadistes des deux pays, la famille de Ben Laden et celles de nombreux membres saoudiens d'Al-Qaida sont d'origine yéménite, tandis qu'une part importante des cadres d'Al-Qaida au Yémen sont nés en Arabie. Dans les deux cas, l'organisation n'a pas émergé d'une mobilisation locale, mais à la faveur du retour des « vétérans » d'Afghanistan. La branche yéménite d'Al-Qaida a été décapitée en 2002-2003 *, mais l'évasion collective de 23 militants aguerris, en février 2006 **, permet de relancer la mobilisation jihadiste. Nasir al-Wahayshi, le nouvel émir d'Al-Qaida au Yémen, revendique l'attentat-suicide contre des touristes espagnols à Marib, en juillet 2007. Les réseaux yéménites acquièrent assez d'assurance pour fournir à la branche d'Al-Qaida en Arabie l'armement nécessaire à un assaut contre des installations pétrolières, mais le complot est déjoué par la police saoudienne en novembre 2007.

---

* Ali Qaïd al-Harithi, le premier chef d'Al-Qaida au Yémen, est tué par un drone américain en novembre 2002, et son successeur, Mohammed Hamdi al-Ahdal, est capturé à Sanaa en novembre 2003.

** Le 3 février 2006, ces 23 militants d'Al-Qaida s'échappent de la prison de la sécurité politique de Sanaa, en empruntant un... tunnel de 140 m de long. 11 de ces 23 évadés sont nés en Arabie saoudite et conservent des relations privilégiées dans leur pays natal, ce qui facilite la collaboration, puis l'intégration entre les branches saoudienne et yéménite d'Al-Qaida.

Al-Qaida intensifie ses opérations au Yémen même, avec, pour le seul mois de mars 2008, un tir de mortier contre l'ambassade des États-Unis à Sanaa (qui frappe une école voisine) et deux attaques contre des cibles pétrolières. Les forces yéménites de sécurité, bien moins équipées que leurs homologues saoudiennes, prennent la mesure de la menace et concentrent leurs efforts dans la province du Hadramaout, où se cachent de nombreux membres d'Al-Qaida. Le 10 août 2008, Hamza al-Quyati, un des 23 évadés en 2006, est tué lors de l'assaut de son repaire à Tarim. Les autorités yéménites peuvent alors se vanter d'avoir neutralisé 20 des 23 jihadistes en cavale, mais Al-Qaida se venge en attaquant de nouveau l'ambassade des États-Unis à Sanaa, le 17 septembre 2008 : les assaillants n'arrivent pas plus qu'en mars à atteindre le périmètre diplomatique ; six d'entre eux meurent dans l'opération (la seule victime américaine est une personne qui attendait à l'entrée des services consulaires).

La branche yéménite d'Al-Qaida célèbre ainsi dans le sang le septième anniversaire du 11-Septembre. En dépit de son échec relatif, cette opération témoigne d'une capacité militaire bien supérieure à celle de la filiale saoudienne du jihad global. Même sur le terrain de la propagande, Al-Qaida au Yémen prend de l'ascendant, avec la diffusion régulière sur Internet de son « Écho des batailles » (*Sada al-Malâhim*). Le rapprochement entre les jihadistes saoudiens et yéménites se confirme en janvier 2009, avec la fusion des deux organisations dans une configuration intégrée d'Al-Qaida pour la Péninsule arabique. L'émir en est le Yéménite Wahayshi, avec pour adjoint le Saoudien Said al-Shihri, un ancien détenu de Guantanamo, rapatrié en Arabie en 2007. Les jihadistes saoudiens prêtent formellement allégeance à leur nouvel émir yéménite, et tous accusent le roi d'Arabie et le président yéménite de complicité avec l'offensive israélienne contre la bande de Gaza. La question de la direction d'Al-Qaida pour la Péninsule arabique, restée pendante depuis l'élimination de son quatrième chef en août 2005, est ainsi tranchée en faveur de l'option yéménite. Al-Qaida ne tarde pas à frapper un groupe de touristes sud-coréens dans le Hadramaout, non loin du berceau familial des Ben Laden.

Al-Qaida met volontairement en avant Shihri, ainsi qu'un autre « vétéran » saoudien de Guantanamo, Mohammed al-Aoufi *, afin de battre en brèche le discours saoudien sur la réussite du processus de réhabilitation antiterroriste. L'organisation de Ben Laden, inquiète de l'amélioration de l'image des États-Unis depuis l'élection d'Obama, espère aussi compromettre le processus de fermeture de Guantanamo, dont le symbole négatif a fortement contribué à ses campagnes anti-américaines. Mais cette provocation médiatique suscite une coopération renouvelée entre les services saoudiens et yéménites, qui aboutit à l'arrestation rapide d'Aoufi, remis par le Yémen à l'Arabie. Au repli de la branche saoudienne d'Al-Qaida vers le Yémen répond une collaboration plus étroite entre Riyad et Sanaa, avec transfert d'expertise et de technologie **. L'effondrement d'Al-Qaida en Irak se prolonge donc par la disparition de son ancrage en Arabie et son refoulement aux marges du Yémen. Le grand dessein de Ben Laden pour la « Péninsule arabique » s'est écroulé et le développement de l'aventure maghrébine d'Al-Qaida en est un piètre lot de consolation.

---

* Un cousin de Saleh al-Aoufi, qui a dirigé Al-Qaida pour la Péninsule arabique en 2005.

** Les autorités saoudiennes publient en janvier 2009 une liste de 85 terroristes recherchés, affirmant qu'ils se trouvent tous hors du territoire de l'Arabie (83 sont de nationalité saoudienne et 2 sont Yéménites).

Un Maghreb algéro-mauritanien

La filiale nord-africaine d'Al-Qaida, lancée en janvier 2007 par incorporation du GSPC, amplifie sa rhétorique globale et son émir, Abdelmalek Droukdal, multiplie les algarades à l'encontre des « judéo-croisés », de la France et de l'Espagne. Les expatriés travaillant en Algérie sont traqués avec méthode, même si de longs mois s'écoulent sans qu'aucun ne soit tué dans un traquenard terroriste. L'une des deux cibles des attentats suicides qui secouent Alger le 11 décembre 2007 est le siège local de l'ONU, en écho de l'attaque ordonnée par Zarqaoui, quatre ans plus tôt, contre les bureaux des Nations unies à Bagdad. La chasse jihadiste aux ressortissants occidentaux se poursuit sur le territoire algérien, mais Al-Qaida au Maghreb islamique (AQMI) va mettre ses menaces à exécution dans la Mauritanie voisine, où Abou Yahya al-Libi a mené ses études islamiques et où le GSPC est implanté de longue date *.

Le 24 décembre 2007, quatre touristes français sont assassinés, dans l'est de la Mauritanie, par un commando jihadiste dont les membres sont finalement capturés en Guinée-Bissau. Cet acte jette la lumière sur les réseaux développés par Al-Qaida dans toute l'Afrique occidentale. Mais ce quadruple meurtre est le fruit d'une initiative locale et compromet la planification terroriste à l'encontre d'un objectif d'une tout autre ampleur : le rallye automobile Paris-Dakar. Al-Qaida espère en effet créer l'événement, soit en projetant son ombre sur l'ensemble d'une

---

* Al-Qaida avait félicité publiquement le Groupe salafiste pour la prédication et le combat (GSPC) pour l'attaque menée, en juin 2005, contre un poste militaire mauritanien.

compétition très médiatisée, soit en la perturbant par un attentat à la visibilité maximale. Ce pari d'AQMI sur le Paris-Dakar s'effondre lorsque les organisateurs de la manifestation décident avec sagesse de ne pas prendre le risque du chantage terroriste. Loin d'être un succès pour Al-Qaida, le report du Paris-Dakar ruine une part de la programmation du jihad global.

La branche saharienne d'AQMI, dont les membres nomadisent de la Mauritanie jusqu'au Tchad, détient un sérieux potentiel d'internationalisation de la terreur. Dans la nuit du 1er février 2008, l'ambassade israélienne à Nouakchott, la seule ouverte dans le monde arabe en dehors du Caire et d'Amman*, est la cible de tirs, qui ne font pas de victime dans la représentation diplomatique. Un groupe composé de cinq Mauritaniens et de deux Tunisiens est à l'origine de l'attaque. Le 22 février, AQMI enlève deux touristes autrichiens dans le sud de la Tunisie et les transfère rapidement dans ses caches du désert algérien. Mais le chef local des ravisseurs conserve sa pleine autonomie envers Droukdal et la direction de l'organisation. Les sévices médiatisés sur les personnes d'otages occidentaux, dont Al-Qaida a banalisé la technique depuis 2004, ne sont donc pas à l'ordre du jour. L'heure est aux tractations laborieuses avec les kidnappeurs, sur le modèle des négociations menées dans des conditions similaires avec le GSPC en 2003**. Après une ultime esquive, les

---

* L'Égypte, en 1979, et la Jordanie, en 1994, ont signé des traités de paix avec Israël, qui prescrivent l'établissement des relations diplomatiques. Les autres pays arabes, à l'exception de la Mauritanie, subordonnent l'échange d'ambassadeurs avec Israël à un règlement global du conflit avec les parties palestinienne, syrienne et libanaise.

** 32 touristes européens (16 Allemands, 10 Autrichiens, 4 Suisses, 1 Suédois et 1 Néerlandais) sont détenus, durant plusieurs mois en 2003, sous l'autorité du chef de la branche saharienne du GSPC,

deux otages autrichiens sont libérés par l'armée malienne, le 30 octobre 2008. Cet heureux dénouement souligne que la délinquance jihadiste dans le désert saharien n'a changé ni de nature ni de logique avec le ralliement du GSPC à Al-Qaida. L'essentiel des activités d'AQMI continue de se dérouler dans le nord-est de l'Algérie, et plus précisément dans les trois provinces de Boumerdes, Tizi Ouzou et Bouira, désignées comme le « triangle de la mort » par la presse locale. Droukdal y exerce une autorité sans partage sur son maquis jihadiste, qui rançonne les populations environnantes et harcèle les forces de sécurité. L'attentat-suicide le plus meurtrier de l'année 2008 est perpétré contre l'école de police de Boumerdes, le 19 août (45 morts). Mais plusieurs attaques n'entraînent la mort que du seul kamikaze, ce qui traduit un certain essoufflement de cette technique terroriste, dont la cadence est bien loin d'atteindre en Algérie les niveaux enregistrés en Afghanistan et au Pakistan. De manière générale, Droukdal et son organisation s'efforcent de recentrer leurs attaques sur les cibles militaires du régime « apostat »[27]. Ils s'inscrivent ainsi dans le prolongement du GSPC, fondé en 1998 pour se démarquer des massacres de civils par le GIA.

Le jihad global, frustré par l'annulation du Paris-Dakar, n'abandonne pas pour autant sa traque des ressortissants occidentaux. Le 8 juin 2008, AQMI peut enfin se vanter d'avoir tué un ingénieur français à Lakhdaria, au prix de la mort de 11 civils algériens, fauchés par les explosions successives de deux voitures piégées. Le 20 août,

---

surnommé « Al Para » du fait de sa formation parachutiste. Il apparaît vite qu'« Al Para » négocie la libération des 31 prisonniers sans aucune interférence de la direction du GSPC. Une otage allemande meurt en cours de captivité, sans doute des suites d'une insolation.

l'organisation de Droukdal prétend avoir massacré à Bouira 12 employés canadiens de la société SNC-Lavalin, alors que l'explosion d'un bus de cette société n'a fait que des victimes algériennes. L'écrasante majorité des personnes tuées par AQMI sont algériennes et il est impossible pour Droukdal de justifier un tel bain de sang, sauf à tomber dans la spirale qui fut fatale au GIA. Le rejet de la terreur de masse par la population trouve un relais jusque sur les forums jihadistes, et il s'exprime en contrepoint de la polémique entre Al-Qaida et le « Docteur Fadel ». Face à un tel désaveu, l'émir Droukdal n'a d'autre parade que d'exagérer son bilan anti-occidental et de « globaliser » de manière emphatique son discours [28].

L'ambition d'étendre la sphère d'intervention d'Al-Qaida au « Maghreb islamique » marque pourtant le pas. L'organisation de Droukdal reste construite sur les deux pôles du GSPC, le maquis prédateur en Kabylie, sous le contrôle de l'émir, d'une part, le réseau largement indépendant et itinérant au Sahara, d'autre part. L'adhésion à Al-Qaida a indéniablement accentué la puissance de feu et la visibilité médiatique de l'ex-GSPC, mais Droukdal s'est révélé incapable d'amalgamer les « groupes islamiques combattants » du Maroc ou de la Tunisie, le GICL (libyen) ayant choisi de se fondre directement dans la matrice jihadiste. Certes, des centaines de militants maghrébins ont transité par les camps de l'ex-GSPC depuis 2003, mais leur objectif restait le jihad anti-américain en Irak, et fort peu ont fait souche en Algérie.

L'effondrement d'Al-Qaida en Irak brise ainsi le ressort de la dynamique régionale qui aurait pu porter l'organisation de Droukdal vers une plus grande intégration maghrébine. Même l'enlèvement du représentant de l'ONU au

Niger, de décembre 2008 à avril 2009*, relève plus du brigandage saharien (exigence de rançon et/ou d'échange de prisonniers) que de la dramatisation des prises d'otages par le jihad global. La crise d'Al-Qaida dans tout le Moyen-Orient fragilise ainsi en retour la posture stratégique de l'émir d'AQMI, qui suit l'exemple de Ben Laden et de Zawahiri, en s'efforçant de compenser de tels revers politiques sur le terrain médiatique. Les communications deviennent de plus en plus ardues entre « Al-Qaida central » et sa filiale nord-africaine, abandonnée de fait à son propre sort. Cette indifférence troublante envers un front ressenti comme périphérique est encore plus nette sur d'autres théâtres de guérilla islamiste.

Les terres de mission

Al-Qaida entretient historiquement des rapports complexes et distants avec le jihad tchétchène. Le fiasco de l'équipée de Zawahiri dans le Caucase en 1996-1997 lui laisse des souvenirs cuisants et Ben Laden nourrit une rivalité durable avec un autre jihadiste saoudien, Khattab, devenu le symbole des combattants arabes en Tchétchénie, de 1995 à sa mort en 2002. Cette compétition entre Al-Qaida et les « volontaires » saoudiens du Caucase

---

* Il s'agit du diplomate canadien Robert Fowler, accompagné de son collègue et compatriote Louis Guay. AQMI attend le 18 février 2009 pour revendiquer cette prise d'otages, en même temps que le kidnapping de quatre touristes européens, enlevés le 22 janvier 2009. Fowler, Guay et deux des quatre touristes européens sont libérés au Mali le 22 avril 2009. AQMI exécute, le 31 mai, Edwin Dyer, un ingénieur britannique, mais relâche au Mali, le 12 juillet, son dernier otage, de nationalité suisse.

s'aggrave après l'invasion américaine de l'Irak, lorsque le successeur de Khattab, Abou Omar al-Seyf, recommande de suspendre la campagne terroriste en Arabie pour concentrer toute l'énergie jihadiste en Irak. Ben Laden évite toute confrontation publique avec les « Tchétchènes » saoudiens, car il sait que leur cause reste très populaire en Arabie, où elle a pris le relais naturel du jihad antisoviétique en Afghanistan. À partir de 2004, le Kremlin confie la « normalisation » de la Tchétchénie à Ramzan Kadyrov, fils d'un mufti assassiné par la guérilla islamiste et chef d'une milice particulièrement impitoyable. Ce désengagement de l'Armée rouge au profit de ses collaborateurs locaux est fatal aux moujahidines tchétchènes qui perdent pied dans tout le Caucase. Les jihadistes arabes tombent les uns après les autres, alors que l'Irak et l'Afghanistan accaparent les flux de la nouvelle génération de « volontaires ». Al-Qaida peut donc continuer d'invoquer la cause tchétchène, sans s'impliquer sur ce terrain aux allures de cul-de-sac.

La Somalie pourrait peser plus aux yeux d'Al-Qaida, qui prétend y avoir lancé son jihad anti-américain dès 1993. La coopération avec les insurgés locaux d'Al-Ittihad al-Islamiyya (AIAI) est pourtant frustrante et heurtée, du fait du nationalisme ombrageux de la guérilla somalienne, au point qu'Al-Qaida développe beaucoup mieux ses réseaux dans le Kenya voisin, avec les attentats anti-américains de 1998 et anti-israéliens de 2002. L'AIAI se délite progressivement, la plupart de ses militants rejoignent les « Tribunaux islamiques » menés par Cheikh Charif Ahmed, formé au Soudan, tandis que les éléments les plus radicaux se fondent dans la milice des Chabab (littéralement la « Jeunesse »). La prise de Mogadiscio par les « Tribunaux islamiques » en 2006 provoque l'intervention de 15 000 militaires éthiopiens, afin de rétablir le gouvernement fédéral de transition (TFG), reconnu par la communauté internationale. Les États-Unis soutiennent la démonstration de force d'Addis-Abeba et mettent en avant la nécessité d'éliminer les supposés sanctuaires d'Al-Qaida en Somalie.

L'organisation de Ben Laden jouit de complicités anciennes, et sans doute rétribuées, dans le Sud somalien, mais elle n'y dispose d'aucune implantation fixe. Les ratissages éthiopiens, appuyés par des bombardements américains ponctuels, ne peuvent donc infliger de perte sérieuse à Al-Qaida et cet avatar africain de la « guerre globale contre la terreur » s'enlise face à l'insurrection nationaliste. En revanche, l'organisation de Ben Laden s'engouffre dans la brèche médiatique, elle célèbre sur Internet « l'enfer des apostats en Somalie[29] » et s'efforce de mobiliser contre la « croisade » américano-éthiopienne. En janvier 2009, Addis-Abeba se résout à retirer ses troupes sur un constat d'échec : 2 000 de ses soldats ont été tués (pour 16 000 civils somaliens) et l'ONU parraine un accord de paix entre les factions somaliennes, qui confère la présidence de la République... au chef des « Tribunaux islamiques ». Alors que l'Éthiopie s'incline devant la victoire politique de son ancien adversaire, Ben Laden se déchaîne contre Cheikh Charif Ahmed et appelle les extrémistes somaliens à poursuivre le jihad jusqu'au renversement du nouveau président[30].

L'intervention éthiopienne, censée éradiquer l'influence d'Al-Qaida en Somalie, a en fait ouvert aux partisans de Ben Laden une fenêtre d'opportunité. C'est, sur une séquence plus ramassée, la même dialectique entre jihad global et jihad national que celle déployée contre l'occupation « croisée » de l'Irak. Al-Qaida tente de parasiter une guérilla locale qui se détache d'elle, voire retourne ses forces contre elle afin de couper court aux ingérences extérieures. Désormais en guerre ouverte avec les « Tribunaux islamiques », Al-Qaida mise sans réserve sur les Chabab, puissants dans le sud du pays, qui partent en mai 2009 à l'assaut de la capitale. L'expédition éthiopienne a bel et bien renforcé la menace jihadiste qu'elle était censée neutraliser.

Ben Laden et Zawahiri s'efforcent également de récupérer une autre mobilisation nationaliste, cette fois au Soudan. Ils mettent en garde depuis 2006 contre les visées des « Croisés » dans le Darfour. Un nouveau degré est franchi en mars 2009, lorsque la Cour pénale internationale (CPI) inculpe le président soudanais, Omar al-Bachir, pour crimes de guerre dans le Darfour. Le numéro deux d'Al-Qaida exhorte le peuple soudanais à prendre les armes pour « une longue guerre de guérilla » face à « la croisade des temps modernes [31] ». Cet appel de Zawahiri présente de fortes similitudes avec la harangue proférée par Ben Laden à la veille de l'invasion américaine de l'Irak. Al-Qaida a aussi peu de sympathie pour le régime soudanais que pour le Baas irakien, mais elle bat le rappel des velléités de résistance, en espérant les attirer dans son giron. Cette manœuvre incantatoire fait long feu à Khartoum.

Outre le Caucase et l'Afrique Orientale, l'Asie du Sud-Est représenterait une terre de mission prometteuse pour le jihad global. Avant le 11-Septembre, les camps d'Al-Qaida en Afghanistan accueillaient des dizaines de militants de la zone et des instructeurs arabes étaient alors dépêchés dans le sud des Philippines et dans l'archipel des Célèbes, en vue d'y former des jihadistes locaux. La chute du régime taliban avait permis de déjouer à Singapour la planification terroriste de la Jemaa Islamiyya (JI), partenaire historique d'Al-Qaida [32]. Les attentats de Bali en octobre 2002 sont salués par Ben Laden, mais provoquent des tensions très vives au sein de la JI, aggravées par les arrestations de nombreux cadres jihadistes. La tendance de la JI la plus réceptive à la rhétorique d'Al-Qaida est animée par deux militants malaisiens, Massoud Azahari et Noureddine Top[33]. En août 2003, elle perpètre un attentat contre l'hôtel Marriott de Jakarta, dont 14 des 15 victimes sont musulmanes, ce qui accentue son désaveu par le reste de la JI. Azahari et Top assument leur indépendance opérationnelle, menant des attaques contre l'ambassade d'Australie à Jakarta, en octobre 2004, puis à Bali, en septembre 2005[34]. Azahari est tué peu après dans une fusillade avec la sécurité indonésienne ; Top rompt les dernières amarres avec la JI pour s'identifier pleinement au jihad global : il prend le surnom d'Ayman, en référence à Zawahiri et s'autoproclame en 2006 chef de la branche d'Al-Qaida « pour l'archipel malais[35] ». Ben Laden refuse d'entériner cette nomination, alors que Top, dépité, apparaît de plus en plus isolé.

La JI n'est plus que l'ombre d'elle-même. Al-Qaida ne peut compenser cette défaillance sur d'autres théâtres du jihad en Asie du Sud-Est. Ben Laden a invoqué dès 1996 la lutte des musulmans du sud de la Thaïlande pour restaurer le sultanat de Pattani, annexé en 1902 au royaume de Siam. Mais l'insurrection qui secoue, à partir de 2004, les trois provinces méridionales de la Thaïlande est de nature ethno-nationale[36] et Al-Qaida ne parvient pas à s'infiltrer sur ce terrain très fermé. Aux Philippines, Ben Laden a pu contourner l'obstruction du Front islamique moro de libération (MILF), d'inspiration nationaliste, en coopérant avec le groupe Abou Sayyaf, aux accents résolument jihadistes. Mais la dérive mafieuse du groupe Abou Sayyaf, contre lequel le MILF s'est retourné en 2005, ruine toute perspective de percée d'Al-Qaida dans le Sud, majoritairement musulman, de l'archipel philippin *.

Hormis la Somalie, les différentes terres de mission du jihad global se ferment les unes après les autres. Même l'Asie centrale, prolongement naturel de l'activisme d'Al-Qaida dans l'Afghanistan taliban, est devenue inaccessible. L'organisation de Ben Laden se rabat donc sur sa collaboration ancienne avec le Mouvement islamique d'Ouzbékistan (MIO), replié comme elle dans les zones tribales pakistanaises. Mais c'est la dissidence du MIO la plus internationaliste, l'Union du jihad islamique (UJI), qui offre à Al-Qaida les possibilités de projection les plus sérieuses. L'UJI a beau compter moins d'une centaine de membres, elle a creusé son sillon dans la diaspora turque et, de même que les partenaires pakistanais d'Al-Qaida lui ont permis de prendre pied dans les franges les plus extrémistes de l'Islam britannique, l'UJI ouvre de nouveaux horizons au jihad global.

OBJECTIF EUROPE

Un peu plus d'un an après le démantèlement du « complot transatlantique » à Londres, c'est la police allemande qui neutralise, en septembre 2007, une cellule engagée dans la planification d'attentats contre des cibles majeures : l'aéroport de Francfort, la base militaire américaine de Ramstein ou une discothèque fréquentée par les

---

* Khadaffy Janjalani, le chef du groupe Abou Sayyaf, est tué en septembre 2006 et son successeur l'est six mois plus tard, laissant la formation décapitée.

Américains. Au cœur de la conspiration se trouvent deux Allemands convertis à l'Islam et un immigré turc, qui ont entre 21 et 28 ans. Les trois complices, dont la radicalisation en Allemagne s'est accentuée après l'invasion américaine de l'Irak, ont séjourné en mars 2006 dans un camp de l'Union du jihad islamique (UJI) situé dans les zones tribales pakistanaises [37]. L'identification des objectifs et la fabrication des explosifs en Allemagne se sont effectuées avec le soutien et le financement de l'UJI. Al-Qaida n'est pas directement impliquée, mais elle se serait sans doute attribuée, au moins politiquement, un attentat réussi.

Le jihad global continue de cibler l'Allemagne : l'opposition à la guerre d'Irak ne s'y est jamais démentie, mais le contingent allemand en Afghanistan est, avec 3 500 soldats en 2008, le troisième par importance de la coalition occidentale (pour 42 000 militaires américains * et environ 8 000 britanniques). La police allemande interpelle en février 2008 un activiste allemand d'origine pakistanaise, accusé d'organiser le soutien matériel et financier à « Al-Qaida central ». Les autorités allemandes mettent aussi en garde contre l'utilisation d'Internet par Al-Qaida à des fins de recrutement et de mobilisation. En juin 2008, un réfugié irakien est condamné à trois ans de prison pour avoir diffusé la propagande d'Al-Qaida sur Internet et ce verdict marque la première reconnaissance par une cour européenne du caractère délictueux du cyberjihad. Quelques mois plus tard, le responsable des renseignements allemands qualifie l'Internet de vecteur privilégié de la planification terroriste en Europe [38].

---

* 30 000 militaires américains sont engagés dans le cadre de l'OTAN et 12 000 à titre national (opération « Liberté durable »). Ils reçoivent durant l'année 2009 le renfort de 21 000 soldats supplémentaires.

Quant à l'UJI, elle ne désarme pas, malgré la neutralisation de son complot de 2007, et confère une visibilité maximale à ses nouvelles recrues allemandes. En mars 2008, l'UJI organise l'attaque d'une position américaine par un kamikaze germano-turc, Cueneyt Ciftci. En mai 2008, un réseau de soutien logistique est démantelé en Allemagne, avec ses ramifications en France et aux Pays-Bas. En octobre 2008, l'UJI diffuse les déclarations d'un jeune Allemand converti, Eric Breininger, qui menace son pays de frappes terroristes. La sécurité allemande est placée en état d'alerte, même si Breininger, dont le portrait est affiché à toutes les frontières, prétend demeurer en Afghanistan. Al-Qaida tente de capitaliser elle aussi sur cette agitation et, en janvier 2009, elle accorde une grande publicité à une vidéo intitulée « Paquet de sauvetage pour l'Allemagne ». Bekkay Harrach, un jihadiste germano-marocain, y reprend les menaces de son compatriote Breininger, mais il ajoute que le peuple allemand peut trancher en faveur de sa propre sécurité lors du scrutin législatif de septembre 2009. Al-Qaida s'efforce de greffer son chantage terroriste sur le débat afghan en Allemagne, en écho du pari jihadiste de 2004 sur la polémique irakienne à Madrid.

Le cas de l'Espagne, traumatisée par les attentats du 11 mars 2004, est sensiblement différent. Les services de sécurité, jusqu'alors focalisés sur le terrorisme basque, ont investi le terrain de la menace jihadiste de manière volontariste et méthodique. Pas moins de 28 cellules ont ainsi été démantelées en quatre années et l'écrasante majorité des suspects interpellés sont de nationalité algérienne ou marocaine, voire pakistanaise [39]. Il s'agit donc d'une menace importée, entretenue et activée par l'intégration à des réseaux transnationaux, effective dans 22 cas sur 28.

Cette logique globale est aussi opérationnelle, puisque onze des cellules neutralisées entre 2004 et 2008 se concentraient sur le recrutement et le transfert d'activistes vers l'Irak, soit directement, soit *via* les camps jihadistes en Algérie (c'est dans cette configuration que l'intégration globale atteint son plus haut degré, avec des relations entre les groupes concernés, l'Irak et le Maghreb). En revanche, les cellules d'inspiration locale s'orientent presque toujours vers la planification d'actions sur le territoire espagnol, sans lien avec un donneur d'ordres étranger. Al-Qaida, après une phase « irakienne » de développement de réseaux jihadistes tournés vers l'extérieur, peut miser sur la radicalisation endogène de groupes autonomes. L'organisation de Ben Laden encourage le passage à l'acte terroriste de ces cellules indépendantes en multipliant les discours enflammés : ceux de Zawahiri sur la « reconquête de l'Andalousie[40] » ou de Droukdal sur les « croisés » espagnols.

Cette combinaison terroriste de manipulation globale et d'initiative locale préoccupe également les responsables britanniques. Certes, les facilités de propagande et d'organisation dont jouissaient les figures les plus radicales du « Londonistan » ont pris fin après les attentats du 7 juillet 2005. Mais le conflit irakien a durablement radicalisé une fraction significative de la communauté musulmane, en l'entraînant dans une opposition frontale avec les institutions gouvernementales (le nombre des jihadistes britanniques engagés en Irak a ainsi été estimé à 70 au cours des deux seules premières années de l'intervention occidentale[41]). Le Royaume-Uni a donc été marqué par toute une série de complots d'inspiration locale, heureusement inaboutis : projet d'attaque contre un « vétéran » décoré d'Irak, en décembre 2005, attentat à la voiture piégée contre l'aéroport de Glasgow, en juillet 2007, ou projet d'enlèvement d'un militaire britannique de confession musulmane (qui aurait été supplicié pour sa « traîtrise »), en février 2008. Mais les services britanniques continuent de désigner le sanctuaire d'Al-Qaida dans les zones tribales pakistanaises comme la source persistante de la terreur antibritannique [42]. L'impossibilité de contrôler le flux des centaines de milliers de personnes qui circulent chaque année entre la Grande-Bretagne et le Pakistan alimente les projections les plus alarmistes sur l'ampleur de la pénétration jihadiste [43]. Il reste certain que l'ombre d'Al-Qaida plane sur l'Europe, non plus à partir de l'Irak mais bel et bien du Pakistan.

Le chaudron pakistanais

Le 2 juin 2008, l'ambassade du Danemark à Islamabad est visée par un attentat-suicide d'Al-Qaida, au cours duquel huit personnes trouvent la mort. Quelques semaines plus tôt, Ben Laden a célébré l'anniversaire du prophète Mohammed en menaçant les pays européens de représailles pour la « nouvelle croisade » que représenterait la diffusion de caricatures du Prophète [44]. La publication de ces caricatures dans un journal danois remonte à octobre 2005 et a suscité une émotion indéniable dans le monde musulman, que différents États ou groupes islamistes ont tenté de récupérer. Al-Qaida s'y emploie assez tardivement, sans doute pour redorer son blason jihadiste fort terni en Irak. Deux complots terroristes sont déjoués au Danemark en 2006 et 2007 [45], et c'est à Islamabad que l'organisation de Ben Laden décide finalement de frapper.

Ce choix de la capitale pakistanaise pour y cibler des

ambassades « hostiles » n'est pas une première pour le jihad global. Déjà, en novembre 1995, les partisans de Zawahiri avaient visé l'ambassade d'Égypte à Islamabad et c'est d'ailleurs un jihadiste égyptien aguerri, Mustapha Abou al-Yazid, surnommé Cheikh Saïd, qui assume désormais la coordination des opérations d'Al-Qaida au Pakistan et en Afghanistan. Cheikh Saïd, auparavant chargé des flux logistiques et financiers au profit d'« Al-Qaida central », connaît une promotion à la fois médiatique et militaire, afin d'épauler Ben Laden et Zawahiri sur le terrain de la propagande. Le fait que Cheikh Saïd échappe à un raid pakistanais en août 2008 contribue à son nouveau prestige combattant*. Il affirme que le kamikaze tombé devant l'ambassade danoise est un Mecquois déterminé à mener le jihad en Afghanistan ou au Cachemire, mais finalement résolu à punir le Danemark de son sacrilège [46]. Ces assertions ont beau être invérifiables, elles révèlent l'inépuisable dialectique du jihad global, qui détourne les causes militantes au profit de son propre agenda terroriste.

La nouvelle donne jihadiste amène Ben Laden à un double recentrage de ses priorités : une partie des cadres et des ressources, qui aurait précédemment été assignée au front irakien, est affectée à l'environnement immédiat d'« Al-Qaida central »** ; l'insurrection militaire en Afghanistan, où le poids d'Al-Qaida est négligeable face à la montée en puissance des talibans, conserve toute son

---

* La mort de Cheikh Saïd a été annoncée après des bombardements pakistanais dans la zone tribale de Bajaur, au début du mois d'août 2008.

** Al-Qaida annonce ainsi, le 11 mai 2008, la mort au combat d'Abou Sulayman al-Utaybi, jusqu'alors chargé des tribunaux de l'« État islamique d'Irak ». Il tombe en Afghanistan, non loin de la frontière pakistanaise.

importance politique, mais l'organisation mise beaucoup plus sur le terrain pakistanais. Ce basculement d'Al-Qaida vers l'est s'accentue avec la concentration de ses implantations dans les zones tribales pakistanaises et son intervention en Afghanistan sert surtout à conforter la protection des seigneurs de la guerre pachtounes, implantés des deux côtés de la frontière : c'est le cas dans la vallée de la Kunar, adossée à la zone tribale de Bajaur*, c'est surtout la configuration stratégique de la zone d'influence de Jalaluddine Haqqani** et de son fils Sirajuddine, à cheval sur la province afghane de Khost et sur le Waziristan pakistanais. Ben Laden n'a qu'une confiance très limitée dans les autres chefs de la guérilla afghane, trop absorbés par leur bras de fer avec Kaboul et par des considérations nationales. Al-Qaida renforce en revanche sa collaboration avec les talibans pakistanais de Beitullah Mahsoud, mis en cause dans l'assassinat de Benazir Bhutto en décembre 2007, car leur rhétorique de plus en plus globale s'accommode de la consolidation des glacis jihadistes à la frontière afghane. Ben Laden retrouve ainsi l'environnement favorable à l'émergence de son organisation deux décennies plus tôt. L'objectif reste global, mais la cible prioritaire est Islamabad, et non plus Kaboul.

Le 10 août 2008, Zawahiri accuse le président Musharraf d'avoir livré le Pakistan aux diktats « de l'Ambassade américaine » et appelle les militaires pakistanais à s'insurger contre leurs supérieurs[47]. L'alternance politique, qui voit Asif Ali Zardari, le veuf de Benazir Bhutto, succéder

---

* Abou Ikhlas al-Masri, commandant égyptien d'Al-Qaida dans la Kunar, met ainsi ses forces au service de Qari Ziaur Rahman, le responsable des talibans afghans pour la Kunar comme pour Bajaur.

** Discret, voire secret depuis septembre 2001, Jalaluddine Haqqani réapparaît dans une vidéo de propagande en avril 2008.

à Musharraf à la tête de l'État pakistanais, ne change rien à la posture offensive du jihad global. Le 20 septembre, un attentat-suicide dévaste l'hôtel Marriott d'Islamabad et y tue 53 personnes, dont l'ambassadeur de la République tchèque et deux cadres du Pentagone. L'armée pakistanaise riposte en reprenant l'offensive dans les zones tribales. Mais, du 26 au 29 novembre, c'est la ville de Bombay qui est livrée à la terreur des extrémistes pakistanais du Lashkar e-Tayyiba (LET)*, un partenaire historique d'Al-Qaida. La manœuvre terroriste n'est pas sans rappeler l'attaque en décembre 2001 du Parlement indien, sans doute perpétrée par le LET, destinée alors à dégager Ben Laden assiégé à Tora Bora. La provocation jihadiste tourne de nouveau à plein régime, avec menaces de New Delhi à l'encontre d'Islamabad, mobilisation militaire sur la frontière indo-pakistanaise, et allègement de la pression gouvernementale sur les zones tribales.

Al-Qaida mise sur les coups de force de ses alliés pakistanais, talibans des zones tribales et groupes historiquement engagés au Cachemire, dont la terreur associe désormais l'armée pakistanaise et les civils indiens. L'organisation de Ben Laden ne répugne pas plus qu'en Irak à jouer sur le registre antichiite, afin de conforter cet ancrage pakistanais : le président Zardari est présenté comme un

---

* Le massacre de Bombay a suscité d'innombrables articles, études et reportages à propos du LET. Or le chef militaire du LET, Zakiur Rehman Lakhvi, a pris pour nom de guerre « Abdallah Azzam, », en hommage posthume à l'« imam du jihad ». Cela a amené de nombreux journaux et *think tanks* à affirmer que le LET avait été fondé en 1990 par Abdallah Azzam... pourtant décédé en 1989. Cette erreur particulièrement grossière est loin d'être unique et elle en dit long sur le degré de confusion qui continue de régner, même dans les aspects les plus médiatisés du jihad global.

chiite, exécrable puisque « hérétique », les militaires chiites capturés dans les zones tribales sont soumis aux pires supplices et Al-Qaida soutient l'expulsion des montagnards chiites hors des confins afghans, notamment dans le secteur de Kurram. L'organisation de Ben Laden tire le plus grand profit des bouleversements qui agitent les zones tribales du fait des déplacements de populations, de l'effondrement de la présence gouvernementale, et surtout de l'élimination de la hiérarchie traditionnelle par une nouvelle génération militante. Les liens tissés avec Mahsoud et la « jeune garde » des talibans pakistanais deviennent cruciaux pour Al-Qaida.

Les États-Unis ripostent par des raids meurtriers dans les zones tribales pakistanaises, où trouvent la mort des cadres de haut rang d'Al-Qaida : Abou Leith al-Libi en janvier 2008, puis Abou Khabab al-Masri en juillet. Ces bombardements, menés par des drones sans pilote, deviennent de plus en plus fréquents à partir de l'été 2008. Les frappes sont particulièrement intenses sur le Waziristan et à l'encontre des partisans de Jalaluddine Haqqani, dont un lieutenant, Hajji Omar Khan, est tué le 25 octobre 2008. Les raids sont aussi sanglants tout le long de la frontière afghane et notamment dans la zone tribale de Bajaur (le mariage de Zawahiri avec une Pakistanaise originaire de ce secteur a en effet alimenté les spéculations sur la présence sur place de la direction d'Al-Qaida). Le Pentagone abandonne vite l'option des commandos héliportés, trop agressive à l'égard de la souveraineté pakistanaise, au profit d'un arrangement tacite avec Islamabad sur des bombardements relativement ciblés[48]. La nomination par le président Zardari d'un nouveau chef des renseignements pakistanais[49] favorise cette collaboration contre la menace jihadiste.

L'administration Obama entérine en janvier 2009 cette posture offensive et les raids sur les zones tribales pakistanaises se poursuivent au rythme d'un bombardement environ tous les six jours. Il apparaît bientôt que des instructeurs américains conseillent les militaires pakistanais dans les zones tribales[50], puis que les drones de la CIA réduisent leur délai d'intervention en décollant du territoire pakistanais. Selon Washington, près de la moitié de la direction d'Al-Qaida a été éliminée en quelques mois, les responsables des attentats de Nairobi en 1998 ou de Londres en 2005 figurant parmi les victimes des drones américains. Cette pression meurtrière vise aussi à briser les réseaux de soutien talibans à Al-Qaida, ou au moins à convaincre des combattants tribaux de se désolidariser de leurs alliés arabes. Quelle que soit la sophistication du dispositif technologique déployé, le renseignement humain demeure la clef de la neutralisation de la direction d'Al-Qaida : ce sont des trahisons qui ont permis la capture d'Abou Faraj al-Libi au Pakistan, en mai 2005, ou le bombardement du repaire de Zarqaoui en Irak, en juin 2006[51]. Dans les zones tribales pakistanaises, l'étau autour de Ben Laden et de Zawahiri se resserre.

*
* *

Il est pourtant une menace autrement plus angoissante pour Al-Qaida que la traque militaire : il s'agit du rejet massif du jihad global par la population musulmane. Une étude d'opinion menée durant l'été 2008 en Égypte, au

Pakistan et en Indonésie révèle un fort soutien à la résistance contre l'occupation américaine ou israélienne, mais le désaveu du terrorisme aveugle et des massacres de civils[52]. Vingt ans après sa naissance, Al-Qaida n'a pas réussi à populariser son programme révolutionnaire et transfrontalier, elle ne se développe qu'en parasitant le jihad national mené ici ou là par des forces locales, ancrées dans un peuple et un territoire. En tournant la page de la « guerre globale contre la terreur », l'administration Obama retire à Ben Laden et à son organisation leur espace privilégié de projection et de dramatisation.

Al-Qaida a échoué à s'implanter au cœur du Moyen-Orient et est renvoyée aux marges du monde islamique. Certes, les zones tribales du Pakistan lui sont bien plus familières que les provinces sunnites de l'Irak. Ben Laden y a noué tout au long de vingt années des complicités solides avec les chefs de guerre locaux et il a eu l'intelligence de cultiver l'amitié de la nouvelle génération militante, celle de Mahsoud et des talibans pakistanais. Surtout, Al-Qaida n'a pas commis au Waziristan l'erreur, qui lui fut fatale en Irak, de prétendre s'imposer aux tribus dissidentes. Tant que cet environnement privilégié perdurera, il semble prématuré d'affirmer que cette neuvième vie d'Al-Qaida sera la dernière.

Car le moment est venu d'interroger l'avenir, d'analyser les faiblesses et les handicaps du jihad global, de mesurer leur point d'équilibre ou de basculement. L'ombre d'Al-Qaida continue de peser sur notre actualité et la menace terroriste peut aussi bien décliner que se transformer. Encore faut-il prendre la juste mesure des enjeux de sécurité et des faisceaux d'alliance, des rapports de force et des réseaux de repli.

FORCES ET FAIBLESSES
DU JIHAD GLOBAL

Les aubaines de la mondialisation

Al-Qaida comptait moins d'un millier de membres lorsqu'elle a fait trembler la planète, le 11 septembre 2001. Les rangs du jihad global ne sont pas beaucoup plus étoffés aujourd'hui * et l'écho d'Al-Qaida retentit pourtant chaque jour dans l'actualité internationale. Cette capacité de nuisance d'un groupuscule cosmopolite est sans précédent et n'a pas fini d'alimenter les polémiques comme les interrogations. Al-Qaida a tiré le plus grand profit de la mondialisation des échanges humains, afin d'amalgamer dans sa matrice des militants d'horizons très divers [1]. Elle est aussi à la pointe des techniques les plus modernes de communication et de propagande. Si le medium est le message, alors le message d'Al-Qaida réside dans l'Internet, sa troublante immédiateté et son

---

* Les estimations, qui sont à prendre avec les plus grandes précautions, évaluent les effectifs d'« Al-Qaida central » à quelques centaines de membres. La branche irakienne d'Al-Qaida tout comme AQMI ne comptent pas plus d'un demi-millier de militants chacune, tandis que les militants saoudo-yéménites sont moins d'une centaine. En incluant les cellules dispersées, l'effectif total d'Al-Qaida ne dépasse pas les 2 000 membres. Soit, à titre de comparaison, à peine plus d'un musulman sur un million.

ubiquité trompeuse. Ces performances virtuelles reposent sur une organisation solide et éprouvée, apte à renouveler ses cadres ou à explorer des « marchés » émergents.

Un message simple et percutant

Ben Laden pose dès 1996 les thèmes fondateurs de sa propagande, qui ne cessent depuis d'être martelés par Al-Qaida : l'Islam est partout assiégé, agressé et spolié, l'offensive « judéo-croisée » est planétaire et appelle une mobilisation de l'ensemble des musulmans. Ben Laden prétend ainsi dès l'origine que son combat est défensif, que le jihad global n'est qu'une réaction légitime à une campagne impitoyable et généralisée des ennemis de l'Islam. Il laisse Zawahiri vitupérer contre les sournois « apostats », les régimes corrompus et « l'Islam américain ». L'émir d'Al-Qaida concentre sa charge sur les ennemis « infidèles », dans un langage clair et tranché, qui frappe les imaginations. Il agite sans relâche l'étendard de la cause palestinienne, même s'il sait que son organisation n'y a aucune place, car il mesure l'écho de cette tragédie sans fin dans l'opinion musulmane. Tous les moyens sont justifiés pour mettre un terme à ce scandale, chaque croyant peut et doit contribuer à sauver l'honneur de l'Islam, Ben Laden n'incite pas à rejoindre son organisation, mais à passer à l'action. Ce jeu sur l'humiliation et sur l'urgence ancre le message d'Al-Qaida dans les esprits.

Les pères fondateurs du jihadisme révolutionnaire, au premier rang desquels le « martyr » égyptien Sayyid Qotb, ont rédigé de volumineuses exégèses et élaboré des concepts sophistiqués pour rallier à leur vision masses et militants. Ben Laden ne s'embarrasse pas de telles élaborations[2], ses citations du Coran ou de la tradition prophétique sont limitées et répétitives, sa légitimation du jihad global est sommaire et brutale, car l'essentiel pour lui est dans l'inlassable dénonciation des crimes perpétrés par les « infidèles ». En outre, cette invocation par Al-Qaida de la menace extérieure retentit alors que les guérillas jihadistes livrées depuis des années en Algérie ou en Égypte ont échoué à renverser les régimes en place. C'est là que la dialectique de Zawahiri sur l'« ennemi proche » et l'« ennemi lointain » complète le discours de Ben Laden en sublimant la subversion intérieure dans le terrorisme globalisé.

L'émir d'Al-Qaida s'adresse indifféremment aux musulmans anonymes, tandis que son adjoint égyptien vise plutôt les militants déçus ou déroutés. Mais les retombées très faibles de la déclaration de jihad de 1996 convainquent Ben Laden d'investir sensiblement dans l'agitation médiatique, afin que la presse occidentale et arabe relaie elle-même les slogans d'Al-Qaida. Fasciné par ce jeu de miroirs, Ben Laden construit assez vite une stratégie de communication d'une redoutable efficacité : simplicité du message, mondialisation de sa diffusion et personnalisation de son émetteur. La griffe d'Al-Qaida apparaît peu et tardivement, c'est « cheikh Oussama » qui incarne le jihad global, il enjoint chaque individu musulman de secouer la peur et la honte, pour se lever enfin contre les ennemis de sa foi. Le flou qui règne sur les objectifs politiques de l'organisation, loin de décrédibiliser son discours, œuvre à en élargir l'impact affectif et immédiat.

L'irruption d'Al-Qaida sur la scène internationale remonte véritablement à 1998, avec la déclaration de jihad global contre « les Juifs et les Croisés », puis les attentats contre les ambassades des États-Unis au Kenya et en

Tanzanie. Sorti indemne des représailles américaines, Ben Laden acquiert de ce fait une stature extraordinaire. Le 11-Septembre amplifie sa notoriété à des niveaux sans précédent et le lancement, par l'administration Bush, de la « guerre globale contre la terreur » place son organisation au centre de l'actualité mondiale. La dramatisation de la confrontation entre la superpuissance américaine et un homme, traqué dans l'un des pays les plus pauvres du monde, soulève des vagues d'émotion et d'attente. Al-Qaida martèle que l'Occident ne comprend que la force, que les négociations sont vaines et que seule la violence peut restaurer les droits spoliés. Cet acte de foi d'une brutale simplicité se fraie un chemin dans les opinions les moins bien disposées envers l'arbitraire terroriste.

Le suspense qui entoure chacune des interventions de Ben Laden sur Al-Jazira, en 2001-2002, lui confère une aura exceptionnelle, ses formules, ses attitudes et ses mises en scène sont interprétées avec passion. Régimes, partis, autorités politiques ou religieuses sont conduits sur les cinq continents à se prononcer sur Al-Qaida, qui inspire un volume colossal de production médiatique, commentaires, reportages, enquêtes, débats, dossiers spéciaux ou éditoriaux. Bien au-delà du monde musulman, le nom et la figure d'Oussama Ben Laden sont popularisés jusqu'au fin fond de l'Afrique ou de l'Amérique latine, et son effigie essaime sur des millions de T-shirts, posters ou colifichets [3]. Le fait d'arborer ces emblèmes n'implique pas forcément le soutien à Al-Qaida, mais illustre le prestige d'icône planétaire atteint par l'émir de cette organisation.

Cette fétichisation de Ben Laden engendre un effet de mode, qui a sans doute acclimaté les thèmes du jihad global dans des milieux jusqu'alors peu réceptifs. Al-Qaida profite surtout de l'escalade militaire de la « guerre globale contre la terreur » et de l'invasion américaine de l'Irak, sur fond de soutien inconditionnel des États-Unis à la répression israélienne du nationalisme palestinien. Tout le discours victimaire et vindicatif de Ben Laden paraît conforté par la politique de force de l'administration Bush, qui agite de surcroît l'épouvantail d'Al-Qaida à tort et à travers. Le message binaire du jihad global y gagne en retentissement et en éclat.

UNE ORGANISATION FLUIDE

Observateurs, chercheurs et analystes sont régulièrement troublés par le caractère insaisissable du jihad global, par l'apparition tardive d'Al-Qaida et par la large dissémination de ses thèses. Les spécialistes ont même pu diverger dans leur vision fondamentale de l'organisation, depuis le tableau d'un appareil centralisé et étanche jusqu'à l'affirmation provocatrice : « Al-Qaida n'existe pas[4] ». Le paradoxe est que ces deux visions extrêmes comportent toutes deux une part de vérité, car elles correspondent aux deux interprétations du terme « Al-Qaida », qui signifie en arabe « la base » : la « base solide » et territoriale, où une hiérarchie à l'étonnante longévité, menée par l'émir fondateur du groupe, édicte les orientations valables pour l'ensemble des membres ; et la « base de données », le réseau transfrontalier des partisans et des sympathisants du jihad global, à vocation planétaire. Du point de vue opérationnel, le principe de la centralisation de la décision et de la décentralisation de l'exécution est validé dès l'« âge d'or » du Jihadistan afghan et il a prouvé depuis sa redoutable efficacité.

L'extraordinaire force de cette organisation repose sur son caractère secret et élitiste. Durant quatre de ses neuf vies, la dénomination « Al-Qaida » n'a été employée qu'à usage interne et il a fallu le choc du 11-Septembre pour mondialiser ce label, dont la puissance d'attraction et de fascination a dès lors été multipliée de manière phénoménale. Al-Qaida continue d'être extrêmement exigeante dans ses procédures de sélection individuelle ou d'adoubement collectif, ce qui préserve la cohérence du groupe et de son action. Ces procédures tatillonnes de filtrage des vocations et de discipline militante rendent le jihad global très difficilement pénétrable par les infiltrations diverses. Au moindre doute, l'élément suspect est discrètement éliminé, au sens propre comme au figuré. Les vulnérabilités d'Al-Qaida se situent dans son environnement tribal et local, elles n'émergent pas de la « base » elle-même, quels que soient les vifs débats sur telle ou telle orientation. Tant que la direction charismatique de Ben Laden et de Zawahiri est en place, le pari sur des défections au sommet d'Al-Qaida est une impasse.

Le rigoureux élitisme du jihad global ne lui interdit pas de pratiquer le recrutement ciblé en phase de subversion clandestine[5]. Les camps d'entraînement dans l'Afghanistan taliban représentaient un vivier exceptionnel, où Al-Qaida pouvait repérer et enrôler des militants triés sur le volet, sans avoir à prospecter dans leurs sociétés d'origine. En revanche, les partisans de Ben Laden ont mené en Arabie saoudite une campagne active de recrutement, en vue de soutenir leur offensive contre le régime saoudien[6]. Les groupes d'affinité ou de proximité encouragent le déracinement militant vers les terres de jihad, ou favorisent la radicalisation sur place. L'expérience partagée, aussi bien dans les camps jihadistes que dans les réseaux clandestins, permet d'approfondir les compagnonnages idéologiques, dans la perspective d'un passage à l'action. La structure d'Al-Qaida, quoique d'inspiration centralisée, est capable d'amalgamer ces impulsions locales ou périphériques pour mieux les récupérer, surtout dans les pays occidentaux. Le recrutement pour le jihad global peut alors se réaliser par le truchement de réseaux partenaires, qui manipulent une cause emblématique, à forte dimension ethno-linguistique : l'Irak pour les activistes nord-africains du GICM ou du GSPC, le Cachemire pour la mouvance jihadiste de la diaspora pakistanaise, voire l'Afghanistan pour l'UJI dans les franges extrémistes de l'émigration turque.

Les services britanniques ont élaboré en 2005 une analyse en trois niveaux de la menace d'Al-Qaida : le premier niveau comporte les individus ou les réseaux en relation directe avec le « noyau dur » d'Al-Qaida, le deuxième niveau concerne les individus ou les réseaux à l'affiliation moins rigide, tandis que le troisième niveau représente les individus ou les groupes inspirés par l'idéologie d'Al-Qaida[7]. À titre d'exemple, les kamikazes du 11-Septembre relèvent du premier niveau, ceux de juillet 2005 à Londres participent du deuxième niveau, alors que les terroristes de Bali en octobre 2002 ressortissent du troisième. Même si la propagande d'Al-Qaida s'est efforcée de tirer parti de tous ces attentats de natures diverses, la production et la diffusion posthume des testaments filmés des kamikazes ont révélé le degré d'intégration des différents terroristes dans l'organisation. La capacité du jihad global de jouer sur ces cercles concentriques contribue à son aura militante comme à sa capacité de projection. La terreur directement infligée par Al-Qaida est ainsi amplifiée par la violence perpétrée par ses émules. La hiérarchie de l'organisation se réserve le privilège de célébrer tel ou tel attentat spectaculaire, laissant planer le doute sur sa responsabilité réelle. Dans cet inlassable travail de sape, l'inspiration politique vaut bien l'exécution matérielle.

Ce n'est pourtant pas dans la logorrhée terroriste que s'épanouit le jihad global, mais dans le registre militaire. Ben Laden n'aime rien tant que de déclarer des guerres ou de proposer des trêves, jouant à l'émir incontesté d'une armée virtuelle. Les kamikazes ne commettent pas des attentats-suicides, mais des « opérations sacrificielles ». Ils sont entraînés dans des camps où l'apprentissage des explosifs ne constitue qu'une fraction de leur formation militaire. Al-Qaida se vit et se vend comme une avant-garde combattante, qui s'infiltrerait derrière les lignes ennemies d'un champ de bataille planétaire. Elle a sévi comme guérilla urbaine, en Arabie de mai 2003 à décembre 2004, en Irak du printemps 2004 à l'automne 2007, avant de se rabattre sur les réduits montagneux qui sont aujourd'hui ses repaires, dans le nord-ouest du Pakistan et de l'Irak, voire en Kabylie ou dans les provinces orientales du Yémen. Ces maquis jihadistes servent de bases arrière pour les raids terroristes contre Mossoul ou Islamabad, comme autrefois contre New York ou Washington. Peu importe dès lors qu'Al-Qaida ait déserté les villes, car elle conforte par ce repli le prestige d'une irréductible insurrection. Le jihad global ne fait pas que parasiter la cause et le territoire des guérillas nationalistes, il en détourne l'imagerie révolutionnaire au profit de ses militants transfigurés.

L'UBIQUITÉ DU « CYBERJIHAD »

« Al-Qaida » signifie en arabe « la base », et cette dénomination, prise d'abord dans un sens militaire et physique, renvoie aussi à « la base de données » destinée à maintenir le contact avec les « volontaires » engagés dans le jihad antisoviétique en Afghanistan. L'idée de réseau transnational et virtuel est ainsi au cœur de l'émergence d'Al-Qaida, qui va trouver dans la toile le vecteur idéal de son jihad global. Même durant les années fastes de l'émirat taliban, Ben Laden prend soin d'épauler son Jihadistan afghan d'un site Internet, Maalem al-Jihad (« Repères du jihad »). Ce site pionnier est enregistré en février 2000 en Chine par un émissaire égyptien, qui profite de l'ignorance de la graphie arabe par les fournisseurs d'accès chinois. Al-Qaida prend la précaution d'établir peu après au Pakistan un site-miroir, destiné à être activé en cas de perturbation du site originel [8].

C'est à travers l'Internet qu'Al-Qaida parvient à surmonter l'effondrement du sanctuaire taliban en Afghanistan et la disparition d'une partie de ses cadres au cours de l'hiver 2001-2002. Youssef al-Ayyiri, à qui Ben Laden a confié la planification d'Al-Qaida en Arabie, prend en main le site Al-Nida (« L'appel »), enregistré à Singapour, mais hébergé par des serveurs en Malaisie ou au Texas [9]. Outre les activités de propagande proprement dite, Ayyiri assure sur Al-Nida la diffusion des textes d'orientation du jihad global, sous couvert d'un « centre d'études et de recherches islamiques ». La perte du nom de domaine www.alneda.com au profit d'un pornographe américain, en juillet 2002, ne handicape pas longtemps Ayyiri, qui relance le jihad virtuel sur www.drasat.com. Al-Qaida se réfugie dans le cyberespace et elle y fourbit les armes idéologiques et logistiques de son retour en force.

Le Coran et la tradition prophétique sont réduits à quelques dizaines de citations tronquées, qui sont assenées hors de leur contexte historique. Ces citations sont martelées sur un mode incantatoire et elles nourrissent des exhortations à un passage à l'acte individuel et immédiat. La communauté virtuelle et illusoire qu'engendre Internet correspond parfaitement aux techniques de mobilisation d'Al-Qaida, qui visent les personnes, souvent en rupture de ban, en feignant de s'adresser au groupe. La diffusion en ligne permet de contourner l'obstacle de la validation religieuse, des dirigeants sans aucun bagage théologique se parent du titre de « cheikh » et émettent sur Internet des « fatwas » incitant à la violence la plus extrême. Des manuels techniques, concernant la manipulation d'explosifs ou des expériences chimiques, sont aussi popularisés sur la toile et intégrés à l'arsenal de la cause. Face à l'agressivité croissante des services occidentaux, Ayyiri et ses internautes raffinent les contre-mesures et les manœuvres de neutralisation. Ils restent depuis le territoire saoudien en contact avec le Pakistan, où la direction d'Al-Qaida se dote dès 2002 d'une société de production, Al-Sahab (« Les Nuages »). Lorsque l'armée américaine envahit l'Irak en mars 2003, le cyberjihad est en ordre de bataille.

Al-Qaida, totalement absente d'Irak à cette époque, trouve un formidable relais dans la propagande de l'administration Bush qui la désigne à la vindicte internationale. L'Internet amplifie ce phénomène d'écho et ouvre à l'organisation de Ben Laden des espaces inespérés de recrutement et de mobilisation. Un « Front islamique global et médiatique » voit ainsi le jour, conférant un retentissement démesuré aux proclamations d'Al-Qaida. Six ans après le lancement du Front islamique mondial pour le jihad contre les Juifs et les Croisés, il en est le pendant en termes de propagande virtuelle : le « Front » de 1998 visait à entretenir l'illusion d'une mobilisation jihadiste planétaire autour d'Al-Qaida, le « Front » de 2004 cultive cette aura immanente dans le cyberespace. Les deux « Fronts » sont des trompe-l'œil, mais l'Internet accrédite le mythe de la puissance démesurée du jihad global. En Arabie saoudite, les coups portés aux partisans de Ben Laden dès l'été 2003 sont en partie compensés par le développement d'une campagne d'un grand professionnalisme sur Internet qui permet à Al-Qaida pour la Péninsule arabique de différer l'heure de vérité.

Zawahiri considère que le « jihad médiatique » représente la moitié du jihad proprement dit [10] et une fraction importante des ressources forcément limitées d'Al-Qaida est affectée à sa propagande. Un nouveau cap est franchi à l'automne 2004, lorsque Ben Laden désigne Zarqaoui comme chef d'Al-Qaida en Irak. Il valide ainsi la diffusion sur Internet de toute une terreur emblématique, depuis les supplices d'otages occidentaux jusqu'aux attentats-suicides, méthodiquement filmés. Les commandos de Zarqaoui ont beau n'assurer qu'un dixième des activités anti-américaines en Irak, ils relèguent les jihadistes irakiens dans l'ombre et l'Internet conforte le prestige combattant d'Al-Qaida, notamment en Afrique du Nord. La tendance se confirme après la mort de Zarqaoui puisque l'« État islamique d'Irak » a son propre « ministère de l'Information », sa télévision en ligne et sa branche multimédia, Al-Furqan (« La Preuve »).

Dans le même esprit, la production de documents audiovisuels par Al-Qaida, en vue de leur diffusion sous le logo d'Al-Sahab, connaît une progression impressionnante : en moyenne, 11 documents sont mis en ligne chaque année entre 2002 et 2005 [11], mais 58 le sont en 2006 et 97 en 2007. Les entretiens réalisés avec les dirigeants d'Al-Qaida alternent avec les retransmissions d'attentats et les confessions posthumes de kamikazes. La qualité de ces enregistrements est indéniable et révélatrice des moyens qu'y affecte l'organisation. Al-Qaida dispose d'un éventail de sites-relais, au premier rang desquels Al-Fajr (« L'Aube ») et Al-Hesba (« L'Évaluation ») [12], qui lui permet de neutraliser les contre-mesures électroniques, mais aussi d'annoncer la diffusion imminente de tel ou tel document, afin de préparer le terrain médiatique à sa réception. Le document circule sur Internet dans sa version intégrale, avant même d'être partiellement repris par les chaînes de télévision. Pour les groupes jihadistes locaux, l'intégration à Al-Qaida permet d'accéder à cette extraordinaire caisse de résonance sur Internet, c'est ainsi que le Groupe salafiste pour la prédication et le combat (GSPC), peu connu hors des frontières de l'Algérie avant 2007, accède à la notoriété internationale.

L'Internet représente aussi un formidable vecteur de popularisation des techniques terroristes. *L'Encyclopédie du jihad*, bréviaire des recrues dans les camps d'Al-Qaida en Afghanistan, est mise en ligne après la chute du régime taliban. Ce traité volumineux de 1 500 pages est ensuite inclus dans une collection encore plus ambitieuse, *L'Encyclopédie de la préparation*, forte de quelque dix mille pages, dont le contenu arabe est complété par l'accès à une cinquantaine de documents en anglais. Près de quatre cent mille internautes ont consulté *L'Encyclopédie de la préparation* entre 2002 et 2007 [13]. Tout en accordant une attention prioritaire aux controverses idéologiques, les forums jihadistes nourrissent des échanges plus opérationnels, avec mise à disposition des manuels des armées égyptienne ou irakienne, voire adaptation des vidéos d'entraînement nord-américaines. La confection et la manipulation des explosifs demeure le sujet le plus débattu dans ce cadre [14]. Les kamikazes londoniens de 2005, de même que les cellules démantelées en 2007 en Allemagne et au Danemark, ont téléchargé sur Internet les instructions de production de leurs bombes artisanales *.

---

* Un cas encore plus troublant est celui de Nick Reilly, Britannique converti à l'Islam, emprisonné pour avoir envisagé, le 22 mai 2008, une attaque-suicide contre un restaurant populaire de Devon. Il

Al-Qaida dissémine aujourd'hui sur Internet un document original tous les deux ou trois jours. Elle entretient ainsi en permanence l'illusion de sa capacité de projection et d'innovation, dans une logique post-moderne qui n'est pas sans rappeler celle du clip : le matraquage du message conforte la perception de sa continuité et la mise en abyme de l'Internet encourage tous les phénomènes d'écho. Le jihad global accentue l'éventail de ses relais pour magnifier sa propre puissance. L'arabe demeure l'idiome privilégié, mais toutes les langues de l'Islam sont mises à contribution. Le sous-titrage des documents arabes, généralement en anglais, témoigne de la prise en compte d'un public occidental, en direction de qui sont aussi mobilisés des convertis jihadistes de nationalité américaine ou allemande. Ce cyberjihad en version originale ne connaît ni trêve ni répit. Il confère à Al-Qaida une aura d'inépuisable endurance et de combativité exceptionnelle. Le jihad global est partout, puisque chacun peut le retrouver sur son écran.

*
* *

Simplicité du message, plasticité de l'organisation et virtualité du support, tel est le triptyque d'atouts maîtres d'Al-Qaida. Il est tentant de lui accoler la frugalité du mode de vie de ses dirigeants. De nombreuses anecdotes circulent sur la sobriété de Ben Laden, voire sur les priva-

---

apparaît que Reilly a recueilli sur Internet, non seulement les éléments de confection de son explosif artisanal, mais aussi les incitations au passage à l'acte terroriste.

tions qu'il a endurées avec sérénité, surtout en Afghanistan de 1996 à 1998. Cette absence d'avidité s'accompagne d'une indéniable générosité de l'émir d'Al-Qaida, qui n'a pas hésité à dilapider ses biens pour entretenir ses fidèles. Cette noblesse de comportement a contribué à l'aura de « Cheikh Oussama », qui aurait pu mener l'existence luxueuse de ses frères, entre Los Angeles et Djedda, et qui lui a préféré l'âpre quotidien des montagnes du Khorassan.

Cette frugalité ostentatoire ne fait pas qu'entretenir l'esprit de sacrifice par l'invocation de l'exemple. Elle participe de cette imitation prophétique qui anime la geste de Ben Laden, que l'on retrouve dans son choix de noms, de vêtements et de postures, et qui résonne formidablement dans l'opinion musulmane. Elle s'inscrit surtout en contraste cruel avec le faste notoire des dirigeants du Golfe, dont la détestation active cimente les rangs du jihad global. Elle imprègne les harangues révolutionnaires et permet d'égrener le chapelet des malheurs arabes, comme si tous étaient le fruit d'autant de trahisons. Mais même cette humilité combative ne suffit plus à Al-Qaida lorsque se renverse le courant et que tombent les masques.

La guerre contre l'Islam

Simplicité, plasticité et virtualité constituent les trois valeurs sûres du jihad global, qui garantissent la popularité de ses slogans et amplifient leur diffusion militante. Mais les deux dernières vies d'Al-Qaida voient ces caractéristiques majeures se retourner contre l'organisation, en nourrissant des processus contraires : la dimension sommaire d'un message de moins en moins religieux masque mal une déviance dogmatique aux effets délétères ; la fluidité d'Al-Qaida ne parvient plus à compenser son incapacité à s'implanter durablement dans un espace donné ; le surinvestissement dans Internet déséquilibre tout le processus politique d'une organisation déracinée, voire ostracisée. Al-Qaida, dont l'ambition fondatrice était de réparer les torts faits à l'Islam, en arrive à légitimer une hostilité de plus en plus débridée contre ses coreligionnaires et leur foi. Tout comme les forces initiales du jihad global, la mécanique de cette spirale destructrice se décline en trois volets.

Le bricolage idéologique

Les dirigeants d'Al-Qaida n'ont suivi aucune formation théologique et leur connaissance de l'Islam se limite à un corpus d'une grande pauvreté, mais d'un accès relativement aisé. Leur production idéologique présente dès lors les caractéristiques et les travers des constructions autodidactes, où l'accumulation des citations masque très souvent le contenu répétitif. Durant l'émirat taliban, Al-Qaida a caressé le projet d'établir à Kandahar une institution de formation religieuse[1], mais la planification terroriste a accaparé l'essentiel de l'énergie de l'organisation. Le seul cadre d'Al-Qaida à avoir un bagage théologique, d'ailleurs modeste, est Mohammed Hassan, dit Abou Yahya al-Libi (« le Libyen »), qui a consacré quelques années à faire des études islamiques en Mauritanie. Tous les chefs d'Al-Qaida, qu'il s'agisse de Ben Laden, de Zawahiri ou même du défunt Zarqaoui, se sont attribués le respectable titre de « cheikh » afin de s'imposer dans le champ religieux, où leur absence de crédit est pourtant incontestable.

L'incroyable détournement des valeurs de l'Islam par Al-Qaida est perpétré avec un zèle néophyte et une intolérance sectaire. L'immense richesse du Coran est réduite, par les dirigeants du jihad global, à un nombre limité de versets, révélés entre 624 et 630, lors des batailles menées par le prophète Mohammed contre les polythéistes de La Mecque. Dans leurs déclarations, ces citations sont sorties de leur contexte et, souvent tronquées, elles sont assenées en boucle sur un mode catégorique. Le même processus de sélection péremptoire est opéré avec la Sunna, ce considérable patrimoine de dizaines de milliers de hadiths, ces traditions rapportées par les compagnons du Prophète et compilées durant les deux premiers siècles de l'Islam. Là encore, seule une centaine de hadiths, toujours les mêmes, échappent à l'exclusive d'Al-Qaida, qui ne craint pas de s'appuyer sur des hadiths dits « faibles » dans la scolastique islamique, car leur chaîne de transmission (*isnâd*) est particulièrement discutable.

Ben Laden et ses partisans invoquent fréquemment le hadith suivant : « Si la base de l'Islam est la prière, son sommet est le jihad. » De cette phrase attribuée au Prophète, Al-Qaida déduit toute une construction normative qui aboutit à renverser les cinq piliers de l'Islam : la profession de foi, la prière, le jeûne du Ramadan, le pèlerinage à La Mecque (ou hajj) et l'aumône de la zakat constituent en effet les cinq obligations canoniques de tout musulman depuis la révélation coranique ; mais Al-Qaida prétend que le jihad s'impose individuellement à chaque musulman comme le « sommet » d'une pratique, dont la prière serait la « base ». Il est frappant de constater que les tenants du jihad global, drapés dans leur orthodoxie supposée, rejoignent là le premier des schismes de l'Islam, celui des kharijites, ces « sortants » qui ont refusé en 657 la conciliation entre sunnites et chiites. Le dogme kharijite a en effet érigé le jihad en sixième pilier de l'Islam, à côté des cinq obligations communes aux sunnites et aux chiites. Le sunnisme exacerbé et intolérant d'Al-Qaida retrouve ainsi par-delà les siècles l'hérésie de l'aube de l'Islam, marquée, déjà, par un terrorisme sanglant : le calife Ali, cousin et gendre du Prophète, fut assassiné par un militant kharijite en 661.

La propagande d'Al-Qaida oppose de longue date les « oulémas de cour », serviteurs zélés de régimes faussement musulmans, aux « oulémas du jihad », références obligées pour leur intransigeance normative. Mais les plus éminents des « oulémas du jihad », tout en continuant de défier la répression gouvernementale, se retournent progressivement contre Al-Qaida : les figures de la contestation saoudienne condamnent les attentats du 11-Septembre, le cheikh Auda va plus loin en 2004 en ne légitimant le jihad en Irak que pour les seuls Irakiens, le cheikh Maqdissi désavoue en 2005 son ancien disciple Zarqaoui et le « Docteur Fadel » invalide en 2007 les orientations fondamentales d'Al-Qaida. L'organisation a beau dénoncer les compromissions des religieux saoudiens avec le régime wahhabite, ou ironiser sur les conditions de production carcérale des pamphlets de Maqdissi et de Fadel, ces défections successives la perturbent profondément et l'obligent à rétrécir encore le cercle de ses références. À l'automne 2007, Ben Laden met en garde ses partisans contre les « oulémas du mal », tout en se gardant de préciser qui sont désormais les « oulémas du bien ».

Al-Qaida est tentée de mettre en doute la légitimité cléricale, soumise à trop de pressions inavouables, et de valoriser la seule légitimité militante. Aux yeux de Ben Laden, « les religieux sont les prisonniers des tyrans », « le jihad est le moyen d'atteindre la vérité et d'abolir le mensonge, et la jeunesse, attachée à sa religion et prête à se sacrifier, ne doit rien écouter de ces fonctionnaires[2] ». Zarqaoui va encore plus loin dans ses accusations : « Des centaines de milliers de musulmans ont été massacrés par les infidèles, du fait du silence des oulémas[3]. » Là encore, la jeunesse militante est appelée à se soulever contre un clergé aussi corrompu et à ne plus écouter que l'appel au jihad : « Voici l'orientation et la voie juste, voici la sagesse et la vertu, voici le bonheur suprême du sacrifice et du jihad[4]. »

C'est la thèse tout à fait inédite de l'« infaillibilité jihadiste » : l'expérience combattante et la disposition au sacrifice suprême conféreraient au responsable jihadiste une supériorité non seulement morale, mais aussi dogmatique, qu'aucune critique religieuse ne pourrait affecter. La seule légitimité jihadiste fonderait ainsi un droit imprescriptible à édicter des fatwas, ainsi que la faculté de prononcer les redoutables accusations d'apostasie. Ce takfir permet à Al-Qaida d'exclure formellement ses ennemis musulmans de la communauté des « fidèles », afin de mieux justifier leur élimination. Au fil de ses neuf vies, Al-Qaida a étendu le champ de son apostasie collective à l'Islam officiel, puis aux Frères musulmans, enfin aux autres groupes islamistes, même les plus radicaux.

La fétichisation du jihad et l'universalisation du takfir représentent les deux piliers de la construction dogmatique d'Al-Qaida. La dynamique sectaire conduit à exacerber l'arbitraire d'une avant-garde autoproclamée et à rejeter l'ensemble des autres musulmans dans les ténèbres de l'infamie[5]. Le jihad global se transforme ainsi en machine de guerre contre l'Islam existant, que rien ne peut racheter aux yeux d'une élite infaillible. La rupture entre Al-Qaida et les derniers « oulémas du jihad » qui lui étaient encore proches ouvre un processus de schisme, revendiqué par une direction sans bagage religieux. Il s'agit là de l'émergence moderne d'une dissidence de type kharijite, cultivant le jihad pour le jihad, et semant la violence contre l'Islam sunnite comme chiite. En ce sens, Al-Qaida peut être qualifiée précisément d'organisation néo-kharijite, à distinguer de toutes les autres formes d'islamisme contemporain.

JIHAD NATIONAL CONTRE JIHAD GLOBAL

Al-Qaida est fondée sur la conception inédite d'un jihad global. Lorsque Ben Laden déclare la guerre à l'Amérique en août 1996, il transforme l'ensemble de la planète en champ de bataille potentiel. Et le lancement, en février 1998, du Front islamique mondial pour le jihad contre les Juifs et les Croisés rompt le lien multiséculaire entre jihad et territoire. Le jihad global devient une obligation individuelle s'imposant à tout musulman en tout lieu, alors que le jihad national est livré au nom d'une population musulmane donnée, dans un espace à défendre ou à libérer. La contradiction entre ces deux formes de jihad, quels que soient les rapprochements tactiques opérés de manière transitoire, débouche fatalement sur une confrontation ouverte. C'est le cas en Afghanistan, lors de la lutte d'Al-Qaida contre les héritiers du jihad de libération antisoviétique, qui culmine en septembre 2001 avec l'assassinat de Massoud sur ordre de Ben Laden. Le même conflit finit par éclater en Irak entre l'insurrection nationaliste et Al-Qaida, tournant à la déroute de celle-ci aux mains de celle-là. Partout, les formes nationalistes du jihad, ancrées dans un territoire et une tradition, rejettent la version globale du jihad d'Al-Qaida, perçue comme étrangère, inassimilable et menaçante.

Un rapide retour en arrière s'impose pour comprendre l'échec de la greffe d'Al-Qaida dans le cadre d'un jihad de plus en plus national. L'abolition du califat ottoman par la Turquie moderne, en 1924, a privé l'oumma, la communauté des croyants musulmans, d'une direction symbolique qui, à défaut d'être incontestée, représentait une référence généralement admise. Toutes les tentatives de restaurer le califat durant les années suivantes ont été vaines et le fondateur de l'Arabie saoudite a renversé, en 1925 à Djedda, l'éphémère califat arabe de son rival hachémite. Les États arabes, qui s'affirment lors de la décomposition des empires coloniaux britannique et français, ne se disputent plus la direction de la nation islamique, mais celle de la nation arabe, en lutte contre Israël. L'Égypte de Gamal Abdel Nasser absorbe la Syrie dans une République arabe unie, de 1958 à 1961.

Pour neutraliser l'impact de ce panarabisme militant, l'Arabie saoudite alimente un panislamisme défensif et la dimension prosélyte de la Ligue islamique mondiale, fondée en 1962, s'accommode fort bien de l'alliance stratégique entre Riyad et Washington. Le royaume wahhabite parraine en 1969 la création de l'Organisation de la Conférence islamique (OCI), dont la structure interétatique est calquée sur celle de la Ligue arabe, et destinée à la contrecarrer. Les Frères musulmans égyptiens et syriens, qui ont fui en Arabie la répression de leur régime, fournissent l'encadrement de la politique saoudienne de rayonnement islamique. Le jihad afghan offre le terrain idéal de fusion de ces panislamismes étatique et militant.

Al-Qaida croit pouvoir transformer en option stratégique ce panislamisme qui n'est pourtant que de circonstance : l'Arabie cherche à fédérer autour d'elle, notamment par le truchement de l'OCI, une coalition d'États et elle ne s'engage jamais dans les expériences frustrantes de fusion ou d'union d'États indépendants, chères au panarabisme flamboyant du défunt Nasser ou de son émule Kadhafi ; quant aux Frères musulmans, même si une direction panislamique coiffe la confrérie, les organisations nationales agissent de manière de plus en plus autonome et ce processus centrifuge est accentué en 1987 par la scission, sous le nom de Hamas, de la branche palestinienne des Frères musulmans jordaniens. Durant l'exil soudanais du jihad global, Al-Qaida fourbit ses armes contre la « trahison » du régime saoudien et des Frères musulmans. Mais elle se révèle incapable de s'implanter sur des théâtres de jihad qui, même dans la forme extrême de la guerre civile algérienne, demeurent définis par un cadre national.

L'alchimie d'Al-Qaida ne peut dès lors s'opérer qu'hors du monde arabe et à la faveur de deux héritages du colonialisme britannique : le tracé, en 1895, de la frontière entre l'Afghanistan et l'Empire des Indes, qui divise les tribus pachtounes, institue les zones tribales et nourrit un irrédentisme virulent ; la partition en 1947 de l'Inde et du Pakistan, explicitement constitué sur une base confessionnelle pour accueillir la population musulmane du sous-continent. Ce projet national de séparatisme islamique est un échec tragique, au-delà même des millions de morts causés par la partition. Non seulement une importante proportion des musulmans demeure par défaut sur le territoire indien, mais le Pakistan oriental fait sécession en 1971 en tant que Bangladesh.

Al-Qaida s'engouffre dans la brèche ouverte par la vulnérabilité pakistanaise et par l'irrédentisme pachtoune, qui se conjuguent dans l'émergence du mouvement taliban et dans la sanctuarisation des zones tribales. Alors que les frontières postcoloniales se consolident au Moyen-Orient et que la guerre internationale de libération du Koweït, en 1991, sanctionne toute velléité de les contester, les confins afghano-pakistanais restent frappés d'instabilité structurelle.

Le jihad n'est certes pas global dans les zones tribales, mais il est transfrontalier, avec la crise du Cachemire en toile de fond. Al-Qaida se ressource dans cette région avec bonheur d'une vie à l'autre. Même sur ce terreau privilégié, l'organisation de Ben Laden demeure pourtant à la merci de la logique nationaliste. Si elle vient à trouver les chemins de l'insertion dans le système afghan, l'insurrection pachtoune verra en Al-Qaida un prix bien faible à payer pour un arrangement satisfaisant avec Kaboul. Quant au régime pakistanais, désormais en lutte ouverte contre la subversion jihadiste, il se concentre sur Al-Qaida pour susciter de nouvelles alliances extérieures et intérieures. Al-Qaida mise en retour sur la permanence d'une crise régionale et sur le contentieux du Cachemire pour préserver ses marges de manœuvre au Pakistan. Si cette hypothèque était levée, l'organisation de Ben Laden deviendrait un fardeau pénible ou une cible facile pour les différents acteurs pakistanais.

La prétention globale d'Al-Qaida alimente une permanente remise en cause des frontières existantes. Ben Laden et son organisation cultivent une toponymie alternative, qui se veut l'écho de la tradition islamique, mais qui n'est souvent que désuète et décalée. L'Afghanistan est ainsi désigné comme « Khorassan » et le Pakistan est volontiers amalgamé à cet ensemble, alors même que le Khorassan médiéval se situait plutôt entre Meched et Hérat. L'Arabie n'est naturellement plus « saoudite », elle est la « Péninsule arabique » de la geste prophétique et le Yémen est parfois réduit au terme de « Sud » de cette péninsule. L'Afrique du Nord devient le « Maghreb islamique », mais l'ajout du qualificatif vise à distinguer ce Maghreb fantasmé du Maroc bien réel (Maroc se dit « Maghreb » en arabe). Le Proche-Orient est le « pays de Cham », terme très daté pour désigner le Levant ou la « Grande Syrie » (« Cham » est l'appellation médiévale de Damas). La branche irakienne d'Al-Qaida est associée au « pays des deux fleuves », la Mésopotamie, mais l'« État islamique » qu'elle enfante se situe explicitement en Irak, ce qui en dit long sur l'inanité de ces esquives géographiques.

Le jihad global tourne à vide, parce qu'il s'inscrit à contre-courant de l'évolution des sociétés musulmanes contemporaines. L'Islam ne s'est jamais aussi bien porté en termes démographiques, le nombre de ses adeptes progresse chaque jour. À rebours du discours misérabiliste et victimaire, les populations musulmanes sortent plutôt gagnantes de la mondialisation et une bourgeoisie épanouie succombe sans état d'âme aux charmes du consumérisme pieux. Cet Islam de marché prospère sous tous les cieux et les gigantesques souks de La Mecque, où les pèlerins affluent à l'issue du hajj, en sont une des illustrations. Les États modernes, bien calés dans les frontières postcoloniales, demeurent l'instance majeure d'organisation sociale et de redistribution rentière, pratiquant la fonctionnarisation systématique d'une bureaucratie religieuse. Islam de marché et Islam d'État vont souvent de pair. Et les affinités nationales continuent d'être prégnantes jusque dans les diasporas.

Ben Laden s'est d'ailleurs révélé incapable d'éradiquer les préférences nationales au sein de sa propre organisation. Après vingt ans de brassages et d'exils, Al-Qaida reste structurée autour d'un noyau dur égypto-saoudien, étoffé sur le tard par la promotion de cadres libyens. La plupart des militants de l'organisation sont d'origine arabe, avec de fortes spécificités nationales, alors que les non Arabes sont des individus cooptés, dépourvus de réseau personnel. Le jihad global trahit ainsi son ethnocentrisme qui lui interdit de dépasser le stade de la coopération tactique avec le Mouvement islamique d'Ouzbékistan ou, en Asie du Sud-Est, la Jemaa Islamiyya. Mais cette vulnérabilité fondamentale est moins préoccupante pour Al-Qaida que la perte de sa « base » éponyme.

L'ABSENCE DE BASE

Les périodes fastes d'Al-Qaida correspondent au développement mutuellement profitable de sa « base » physique et de sa « base » virtuelle. L'âge d'or de l'organisation est ainsi celui du Jihadistan afghan, en 1998-2001, où tout un réseau planétaire en expansion est animé et irrigué à partir du sanctuaire taliban. Al-Qaida prospère alors à l'ombre de l'« émirat islamique », dont il épouse l'obscurantisme religieux et la répression sociale. Ben Laden peut encourager le mollah Omar à accentuer son agressivité intolérante, par exemple lors de la destruction des Bouddhas de Bamyan, mais il se range sous l'autorité du « commandeur des croyants », tout en conservant droit de vie et de mort sur les recrues des camps d'Al-Qaida. L'organisation n'a donc pas à imposer ses propres normes aux populations dont elle parasite le territoire, car il lui suffit d'endosser l'ordre taliban.

Tout autre est la situation dans le Jihadistan irakien qu'Al-Qaida établit, en 2006-2007, dans la province d'Anbar sous le nom d'« État islamique ». Les diktats tatillons proclamés par l'organisation structurent un régime littéralement totalitaire de contrôle des populations. Les interdits multiples dépassent de loin les normes islamiques les plus rigides et visent à creuser le fossé avec les espaces voisins. La « purification » du Jihadistan s'accompagne de la lutte impitoyable contre les « apostats » qui l'entourent. Les individus et les groupes qui le peuvent fuient le territoire de l'« État islamique », son corset arbitraire, son racket milicien et ses constantes humiliations. Dirigée par un Égyptien, Al-Qaida en Irak s'appuie non seulement sur des jihadistes arabes, mais aussi sur des éléments marginaux ou délinquants du système local. Le rejet par les tribus d'Anbar de cet ordre importé ouvre la voie au démantèlement du Jihadistan irakien.

Al-Qaida, même à l'apogée de sa puissance, préfère sélectionner une élite endurcie parmi des sympathisants déjà motivés. L'organisation ne cherche pas à s'attirer l'adhésion des populations, qui sont traitées avec mépris et brutalité. Les pratiques locales de l'Islam sont balayées, déclarées hétérodoxes, et Al-Qaida ne connaît que la force pour imposer son nouvel ordre, à tous égards révolutionnaire. Les représentants civils ou militaires de l'autorité gouvernementale ne sont pas les seules cibles de sa terreur qui s'étend vite aux responsables traditionnels de la hiérarchie tribale et religieuse. « Barbes grises » et imams sont les cibles de véritables campagnes de liquidation dans la province d'Anbar ou dans le Waziristan. Les communautés qui soutiennent malgré tout ces cheikhs ou ces oulémas sont frappées par des attentats aveugles, dans les mosquées ou sur les marchés. Al-Qaida ne restreint sa terreur qu'en Arabie, afin d'entretenir la fiction d'un jihad de libération contre les infidèles.

L'idéologie close d'Al-Qaida lui interdit d'entrer dans un quelconque processus d'alliance ou de négociation avec une autre force politique ou sociale. Les coalitions qu'elle promeut ne sont que des trompe-l'œil, destinés à masquer son hégémonie, à l'image de l'éphémère « Conseil consultatif des moujahidines », institué par Zarqaoui peu avant sa disparition. L'organisation de Ben Laden ne connaît que trois modes assez sommaires de positionnement politique : le contrôle absolu à vocation totalitaire (l'« État islamique d'Irak »), le parasitage opportuniste d'une structure dominante (l'Afghanistan taliban) ou la dépendance subie envers un potentat local (le Waziristan des Haqqani depuis 2002). Ces rigidités structurelles d'Al-Qaida expliquent son incapacité à s'implanter au Proche-Orient ou à élargir les bastions du GSPC en Algérie.

La « base » territoriale, choisie par défaut, apparaît, dans la littérature d'Al-Qaida, peuplée de musulmans abstraits, à enrégimenter ou à réhabiliter. L'organisation de Ben Laden n'est donc pas plus efficace dans la constitution d'une « base » sociale et ses membres proviennent de milieux aussi divers qu'hétérogènes. Les règles sévères de la clandestinité permettent mal d'agglomérer durablement une population intermédiaire de « compagnons de route ». Le caractère cloisonné des cellules dormantes d'Al-Qaida, fondées sur une complicité ancienne et éprouvée, explique à la fois leur résilience face aux campagnes d'éradication et leur impossibilité à étendre leur mobilisation. Le recrutement d'Al-Qaida en Arabie révèle ainsi une grande dispersion géographique et tribale, tandis que, au Yémen, l'organisation peine à attirer d'autres membres que ses propres « vétérans ». La posture antichiite en Irak et l'enkystement en milieu pachtoune dans les zones tribales ne sauraient en eux-mêmes fournir une « base » communautaire à Al-Qaida.

Le jihad global souffre ainsi cruellement de l'absence d'une « base » physique, qu'elle soit géographique, sociale, ethnique, tribale ou confessionnelle. Il se rabat dès lors sur la « base » virtuelle de l'Internet, qui a tant porté la diffusion de ses thèses. Mais, même dans le cyberespace, Al-Qaida est soumise depuis quelques années à un triple défi. Il y a d'abord la contestation de son monopole jihadiste par d'autres groupes, notamment ceux issus de l'insurrection irakienne, qui se sont dotés de sites de facture moderne, au contenu percutant et à la forte visibilité. Il y a ensuite la dénonciation sur Internet des déviances ou des crimes d'Al-Qaida, menée par des références islamistes ou par des initiatives paragouvernementales, surtout en Arabie saoudite. Et il y a enfin le harcèlement et le piratage des relais d'Al-Qaida, opérés de manière toujours officieuse par différents services spécialisés, qui ont réussi à neutraliser à l'automne 2008 quatre des cinq forums privilégiés d'Al-Qaida. L'organisation de Ben Laden, sevrée d'une « base » physique, voit ainsi sa « base » virtuelle se dérober peu à peu.

*
* *

Cette présentation des forces et des faiblesses du jihad global doit toujours être replacée dans la perspective dynamique des neuf vies d'Al-Qaida. Il faut attendre l'effondrement parallèle d'Al-Qaida en Arabie et en Irak pour que les profondes vulnérabilités du jihad global semblent l'emporter sur ses atouts maîtres. La campagne internationale contre la terreur globalisée n'a que partiellement contribué à ce récent retournement, au cœur duquel se niche l'équation du rapport d'Al-Qaida à l'Islam. Le jihad global progresse lorsqu'il est associé aux causes musulmanes du moment, il perd pied lorsque sa guérilla menée contre les fondamentaux de l'Islam apparaît trop crûment. De cette dialectique conflictuelle entre Al-Qaida et la religion dont elle se réclame dépend en fait le sort de l'organisation. La palette des évolutions possibles est ample et il convient de les décliner avec méthode et prudence.

Les trois avenirs possibles

Al-Qaida a déjà surmonté deux traumatisantes dispersions, en 1990-1992 et en 2001-2002, et sa direction a échappé à une campagne planétaire menée par la superpuissance américaine. Le récit des neuf vies successives de l'organisation met en lumière ses capacités de récupération et son exceptionnelle résilience. L'analyse dynamique des flux structurants d'Al-Qaida souligne comment les attentats d'août 1998 en Afrique orientale, malgré les coups alors portés à l'organisation, lui ont largement été profitables à court terme, de même que l'invasion américaine de l'Irak en 2003 lui a permis de développer de nouveaux réseaux, notamment en Europe et en Afrique du Nord. L'organisation de Ben Laden a pu, par le passé, conserver durablement un profil bas avant de revenir en force sur la scène terroriste. C'est en gardant à l'esprit le formidable potentiel d'adaptation d'Al-Qaida qu'il convient de tracer les perspectives raisonnables de devenir de l'organisation.

Les spécialistes occidentaux du contre-terrorisme débattent légitimement du risque de voir Al-Qaida, qui a déjà franchi le seuil symbolique et opérationnel du 11-Septembre, opérer une nouvelle escalade dans la terreur de masse, cette fois avec des armements non conventionnels. Ben Laden a dès 1999 justifié l'acquisition d'armes nucléaires ou chimiques pour « empêcher les infidèles de nuire aux musulmans [1] ». L'effondrement de l'émirat taliban a suscité une radicalisation de la propagande jihadiste et le porte-parole d'Al-Qaida a pu menacer en 2002 d'éliminer « quatre millions d'Américains, dont deux millions d'enfants [2] ». Mais il y a heureusement loin de ces effroyables menaces à leur traduction en actes.

Al-Qaida avait lancé durant son « âge d'or » afghan un programme d'expérimentation chimique, sous l'autorité d'Abou Khabab al-Masri, dans le camp de Darounta, mais ce programme n'était abondé que de quelque milliers de dollars *. Al-Qaida n'a jamais disposé des moyens financiers ou techniques nécessaires pour envisager sérieusement le terrorisme nucléaire [3]. Le recours au chlore dans des attentats d'Al-Qaida en Irak, en 2006-2007, visait à maximiser les destructions, surtout en milieu sunnite, et cette technique n'a pas été exportée hors de ce théâtre. La conspiration la plus sérieuse en matière non conventionnelle a été démantelée en 2004 en Grande-Bretagne et semblait relever plus de l'initiative locale que des instructions d'« Al-Qaida central » **. Même si la vigilance reste d'extrême rigueur, rien ne permet d'indiquer qu'Al-Qaida ait opté pour une nouvelle forme de terreur de masse depuis le 11-Septembre [4] : le « complot transatlantique »

---

* À titre de comparaison, la secte Aum, responsable de l'attaque au gaz sarin dans le métro de Tokyo en 1995, avait affecté quelque 30 millions de dollars à son programme chimique.

** Il s'agit du complot de confection d'une « bombe sale » à partir d'americium-241, pour lequel Dhiren Barot, jihadiste converti, d'origine hindoue, a été condamné à perpétuité en novembre 2006 par la justice britannique.

de l'été 2006 aurait représenté un changement d'échelle, et non de nature, dans les attentats de l'organisation.

Au-delà de ces perspectives apocalyptiques, le sort d'Oussama Ben Laden et d'Ayman Zawahiri demeure déterminant dans l'évolution du jihad global. Autant Al-Qaida a pu connaître une rotation soutenue des responsables de sa branche militaire, désignés commodément par l'expression « numéro trois »*, autant son couple dirigeant paraît difficilement remplaçable. Al-Qaida a été fondée en 1988 par allégeance personnelle de ses membres à Oussama Ben Laden, et la transformation d'Al-Tawhid wal-Jihad en Al-Qaida en Irak, en 2004, puis celle du GSPC en Al-Qaida au Maghreb islamique, en 2006, ont été consacrées par l'allégeance publique des chefs de ces groupes à Ben Laden (l'émir d'Al-Qaida a adoubé en retour les émirs de ces nouvelles branches régionales).

La fidélité à Ben Laden et l'engagement dans Al-Qaida sont indissociables, d'où la vulnérabilité de l'organisation à la disparition de son créateur. Zawahiri bénéficie du même soutien inconditionnel de la part des vétérans égyptiens du JIE, qui ont longtemps occupé des positions dominantes dans Al-Qaida, mais qui ont été décimés par les convulsions successives de l'organisation. La montée en puissance médiatique de Zawahiri depuis 2005, son rôle majeur dans la définition des orientations tactiques et stratégiques d'Al-Qaida feraient de sa mort (ou de sa capture) un coup terrible pour l'organisation. La neutralisation conjointe ou rapprochée de Ben Laden et de Zawahiri serait peut-être fatale à l'organisation.

---

* Voir l'annexe consacrée à ce sujet, « Les chefs militaires d'Al-Qaida », p. 329.

L'émir d'Al-Qaida vient d'entrer dans la cinquantaine, son adjoint égyptien est son aîné de plus de six ans, et les deux hommes ne semblent pas près de décéder de mort naturelle, malgré toutes les rumeurs qui ont couru, faisant état de maladies graves ou d'incurables blessures. Ils mènent une vie plutôt saine et assurément frugale, où la routine quotidienne permet d'étouffer l'angoisse de toute existence traquée. Ils ont prouvé depuis 2001 qu'ils pouvaient se dispenser de soins médicaux sophistiqués et se contenter des services éventuels d'une clinique de campagne. Leur disparition dans un futur proche n'adviendrait donc vraisemblablement que de manière brutale et violente. Ben Laden n'a plus sérieusement été menacé depuis le siège de Tora Bora en décembre 2001 et Zawahiri a échappé à un raid américain en janvier 2006. Leur liquidation ne pourra résulter que d'une combinaison de renseignement humain et de technologie militaire, du type de celle qui a entraîné la mort de Zarqaoui en juin 2006. La concentration de la pression des États-Unis sur les protecteurs afghans de Ben Laden, les Haqqani père et fils, semble déjà porter ses fruits depuis l'automne 2008, mais rien n'est par définition acquis.

Le prince Turki, ancien chef des services saoudiens, a longtemps assisté Ben Laden lors du jihad antisoviétique, avant d'exiger en vain des talibans la fin de sa protection. Il insiste aujourd'hui sur la nécessité impérative d'éliminer Ben Laden, non seulement pour obscurcir l'aura d'invulnérabilité d'Al-Qaida, mais surtout pour briser une figure mythique qui emprunte à « Robin des Bois et Che Guevara [5] ». Un Ben Laden réduit à l'impuissance restera toujours plus dangereux qu'un Ben Laden mort, quel que soit le prestige discutable de son « martyre », et le précédent de Zarqaoui, dont l'étoile a vite terni après son élimination, est assez probant à cet égard. Cet élément d'extraordinaire aggravation de la crise actuelle d'Al-Qaida doit être pris en compte dans l'appréhension des trois grandes familles de devenir possible pour l'organisation de Ben Laden : la dissolution, l'éclatement et l'agression. Ces trois familles de scénarios sont déjà classées de la plus à la moins probable, la disparition de Ben Laden ou de Zawahiri ne pouvant qu'accentuer très sensiblement le différentiel de classement.

La dissolution

Le risque majeur pour Al-Qaida est aujourd'hui d'être refoulée dans les limbes terroristes d'où elle a pu surgir malgré l'échec de sa campagne d'Arabie et à la faveur de l'occupation américaine de l'Irak. Le sort de l'organisation en Irak est crucial pour le destin de l'ensemble du réseau, car les défaites infligées par des rivaux arabes et sunnites affectent la légitimité même d'Al-Qaida et tarissent ses possibilités de recrutement, et donc son potentiel dynamique. Le jihad global n'espère plus reconquérir le terrain perdu en Irak, mais il s'emploie à limiter ses pertes face à la Sahwa, tout en maintenant un rythme régulier d'attentats spectaculaires. De nouveaux revers pour Al-Qaida, par exemple dans ses repaires actuels du nord de l'Irak, peuvent accélérer son rejet déjà violent par le milieu local et la rendre plus vulnérable aux coups des milices sunnites. Certes, l'éradication d'Al-Qaida en Irak n'est concevable que s'il y a intégration de la guérilla sunnite au jeu politique, or celle-ci ne semble plus exclue après le succès de différentes composantes de la Sahwa aux élections régionales de janvier 2009. La perspective du retrait américain en 2010 précipitera un tel processus et tout arrangement inter-irakien approfondira le rejet d'Al-Qaida. L'organisation de Ben Laden apparaîtra comme le bouc émissaire commode de ces retrouvailles nationales et les violences les plus abjectes des années écoulées lui seront systématiquement attribuées.

La propagande d'Al-Qaida s'efforcera d'accuser ses adversaires irakiens de collaboration avec les États-Unis, mais sa position deviendra intenable au fur et à mesure de la restauration progressive de la pleine souveraineté du pays. La déroute militaire s'accompagnera dès lors d'un désastre politique pour l'organisation, dont les répercussions seront considérables dans toutes ses branches. En Arabie, la fermeture de l'horizon irakien, venant après le départ effectif des forces américaines, contraindra Al-Qaida à se concentrer sur des cibles strictement saoudiennes, ce qui ne fera qu'accentuer son discrédit et son isolement. Cette spirale régressive ne peut que très difficilement être enrayée, même en cas d'attentat majeur que l'organisation a de toute façon été incapable de perpétrer depuis 2005. Al-Qaida pour la Péninsule arabique, privée de perspective irakienne et acculée en Arabie, ne pourra guère espérer se relancer au Yémen, où l'organisation paraît incapable de mobiliser au-delà de ses propres vétérans. Les revers d'Al-Qaida en Irak entraîneront ainsi un véritable effondrement de l'axe moyen-oriental de l'organisation. Al-Qaida cherchera en vain des théâtres de substitution au Levant et se heurtera partout à l'obstruction des forces locales, Hamas à Gaza et Hezbollah au Liban.

Virtuellement éliminée du Proche-Orient, l'organisation de Ben Laden aura le plus grand mal à conserver le contrôle de sa branche nord-africaine. Al-Qaida au Maghreb islamique, qui n'a jamais vraiment abandonné la logique du GSPC algérien, reviendra à ses activités traditionnelles de maquis jihadiste en Kabylie et de nomadisme prédateur au Sahara, le tout teinté de rhétorique « globale ». De manière générale, la crise interne d'Al-Qaida peut s'accommoder de la permanence de groupes marginalisés et coupés de l'organisation transnationale. Ben Laden et Zawahiri s'efforceront de compenser cette série de cuisants échecs en intensifiant leurs escalades verbales, dans l'espoir qu'une action terroriste d'ampleur, dont ils seraient prompts à s'attribuer la responsabilité, permettrait enfin de renverser une tendance aussi lourdement négative pour le jihad global. Même la frange extrémiste de la mouvance islamiste, déjà perturbée par les massacres de civils musulmans, sera de moins en moins sensible à ces discours, dont l'outrance masquera mal le caractère décalé. Quant aux médias, ils finiront par se détourner des harangues d'Al-Qaida, de plus en plus coupées de la réalité. Contesté jusque dans le cyberespace, le jihad global verra ainsi sa « base » virtuelle chanceler après l'écroulement de sa « base » arabe.

Le tarissement des flux en termes humains, financiers et informatifs aura pour Al-Qaida des effets cumulatifs. Sans même qu'il soit nécessaire d'envisager d'éventuels conflits internes, la direction de l'organisation apparaîtra isolée et déphasée, d'où des phénomènes centrifuges. Le noyau dur d'Al-Qaida se recroquevillera sur lui-même et l'autisme de ses dirigeants n'en apparaîtra que plus patent. Ayant perdu pied dans le monde arabe, ceux-ci y chercheront en vain une nouvelle référence cléricale, capable de compenser leur désaveu par les cheikhs radicaux, et ils seront tentés de se tourner vers des idéologues du terrorisme pakistanais, ce qui ne pourra qu'aggraver leur aliénation culturelle et dogmatique. La hiérarchie d'Al-Qaida, devenue complètement dépendante de ses parrains afghans, scrutera avec angoisse les manœuvres d'approche entre le gouvernement de Kaboul et le mouvement taliban. Même dans les zones tribales, Al-Qaida s'avérera moins puissante que ses alliés ouzbèkes du MIO, voire de l'UJI, avec qui les jihadistes cachemiris collaboreront plus volontiers. Entraînée sur cette pente déclinante d'une irrésistible marginalisation, Al-Qaida sombrera dans l'indifférence internationale, puis régionale. Ses célébrations du 11-Septembre ou ses algarades vengeresses n'éveilleront plus dans le monde qu'un écho assourdi.

L'ÉCLATEMENT

L'allégeance inconditionnelle à Ben Laden a longtemps étouffé toute voix critique au sein d'Al-Qaida, mais le choix stratégique du 11-Septembre a profondément divisé l'organisation. L'émir saoudien et son adjoint égyptien ont été accusés d'avoir trahi le régime taliban et de l'avoir sacrifié à des calculs étriqués, auxquels le jihad global a aussi payé le prix fort. L'effondrement du Jihadistan irakien ne peut qu'envenimer ces débats déjà virulents. Les responsables de l'organisation exilés en Iran, hostiles à la terreur antichiite de Zarqaoui, peuvent saisir cette opportunité pour redonner de la voix au sein d'Al-Qaida. La disparition de la branche irakienne d'Al-Qaida compliquera les communications internes et favorisera l'autonomisation des branches saoudo-yéménite ou algérienne, qui ne demeureront formellement intégrées que dans l'espace virtuel de la propagande cybernétique. Cette illusion perdurera aussi longtemps que Ben Laden et Zawahiri accepteront d'endosser tout attentat qui leur permet d'exister médiatiquement. Mais le renoncement à la direction opérationnelle du jihad global portera un coup sévère à l'autorité de la hiérarchie d'Al-Qaida. Et la réinsertion de ses filiales régionales dans des dynamiques locales ouvrira la voie à des contestations, des dissidences, voire des retournements d'alliance.

Plus généralement, la prétention d'Al-Qaida à incarner et à régenter le jihad global sera battue en brèche par d'autres tenants d'un panislamisme de combat. Ils pourront se prévaloir des thèses diffusées dès 2004 par Abou Moussab al-Souri, lequel accuse la direction d'Al-Qaida d'avoir dilapidé le potentiel militant accumulé en Afghanistan. Souri va plus loin en rejetant l'option du terrorisme centralisé et spectaculaire, à ses yeux contre-productif. Il lui oppose la vision d'une constellation de groupes d'initiative locale, passant à l'action contre des cibles de proximité. L'absence de plan d'ensemble n'empêchera pas, selon lui, la constitution progressive en réseau solide, car enraciné. Souri renverse ainsi complètement la démarche, chère à Ben Laden comme à Zarqaoui, d'exportation du jihad global vers des territoires à « purifier » au profit d'Al-Qaida. Capturé par la CIA au Pakistan en 2005, détenu depuis lors dans un lieu inconnu, Souri a accédé à un statut paradoxal d'icône jihadiste, dont les thèses « basistes » deviennent d'autant plus populaires que la liberté de les interpréter est totale. Aux antipodes de la rigidité d'Al-Qaida, elles offrent la perspective d'une issue militante à la crise traversée par le jihad global. Mais les pamphlets de Souri éclairent moins par leur influence intellectuelle sur tel ou tel groupe que par leur anticipation organisationnelle de la nouvelle menace terroriste.

L'éclatement d'Al-Qaida ne peut en effet qu'encourager la diffusion de cette alternative jihadiste, décentralisée et multiforme[6], moins en terre d'Islam que dans les pays occidentaux. C'est là que des groupes d'intimes, liés par parenté, mariage ou durable amitié, se radicaliseront en cercle fermé et sur un mode sectaire. La fréquentation et le commentaire des sites jihadistes sur Internet contribueront à durcir cette radicalisation, le déplacement d'un ou de plusieurs membres du groupe vers les confins pakistano-afghans préparant le passage à l'acte terroriste. Ce processus se retrouve plus ou moins à la source des attentats de Londres en 2005 ou des complots de Francfort en 2007. Le retour en Europe de militants aguerris en Irak peut aussi aggraver ce phénomène. Que la scission d'Al-Qaida soit ou non consommée, les appels au meurtre de Ben Laden et Zawahiri pousseront ces cellules dormantes et atomisées à aller jusqu'au bout de leur logique terroriste.

L'interception des flux transfrontaliers et le contrôle des « anciens » d'Afghanistan et d'Irak continueront de prévenir une grande partie du terrorisme importé dans les pays occidentaux. Mais seule une neutralisation active et méthodique de la propagande jihadiste sur Internet pourra contenir ce facteur majeur de production extrémiste. La nouvelle génération sera influencée par Al-Qaida, tout en lui étant de moins en moins affiliée, et elle ira encore plus loin que la matrice jihadiste dans l'aliénation et l'acculturation. Elle ne retiendra plus de l'Islam que des slogans dans l'air de ce temps et elle reproduira les dérives des factions gauchistes des années 1970 (Armée rouge japonaise, Brigades rouges en Italie, ou Fraction Armée Rouge en Allemagne). Elle partagera avec elles la haine du peuple et de la démocratie, même si la nature de ces groupes de proximité fera que leur coup d'éclat sera souvent le dernier. Le vertige terroriste débouchera toujours sur une impasse littéralement suicidaire et le jihad global aura alors tout à fait rompu les amarres avec la religion musulmane.

L'AGRESSION

Une agression occidentale contre un pays musulman représente le scénario le plus favorable pour Al-Qaida, qui qualifie encore de « grâce divine » l'invasion américaine de 2003 en Irak. Une intervention militaire des États-Unis en Arabie, par exemple pour protéger les zones pétrolifères, est le seul espoir pour Al-Qaida d'échapper à l'étau sécuritaire saoudien, en remettant à l'ordre du jour le jihad contre les « infidèles ». Mais cette probabilité reste très faible, du fait de l'incapacité prolongée d'Al-Qaida à perpétrer un attentat majeur, ainsi que du refus des dirigeants wahhabites de prêter le flanc à la critique nationaliste.

Jusqu'à l'élection d'Obama, le risque apparaissait bien plus sérieux d'une opération américaine contre l'Iran, sur fond de crise nucléaire ou d'ingérence en Irak. Zawahiri s'est félicité par avance d'un tel conflit[7] et la revue *Foreign Affairs* a mis en garde dès 2007 contre une provocation d'Al-Qaida visant à déclencher des représailles américaines contre l'Iran[8]. L'organisation de Ben Laden tirerait profit d'une guerre américano-iranienne à plusieurs titres. Ses ennemis chiites, mobilisés contre les États-Unis, seraient affaiblis sur d'autres fronts, Al-Qaida pourrait relancer la sédition confessionnelle par des attentats antichiites comme elle l'a fait avec succès en Irak en 2006, et Ben Laden jouerait de la solidarité sunnite pour soulager la pression de ses rivaux nationalistes. Par ailleurs, une intervention américaine contre l'Iran ne pourrait se dérouler sans le soutien au moins tacite des pétromonarchies, désignées à la vindicte de Téhéran. Al-Qaida tirerait le meilleur de ces troubles extérieurs et intérieurs dans le

Golfe, notamment en Arabie où sa position pourrait se rétablir.

Sans doute frustrée d'une telle aubaine par l'accession d'un président démocrate à la Maison-Blanche, Al-Qaida mise désormais sur un coup de force israélien contre Téhéran, qui lui rapporterait des bénéfices comparables, surtout s'il nourrissait une escalade et un engrenage impliquant les États-Unis. Ben Laden s'efforce d'ores et déjà de capitaliser sur l'indignation suscitée dans le monde musulman par l'offensive israélienne contre la bande de Gaza, en janvier 2009, afin de relancer la mobilisation terroriste et de s'attribuer par avance tout attentat protestataire. Pour l'heure, ce calcul a tourné court, essentiellement parce que le nationalisme palestinien persévère dans son opposition absolue à Al-Qaida. Mais Ben Laden ne désespère pas qu'Israël lui offrira, par une nouvelle aventure militaire, l'opportunité d'un renouveau du jihad global contre « les Juifs et les Croisés ».

Al-Qaida peut aussi être tentée de desserrer l'étau autour de son sanctuaire du Waziristan, en prétendant défendre le Pakistan contre une « agression » indienne ou américaine. La solidarité jihadiste ne s'exercerait évidemment pas au profit des autorités d'Islamabad, mais à l'unisson de la mouvance islamiste pakistanaise, qu'elle soit ou non engagée sous la bannière du Cachemire. Les attentats de Bombay, perpétrés en novembre 2008 par un allié de longue date d'Al-Qaida, LET, pourraient préfigurer une telle posture, où le repoussoir « hindou » compléterait la menace « judéo-croisée » *. Le jihad global tournera le dos

---

* Les terroristes de Bombay ont d'ailleurs « panaché » les cibles en novembre 2008, avec mitraillage de la gare « hindoue » (en fait fréquentée par les Indiens de toutes confessions), assaut contre des institutions juives, ainsi que contre un hôtel et un restaurant fréquentés par une clientèle occidentale.

au monde arabe pour devenir le supplétif d'un panislamisme de choc, nourri sur le terreau pakistanais et plutôt orienté vers l'est, l'Inde étant placée dans sa ligne de mire. Ben Laden deviendra alors la caution arabe des groupes pakistanais les plus agressifs, qui récupéreront à l'échelle du sous-continent indien les codes et les ressorts du jihad global. Une crise internationale autour du Pakistan ne peut que favoriser une telle alchimie.

*
* *

De la marginalisation progressive à la « pakistanisation » incandescente, l'éventail est large des destins possibles d'Al-Qaida. Tous ces futurs n'ont cependant pas le même poids, indépendamment même des crises extérieures qui pourraient encourager tel ou tel scénario. La tendance lourde est à l'isolement de plus en plus prononcé d'« Al-Qaida central » et à sa contestation de plus en plus virulente par des rivaux arabes et sunnites, sur fond de désaveu par les cheikhs les plus respectés de la mouvance radicale. Les trois atouts majeurs du jihad global, simplicité du message, plasticité de l'organisation et virtualité du medium, ont porté l'expansion, puis la résilience d'Al-Qaida durant vingt ans, mais ils se heurtent aujourd'hui à des processus contraires, décrits dans le chapitre précédent, de fragilité de la construction idéologique, d'absence d'ancrage humain et de conflit inexpiable avec les jihads nationaux. À moins d'une catastrophe majeure, il paraît très difficile à Al-Qaida seule d'inverser ce processus qui lui est fatal.

Le retour d'Al-Qaida à ses sources pakistano-afghanes, refermant ainsi le cycle de ses neuf vies, s'accompagne d'un phénomène de désarabisation et d'aliénation. Les talibans afghans sont incapables de dépasser leur spécificité pachtoune, alors que leurs homologues pakistanais poussent leur avantage en dehors des zones tribales. La tentation est forte pour le jihad global de s'inscrire dans le sillage de cette expansion milicienne vers le centre du pays. Mais si Al-Qaida bascule dans le chaudron pakistanais, elle devra se fondre dans le dernier nationalisme musulman à être encore un panislamisme. La langue arabe sera dès lors le seul marqueur emblématique d'une organisation en mal d'identité et le sort d'Al-Qaida dépendra d'une alliance volatile entre factions insurgées d'ethnies diverses. Le jihad global se mettra au service de la vision révolutionnaire d'un Pakistan en ébullition, dans une confrontation dramatique avec une armée profondément patriote.

Seule une intervention occidentale, et surtout l'occupation américaine d'un pays musulman, peut sauver Al-Qaida de ses propres démons, et offrir à ses réseaux de nouvelles possibilités de recrutement et de financement. Bien sinistre destin que celui de ce jihad global, réduit à miser sur ses pires ennemis pour redonner du sens à son combat. En cas d'éclatement d'Al-Qaida, les cellules atomisées en territoire « infidèle » reprendront à leur compte la fantasmagorie anticapitaliste et anti-impérialiste chère à l'extrême gauche militarisée des années 1970. Et l'Islam perdra vite, sur les tribunes du jihad global, toute valeur autre qu'incantatoire et dégradée.

L'arrogance et l'estocade

La boucle est bouclée. Al-Qaida est née d'un déni et d'une rupture. Déni d'identité nationale et communautaire, au profit de la solidarité fantasmatique d'une avant-garde sans frontière. Déni de la réalité de l'Islam, vécu et concret, car, dans la vision du jihad global, il doit disparaître pour qu'advienne le musulman authentique. Rupture avec la tradition religieuse et avec ses siècles de références, réduits à un bréviaire de combat et d'exclusion. Rupture avec l'environnement humain, renvoyé à l'enfer de la déviance et de la perversion. Tout au long de ses neuf vies, Al-Qaida a accentué ce déni et cette haine. Jusqu'à être refoulée, bredouille, à son point de départ.

LES GOUFFRES DE L'ARROGANCE

L'organisation de Ben Laden s'est retranchée dans les zones tribales qui l'ont vu naître, à la frontière pakistano-afghane. Elle y était alors portée par la vague du jihad antisoviétique, dont elle a parasité la cause et le combat.

Elle y est désormais en guerre contre deux Républiques islamiques, celle de l'Afghanistan et celle du Pakistan, ce dernier étant le seul État au monde à avoir été fondé exclusivement sur la religion du prophète Mohammed. C'est une résistance musulmane acharnée qui a expulsé Al-Qaida de tous les territoires où elle a tenté de s'implanter, au premier rang desquels l'Irak. Et c'est le mouvement islamiste de Palestine qui lui interdit de s'infiltrer à Gaza. Le déni et la rupture qui structurent Al-Qaida ont favorisé son expansion durant deux ou trois de ses vies, mais ils sanctionnent aujourd'hui son rabougrissement. Nul ne saurait être musulman contre l'Islam.

« Arrogance » se traduit superbement en arabe par *istikbâr*, c'est-à-dire : prétention à être (plus) grand que l'on est. La Révolution islamique a construit sa mobilisation en Iran sur la confrontation entre les « arrogants » et les « déshérités » et c'est au nom de ceux-ci qu'elle a, en 1979, pris le pouvoir contre ceux-là. Les « arrogants », ceux qui se croient plus grands qu'ils ne sont, n'ont pas de place dans la communauté des croyants, définie par la soumission, sens premier du mot Islam. Dieu est le plus grand, *Allah akbar*, et quiconque usurpe cette puissance immanente commet le pire des sacrilèges.

Al-Qaida a succombé au vertige de l'arrogance en feignant d'imprimer sa marque au destin de plus d'un milliard de musulmans. Vingt années et neuf vies plus tard, le désastre est absolu. Al-Qaida a servi à justifier, à défaut de prolonger, l'occupation américaine de l'Irak, où elle a creusé le fossé entre sunnites et chiites. Elle a attiré les États-Unis en Afghanistan et l'armée pakistanaise dans les zones tribales, contraignant ses alliés du moment à livrer les guerres qu'elle-même avait déclenchées. Al-Qaida a terni toutes les causes auxquelles elle a été associée, provoquant rejet et écœurement. Elle a servi de repoussoir commode à toutes les dictatures qu'elle affirmait combattre, leur offrant répit, prétextes et réconfort.

Al-Qaida a cru, un matin de septembre, faire vaciller le capitalisme en le frappant à Manhattan. Cela n'a abouti qu'au durcissement des dispositifs législatifs dans plusieurs pays occidentaux et n'a réussi qu'à compliquer la vie des centaines de millions d'usagers des transports aériens. Les provocations terroristes ont échoué à enclencher un engrenage de violence raciste en Europe et en Amérique du Nord. Al-Qaida n'est pas parvenue à prendre en otage les populations musulmanes qui y sont installées. Les sociétés « infidèles » du Vieux Continent n'ont pas transigé sur leurs valeurs et les États-Unis viennent de reprendre l'initiative, sur la foi de ces mêmes valeurs. La fermeture de Guantanamo est l'acte fondateur de la campagne actuelle contre Al-Qaida. À la différence de la chimérique « guerre globale contre la terreur », cette campagne peut et doit être gagnée. La responsabilité américaine est immense à cet égard.

LES ALÉAS DE L'ESTOCADE

Barack Obama a placé la lutte contre Al-Qaida au cœur de sa stratégie en Afghanistan et au Pakistan, enfin traités de manière intégrée. La déroute d'Al-Qaida redevient un objectif prioritaire, non seulement afin de prévenir de futurs attentats, mais aussi pour sauver le Pakistan de ce « cancer qui le menace de l'intérieur[1] ». Les États-Unis, prochainement débarrassés du fardeau irakien, peuvent concentrer leurs moyens sur le théâtre initial de leur offensive contre le jihad global. Il s'agit de neutraliser la menace terroriste à sa source, et non plus de fixer au Moyen-Orient, sur une improbable « première ligne », des kamikazes qui auraient ainsi été détournés du territoire américain. Le président Obama relance une campagne imprudemment suspendue en 2002, pour cause d'Irak. Il entend châtier les coupables du 11-Septembre, mettre leurs réseaux hors d'état de nuire et tourner ainsi une des pages les plus sombres de l'histoire de son pays.

Si, après des années d'errements, Washington est en mesure de reprendre cette traque, c'est parce que le monde musulman a tenu bon face à Al-Qaida. Même la désastreuse invasion de l'Irak n'a suscité qu'un rapprochement tactique entre la guérilla nationaliste et le jihad global, avant que celui-ci ne tombe sous les coups de celle-là. Non, l'armée américaine n'a pas vaincu Al-Qaida en Irak, c'est même son intervention qui a favorisé son développement. Oui, le Pentagone a contribué à l'effondrement de la branche irakienne d'Al-Qaida en détruisant ses réseaux et en éliminant ses cadres, mais aussi en laissant les forces irakiennes reprendre en main leur destin[2]. Cette expérience doit être méditée dans la perspective de la confrontation en cours dans les confins afghano-pakistanais.

Le processus d'éradication d'Al-Qaida sera long et heurté mais jamais, depuis décembre 2001, l'issue n'a paru aussi proche. Pour éviter de verser à nouveau dans l'ornière, il convient de se garder de tout emballement et de privilégier trois postures intellectuelles, elles-mêmes viatiques pour l'action, les trois « dé », comme *déglobalisation*, *démilitarisation* et *désintoxication*.

La première clef du succès contre le jihad global réside justement dans la *déglobalisation* méthodique des conflits à traiter. Les enjeux fondamentaux sont toujours locaux et ils appellent des réponses politiques et territoriales, seules à même de désamorcer la charge jihadiste. Al-Qaida ne s'est développée au cours de ses neuf vies qu'au détriment de peuples et de mouvements musulmans, dont elle a vampirisé les causes et les terres. Les assimilations du type Islam/islamisme/jihadisme/terrorisme font toujours le jeu de Ben Laden et de ses partisans. À rebours de ces amalgames ravageurs, il importe de réduire patiemment Al-Qaida à elle-même, avant de la défaire enfin. L'exemple de l'Irak illustre comment émergent des alliances insoupçonnées, à condition de désigner en Al-Qaida, et en Al-Qaida seule, l'ennemi stratégique.

La *démilitarisation* peut sembler d'un maniement paradoxal, à l'heure où les drones lâchent leurs missiles sur le Waziristan et où les renforts affluent en Afghanistan. Le récit des neuf vies d'Al-Qaida a prouvé combien la dimension militaire était essentielle dans la lutte contre le jihad global. Mais elle représente aussi le décor sur lequel Ben Laden et ses partisans projettent leur dramaturgie. C'est ce prestige « militaire » d'Al-Qaida qu'il convient de dissiper, en s'abstenant de démonstrations martiales et de roulements de tambours. Les terroristes ne sont ni des « princes des ténèbres* », ni des chefs de guerre, mais des criminels sur le sort desquels la justice doit pouvoir se prononcer. L'Espagne a surmonté le traumatisme des attentats du 11 mars 2004 en instruisant le procès de leurs responsables. La propagande jihadiste s'est bien gardée de retransmettre la moindre image de ces audiences comme du verdict. Trop civil et point assez « militaire ».

Quant à la *désintoxication*, elle est l'affaire de tous, et

---

* Du fait d'une confusion dans la traduction du mot « émir », qui signifie « commandant » mais aussi « prince », Zarqaoui a pu être désigné aux États-Unis comme « prince » d'Al-Qaida en Irak, d'où le surnom de « prince des ténèbres ».

non des seuls musulmans, lesquels n'ont pas attendu pour ferrailler avec les thèses déviantes et néo-kharijites d'Al-Qaida. Le jihad global, surtout s'il perd pied dans ses sanctuaires pakistanais, va intensifier sa guérilla sur Internet et viser de manière encore plus résolue des sympathisants à la culture religieuse limitée, voire inexistante. Le débat d'idées est une chose, l'appel au meurtre, même enrobé dans un verbiage supposé pieux, est intolérable. Al-Qaida a largement abusé de son impunité virtuelle, alors que ses sites et ses relais représentent un vecteur majeur de son recrutement. Même aux États-Unis, l'hébergement d'un nombre important de forums jihadistes par des prestataires locaux a fini par ouvrir le débat. Il y a urgence à agir, pour mieux prévenir.

*
* *

Même si déglobalisation, démilitarisation et désintoxication ne garantissent pas le succès, elles restituent le sens des proportions et de la durée. Elles rappellent que la lutte contre Al-Qaida est affaire de politique publique, mais aussi de vigilance citoyenne. Quant à la mobilisation internationale, elle a permis d'endiguer la vague d'attentats programmée dans l'élan du 11-Septembre et elle demeure cruciale dans la configuration actuelle. Le président Obama joue en partie sa réélection dans la réussite de sa campagne contre Al-Qaida. Au moins contribuera-t-il ainsi à rendre le monde plus sûr, là où son prédécesseur a, par l'invasion de l'Irak, aggravé sensiblement la menace terroriste, surtout en Europe.

La saga du jihad global continuera d'alimenter durablement les polémiques, les fictions et les réflexions. Le cycle des vies d'Al-Qaida risque fort d'apparaître, avec le recul, comme une parenthèse troublante, en contradiction avec les tendances lourdes de l'Islam contemporain, l'adaptation plutôt harmonieuse à la mondialisation et la montée en puissance des États modernes. Loin d'être une phalange pionnière, Al-Qaida n'aura mené qu'un combat d'arrière-garde, le dernier baroud d'honneur d'un panislamisme partout en recul. Sous couvert de bataille avec les « infidèles », c'est contre l'Islam que cette guerre est livrée. Même si les oubliettes de l'Histoire ne sont qu'un mythe, l'arrogance engendre ses propres gouffres. Qu'Al-Qaida y sombre seule et n'entraîne plus personne dans sa chute.

Washington, Lalibela, Vincennes,
août 2008-juin 2009.

NOTES

Y A-T-IL UNE VIE POUR AL-QAIDA APRÈS OBAMA ?
Pages 11 à 17

1. Notamment Al-Hesba, le forum le plus intimement lié à Al-Qaida. Voir *Le Monde*, 22 octobre 2008.
2. Déclaration de Zawahiri, 2 avril 2008.
3. *Idem*, 19 novembre 2008.
4. Le Pentagone estime en mars 2009 que les raids des sept mois précédents ont éliminé 9 des 20 dirigeants d'Al-Qaida (*International Herald Tribune*, 18 mars 2009).

LES MÉTAMORPHOSES D'AL-QAIDA

PREMIÈRE VIE
LE GRAND ŒUVRE (1988-1991)
Pages 23 à 54

1. Thomas HEGGHAMMER, « Abdallah Azzam, l'imam du jihad », in

Gilles Kepel (dir.), *Al-Qaida dans le texte*, Paris, PUF, 2008, p. 120-122. Thomas Hegghammer est sans doute le meilleur spécialiste de la vie d'Azzam, sur qui il prépare une biographie très attendue.
2. *Ibid.*, p. 124.
3. *Ibid.*, p. 126.
4. Lawrence Wright, *La Guerre cachée*, Paris, Robert Laffont, 2007, p. 99.
5. G. Kepel (dir.), *Al-Qaida dans le texte*, *op. cit.*, p. 149.
6. *Ibid.*, p. 151.
7. Steve Coll, *The Bin Ladens*, Londres, Allen Lane, 2008, p. 51 et 64.
8. La rumeur sur Alia Ghanem comme « épouse-esclave » de Mohammed Ben Laden est rapportée par Jonathan Randal comme par Lawrence Wright. Voir Jonathan Randal, *Oussama*, Paris, Albin Michel, 2004, p. 71, et L. Wright, *La Guerre cachée*, *op. cit.*, p. 76 (ainsi que la note 69, p. 374). Mais Alia Ghanem n'a pas été traitée par Mohammed Ben Laden différemment de ses autres épouses, lors de son mariage comme de sa répudiation ; Oussama n'a jamais été lésé par cette ascendance et le sunnisme des Ghanem est incontestable, ne serait-ce que pour se dissocier d'un lourd héritage alaouite. L'exploitation sexuelle des jeunes filles alaouites, placées comme domestiques dans les familles sunnites, est en effet attestée, de même qu'il est avéré que les journaliers alaouites travaillaient dans des conditions proches du servage sur les grandes propriétés de la vallée de l'Oronte.
9. S. Coll, *The Bin Ladens*, *op. cit.*, p. 74.
10. *Ibid.*, p. 127.
11. Par une ironie du sort, *al-thaghr* est un concept fondamental dans la théorie classique du jihad. Il s'agit en effet de la garnison frontalière autour de laquelle s'organisait au Moyen Âge le réseau de défense contre les incursions des « infidèles », ou d'offensive sur leur territoire. Voir Jean-Pierre Filiu, *Les Frontières du jihad*, Paris, Fayard, 2006, p. 36.
12. J. Randal, *Oussama*, *op. cit.*, p. 79.
13. S. Coll, *Ghost Wars*, New York, Penguin, 2004, p. 86-88.
14. S. Coll, *The Bin Ladens*, *op. cit.*, p. 8-9.
15. L. Wright, *La Guerre cachée*, *op. cit.*, p. 101.
16. *Ibid.*, p. 43.

17. *Ibid.*, p. 52.
18. Montasser AL-ZAYYAT, *The Road to Al-Qaeda*, Londres, Pluto, p. 36-45 et 49-51.
19. L. WRIGHT, *La Guerre cachée, op. cit.*, p. 59. Issam al-Qamari fut tué au cours d'une tentative d'évasion en 1988.
20. Voir les extraits de « Aux jeunes musulmans des États-Unis », in G. KEPEL (dir.), *Al-Qaida dans le texte, op. cit.*, p. 205-209.
21. Peter BERGEN, *Ben Laden, l'insaisissable*, Paris, Michel Lafon, 2006, p. 74.
22. Camille TAWIL, *Al-Haraka al-Islamiyya al-Musalaha fi al-Jaza'ir*, Beyrouth, Dar an-Nahar, 1998, p. 88.
23. P. BERGEN, *Ben Laden, l'insaisissable, op. cit.*, p. 76.
24. S. COLL, *Ghost Wars, op. cit.*, p. 157.
25. Peter Bergen considère que les combattants étrangers représentaient moins de 0,5 % des forces antisoviétiques (Harmony Project, *Bombers, Bank Accounts and Bleed Out. Al-Qaeda's routes in and out of Iraq*, New York, Combating Terrorism Center at West Point, 2008, p. 99). Quant à Jonathan Randal, il affirme que moins d'une cinquantaine de moujahidines arabes sont tombés durant la guerre de libération de l'Afghanistan, où environ un million d'Afghans ont trouvé la mort (interview à *Libération*, 27 septembre 2004).
26. G. KEPEL (dir.), *Al-Qaida dans le texte, op. cit.*, p. 169.
27. *Ibid.*, p. 177.
28. *Ibid.*, p. 181.
29. P. BERGEN, *Ben Laden, l'insaisissable, op. cit.*, p. 110. Zawahiri visait par ces calomnies la présence d'humanitaires français dans le Panchir. Il est possible qu'il ait aussi stigmatisé l'Algérien Anas, une de ses cibles favorites, déjà accusé de servir la Sécurité militaire algérienne, et donc créature des Français dans l'univers paranoïaque du jihadiste égyptien.
30. Brynjar LIA, *Architect of Global Jihad*, Londres, Hurst, 2007, p. 93.
31. P. BERGEN, *Ben Laden, l'insaisissable, op. cit.*, p. 109.
32. *Ibid.*, p. 110.
33. Cité par B. LIA, « Doctrines for jihadi terrorist training », *Terrorism and Political Violence*, n° 20, 2008, p. 526. Il s'agit d'un extrait des *Piliers de la préparation au jihad*, publié par le

« Docteur Fadel » vers 1987, à Peshawar, véritable bréviaire de l'activisme jihadiste, dont la popularité ne s'est pas démentie durant la génération suivante.
34. *Ibid.*, p. 527.
35. G. KEPEL (dir.), *Al-Qaida dans le texte, op. cit.*, p. 41.
36. L. WRIGHT, *La Guerre cachée, op. cit.*, p. 144.
37. *Ibid.*, p. 146.
38. T. HEGGHAMMER, « Abdallah Azzam, l'imam du jihad », in G. KEPEL (dir.), *Al-Qaida dans le texte, op. cit.*, p. 132.
39. P. BERGEN, *Ben Laden, l'insaisissable, op. cit.*, p. 157.
40. J. RANDAL, *Oussama, op. cit.*, p. 124.
41. Vahid BROWN, *Cracks in the Foundation,* New York, Combating Terrorism Center at West Point, 2008, p. 4-5.
42. Le beau-frère d'Abou Moussab Zarqaoui, Abou Saleh al-Hami, combattait aussi à Khost ; il perdit une jambe dans l'explosion d'une mine. Sur les années de formation de Zarqaoui (de son vrai nom Ahmed Fadil Nazzal al-Khalayla), voir J.-P. FILIU, *Les Frontières du jihad, op. cit.*, p. 229-230.
43. V. BROWN, *Cracks in the Foundation, op. cit.*, p. 5-6.
44. Le jihadiste libyen Noman Benotman, qui participa au siège de Khost en 1989-1991, a bien résumé la posture respective des moujahidines afghans et de leurs alliés arabes : « Les Arabes venaient là pour mourir. Les Afghans, eux, voulaient récupérer leur pays. C'était toute la différence » (cité par P. BERGEN, *Ben Laden, l'insaisissable, op. cit.*, p. 145).

DEUXIÈME VIE
L'EXIL SOUDANAIS (1991-1996)
Pages 55 à 71

1. P. BERGEN, *Ben Laden, l'insaisissable, op. cit.*, p. 151.
2. G. KEPEL (dir.), *Al-Qaida dans le texte, op. cit.*, p. 257.
3. P. BERGEN, *Ben Laden, l'insaisissable, op. cit.*, p. 149-150, et L. WRIGHT, *La Guerre cachée, op. cit.*, p. 181-182.
4. Jason BURKE, *Al-Qaida, la véritable histoire de l'Islam radical*, Paris, La Découverte, 2005, p. 124.
5. *Ibid.*, p. 101.

6. Stéphane LACROIX, « Zawahiri, le vétéran du jihad », in G. KEPEL (dir.), *Al-Qaida dans le texte, op. cit.*, p. 231.
7. L. WRIGHT, *La Guerre cachée, op. cit.*, p. 180. Anas estime pour sa part à 52 le nombre d'antennes du Bureau des services aux États-Unis ; voir P. BERGEN, *Ben Laden, l'insaisissable, op. cit.*, p. 67.
8. L. WRIGHT, *La Guerre cachée, op. cit.*, p. 171.
9. Harmony Project, *Al-Qaida's (Mis)Adventures in the Horn of Africa*, New York, Combating Terrorism Center at West Point, 2007, p. 79, ainsi que L. WRIGHT, *La Guerre cachée, op. cit.*, p. 176, et P. BERGEN, *Ben Laden, l'insaisissable, op. cit.*, p. 187.
10. Abdel Bari ATWAN, *The Secret History of Al-Qa'ida*, Londres, Saqi, 2006, p. 48. Une seconde explosion se produisit dans le parking de l'hôtel Movenpick d'Aden, mais elle ne toucha que des terroristes maladroits.
11. Harmony Project, *Al-Qaida's (Mis)Adventures in the Horn of Africa, op. cit.*, p. 19-22.
12. J. RANDAL, *Oussama, op. cit.*, p. 151.
13. Voir notamment G. KEPEL (dir.), *Al-Qaida dans le texte, op. cit.*, p. 81.
14. L. WRIGHT, *La Guerre cachée, op. cit.*, p. 178.
15. Le vrai nom de Ramzi Youssef est Abdul Bassit Mahmoud Abdul Karim. Sa « formation » terroriste s'étala sur six mois en 1990-1991. Voir P. BERGEN, *Ben Laden, l'insaisissable, op. cit.*, p. 196.
16. Pour le récit le plus complet de cette tentative d'assassinat de Ben Laden, voir L. WRIGHT, *La Guerre cachée, op. cit.*, p. 193-194.
17. *Ibid.*, p. 194.
18. S. COLL, *The Bin Ladens, op. cit.*, p. 405-406.
19. *Ibid.*, p. 408.
20. P. BERGEN, *Ben Laden, l'insaisissable, op. cit.*, p. 194.
21. V. BROWN, *Cracks in the Foundation, op. cit.*, p. 11.
22. Jamal al-Fadl fut ainsi dépêché par Ben Laden à l'automne 1992 à Zagreb, pour y rencontrer des jihadistes arabes engagés en Bosnie.
23. J. BURKE, *Al-Qaida, la véritable histoire de l'Islam radical, op. cit.*, p. 224.
24. B. LIA, *Architect of Global Jihad, op. cit.*, p. 128 et J. BURKE, *Al-Qaida, la véritable histoire de l'Islam radical, op. cit.*, p. 225.
25. B. LIA, *Architect of Global Jihad, op. cit.*, p. 124 et J. BURKE, *Al-Qaida, la véritable histoire de l'Islam radical, op. cit.*, p. 225.

26. Pour les détails particulièrement sordides de cette manipulation, voir L. WRIGHT, *La Guerre cachée, op. cit.*, p. 216-217, ainsi que M. AL-ZAYYAT, *The Road to Al-Qaeda, op. cit.*, p. 105-106.
27. L. WRIGHT, *La Guerre cachée, op. cit.*, p. 219-220.
28. S. COLL, *Ghost Wars, op. cit.*, p. 324.
29. Voir par exemple Yossef BODANSKY, *Bin Laden : the man who declared war on America*, Roseville, Prima, 2001 ; Kinfe ABRAHAM, *The Bin Laden Connection*, Addis-Abeba, EIIPD, 2006 ; Gregory PIRIO, *African Jihad*, Trenton, The Red Sea Press, 2007.
30. J. RANDAL, *Oussama, op. cit.*, p. 155.

TROISIÈME VIE
LES DÉFIS À L'AMÉRIQUE (1996-1998)
Pages 73 à 90

1. *Arab News*, 23 avril 1996.
2. T. HEGGHAMMER, « Deconstructing the myth about Al-Qaida and Khobar », *CTC Sentinel*, février 2008, vol.1, n° 3, p. 20-22.
3. Par exemple lors de l'entretien réalisé en mars 1997 avec CNN et diffusé le 12 mai 1997.
4. *The Independent*, 10 juillet 1996.
5. *Ibid.*
6. G. KEPEL (dir.), *Al-Qaida dans le texte, op. cit.*, p. 50-51.
7. *Ibid.*, p. 53.
8. *Ibid.*, p. 51.
9. *Ibid.*
10. *Ibid.*, p. 53.
11. *Ibid.*, p. 55.
12. *Ibid.*, p. 53-55.
13. S. COLL, *Ghost Wars, op. cit.*, p. 292.
14. Ahmed RASHID, *L'Ombre des talibans*, Paris, Autrement, 2001, p. 233.
15. L. WRIGHT, *La Guerre cachée, op. cit.*, p. 226.
16. J. RANDAL, *Oussama, op. cit.*, p. 298-299.
17. V. BROWN, *Craks in the Foundation, op. cit.*, p. 13-16. Le choix par Ben Laden de la soumission formelle au mollah Omar fut en revanche soutenu par Abou Moussab al-Souri, référence du

« Londonistan », ou Abou Leith al-Libi, jihadiste libyen, auréolé par son évasion d'une prison saoudienne en 1995.
18. A. B. ATWAN, *The Secret History of Al-Qa'ida, op. cit.*, p. 36.
19. G. KEPEL (dir.), *Al-Qaida dans le texte, op. cit.*, p. 61.
20. L. WRIGHT, *La Guerre cachée, op. cit.*, p. 247-248.
21. Interview de Ben Laden par Hamid Mir, publiée par le journal *Pakistan*, 18 mars 1997.
22. J. BURKE, *Al-Qaida, la véritable histoire de l'Islam radical, op. cit.*, p. 188-191.
23. P. BERGEN, *Ben Laden, l'insaisissable, op. cit.*, p. 244-249.
24. L. WRIGHT, *La Guerre cachée, op. cit.*, p. 249-250, et S. COLL, *Ghost Wars, op. cit.*, p. 382. Voir aussi Ian HAMEL, *L'Énigme Oussama Ben Laden*, Paris, Payot, 2008, p. 213.
25. Ben Laden déclara à Hamid Mir : « Si la Russie a pu être détruite, les États-Unis peuvent être décapités. » (*Pakistan*, 18 mars 1997).
26. M. AL-ZAYYAT, *The Road to Al-Qaeda, op. cit.*, p. 73-92.
27. G. KEPEL (dir.), *Al-Qaida dans le texte, op. cit.*, p. 65.
28. *Ibid.*, p. 67.
29. A. B. ATWAN, *The Secret History of Al-Qa'ida, op. cit.*, p. 31.
30. P. BERGEN, *Ben Laden, l'insaisissable, op. cit.*, p. 263.
31. S. COLL, *Ghost Wars, op. cit.*, p. 400-401. Voir aussi la version de cet entretien dans Pervez MUSHARRAF, *In the Line of Fire*, Londres, Simon Schuster, 2006, p. 213.
32. L. WRIGHT, *La Guerre cachée, op. cit.*, p. 395, note 12.
33. P. BERGEN, *Ben Laden, l'insaisissable, op. cit.*, p. 232-233.
34. J. BURKE, *Al-Qaida, la véritable histoire de l'Islam radical, op. cit.*, p. 180 ; P. BERGEN, *Ben Laden, l'insaisissable, op. cit.*, p. 284 ; et L. WRIGHT, *La Guerre cachée, op. cit.*, p. 270.
35. L. WRIGHT, *La Guerre cachée, op. cit.*, p. 269.
36. Harmony Project, *Al-Qaida's (Mis)Adventures in the Horn of Africa, op. cit.*, p. 93.
37. L. WRIGHT, *La Guerre cachée, op. cit.*, p. 277.

QUATRIÈME VIE
LE JIHADISTAN AFGHAN (1998-2001)
Pages 91 à 113

1. Mohammed Atef appelle Abdel Bari Atwan le 21 août 1998 pour lui confirmer que Ben Laden est sain et sauf, mais que cinq jihadistes arabes (2 Saoudiens, 2 Yéménites et 1 Égyptien) ont péri dans le bombardement. Atef ne mentionne pas les victimes du HUA, sans doute parce qu'elles ne relèvent pas d'Al-Qaida. Voir A. B. ATWAN, *The Secret History of Al-Qa'ida, op. cit.*, p. 55.
2. S. COLL, *Ghost Wars, op. cit.*, p. 410.
3. Interview d'Abou Jandal sur CBS News, dans le cadre de l'émission *Sixty Minutes*, le 30 juin 2006. Voir aussi P. BERGEN, *Ben Laden, l'insaisissable, op. cit.*, p. 284-285.
4. Adresse du président Bill Clinton à la Nation, 20 août 1998, cité par P. BERGEN, *Ben Laden, l'insaisissable, op. cit.*, p. 285.
5. Il s'agit de Michael Malinowski, directeur du bureau Pakistan-Afghanistan-Bangladesh au Département d'État.
6. P. BERGEN, *Ben Laden, l'insaisissable, op. cit.*, p. 292.
7. S. COLL, *Ghost Wars, op. cit.*, p. 414. Voir aussi la version de cet entretien, auquel assista le chef de l'ISI, dans P. MUSHARRAF, *In the Line of Fire, op. cit.*, p. 212-214.
8. J. BURKE, *Al-Qaida, la véritable histoire de l'Islam radical, op. cit.*, p. 206.
9. S. COLL, *Ghost Wars, op. cit.*, p. 444.
10. L'entretien, réalisé en décembre 1998, est publié le mois suivant. Ben Laden y déclare : « L'Afghanistan, ayant brandi la bannière de l'Islam, est devenu une cible de l'alliance judéo-croisée » (*Time*, 11 janvier 1999).
11. P. BERGEN, *Ben Laden, l'insaisissable, op. cit.*, p. 304.
12. *Ibid.*, p. 305.
13. Il s'agit de la résolution 1214, votée par le Conseil de Sécurité de l'ONU le 8 décembre 1998.
14. P. BERGEN, *Ben Laden, l'insaisissable, op. cit.*, p. 295-296.
15. J. BURKE, *Al-Qaida, la véritable histoire de l'Islam radical, op. cit.*, p. 207.
16. *Executive Order* 13129, publié par la Maison-Blanche le 6 juillet 1999.

17. Pour la dialectique du jihad national et du jihad global dans le Caucase, voir J.-P. FILIU, *Les Frontières du jihad, op. cit.*, p. 168-176. Au-delà des débats politico-militaires, Ben Laden et Khattab étaient en concurrence pour le statut d'icône jihadiste de la jeunesse militante saoudienne. L'isolement de Khattab, piégé par l'encerclement russe dans le Caucase, a favorisé la montée en puissance symbolique de Ben Laden.
18. Il s'agit de Sami ul-Haq, responsable de la madrasa pakistanaise Haqqani, véritable matrice du mouvement taliban ; cité par P. BERGEN, *Ben Laden, l'insaisissable, op. cit.*, p. 288.
19. L. WRIGHT, *La Guerre cachée, op. cit.*, p. 358.
20. S. COLL, *The Bin Ladens, op. cit.*, p. 495, et Ibrahim WARDE, *The Price of Fear*, Berkeley, University of California Press, 2007, p. 170.
21. Le chiffre de 300 millions de dollars fut apparemment produit en 1996 par un analyste du Département d'État, qui avait estimé à 5 milliards de dollars les avoirs du groupe Ben Laden et à une vingtaine le nombre d'héritiers mâles. Voir I. WARDE, *The Price of Fear, op. cit.*, p. 6.
22. S. COLL, *The Bin Ladens, op. cit.*, p. 495-496. À titre d'exemple de la modicité des frais de gestion d'Al-Qaida : lorsque Zawahiri encourage le lancement du projet Zabadi d'expérimentations d'armes chimiques et biologiques, seulement 4 000 dollars sont alloués au développement de ce programme pourtant majeur (http://ctc.usma.edu/ harmony/profile_pdf/Abu-Khabab.pdf).
23. Le jihadiste égyptien Midhat Mursi al-Sayyid Omar, plus connu sous son nom de guerre d'Abou Khabab, anima à Darounta, à partir d'avril 1999, le projet Zabadi (voir *supra*, note 22).
24. Le nombre des jihadistes étrangers formés dans les camps afghans de 1996 à 2001 est estimé, selon des sources américaines, entre 5 000 et 20 000 (L. WRIGHT, *La Guerre cachée, op. cit.*, p. 299 et note 6, p. 396). Mais les membres effectifs d'Al-Qaida ne constituaient qu'une minorité de la population de ces camps (voir notamment J. BURKE, *Al-Qaida, la véritable histoire de l'Islam radical, op. cit.*, p. 188-189). Marc Sageman, qui évalue le nombre des jihadistes formés dans les camps afghans à 5 000, avance un taux d'enrôlement de 15 à 20 % dans Al-Qaida, soit moins d'un millier de membres d'Al-Qaida (voir Marc SAGEMAN, *Leaderless Jihad*, Philadelphie, University of Pennsylvania Press, 2008, p. 70).

25. Voir notamment, dans la base de données Harmony du Combating Terrorism Center, les documents AFGP 2002-000080 et AFGP 2002-000078, non datés.
26. L'analyse la plus fine des (velléités de) débats internes à Al-Qaida est celle de Vahid Brown, citée en note 41 de la page 290.
27. J. BURKE, *Al-Qaida, la véritable histoire de l'Islam radical*, op. cit., p. 208-209.
28. V. BROWN, *Cracks in the Foundation*, op. cit., p. 10.
29. J. BURKE, *Al-Qaida, la véritable histoire de l'Islam radical*, op. cit., p. 211.
30. L. WRIGHT, *La Guerre cachée*, op. cit., p. 235.
31. *Ibid*, p. 304-305.
32. S. COLL, *Ghost Wars*, op. cit., p. 477.
33. *Idem*.
34. L. WRIGHT, *La Guerre cachée*, op. cit., p. 310.
35. *Ibid.*, p. 297.
36. *Ibid.*, p. 314.
37. *Ibid.*, p. 326.
38. Message de Ben Laden publié en ourdou par le journal *Nawa-i-Waqt* le 7 janvier 2001.
39. P. BERGEN, *Ben Laden, l'insaisissable*, op. cit., p. 320-321.
40. *Ibid.*, p. 336-337.
41. *Dawn*, 3 avril 2001.
42. M. SAGEMAN, *Le Vrai Visage des terroristes*, Paris, Denoël, 2004, p. 104.
43. Pour un récit détaillé et en images du complot, ainsi que des dernières heures du commandant Massoud, voir le documentaire de Didier Martiny, *Qui a tué Massoud ?*, réalisé en 2004.
44. P. BERGEN, *Ben Laden, l'insaisissable*, op. cit., p. 366-367.
45. Ben Laden confia en novembre 2000 à un journaliste d'Al-Jazira : « Nous avons réussi l'attentat contre le *Cole* et nous voulons que les États-Unis réagissent. S'ils réagissent, ils réagiront en envahissant l'Afghanistan et c'est ce que nous voulons » (cité par P. BERGEN, *Ben Laden, l'insaisissable*, op. cit., p. 320).
46. La CIA considérait à la fin de 1999 que les membres formels d'Al-Qaida n'étaient que quelques centaines (S. COLL, *Ghost Wars*, p. 474). Thomas Hegghammer estime entre 300 et 500 les membres d'Al-Qaida dans l'Afghanistan taliban (« Global jiha-

dism after the Iraq war », *Middle East Journal*, vol. 60, n° 1, hiver 2006, p. 14). Ces évaluations sont cohérentes avec celles de Marc Sageman (voir *supra*, note 24, page 295).

CINQUIÈME VIE
L'EFFONDREMENT DU SANCTUAIRE (2001-2003)
Pages 115 à 135

1. L. WRIGHT, *La Guerre cachée, op. cit.*, p. 362-363.
2. P. BERGEN, *Ben Laden, l'insaisissable, op. cit.*, p. 384.
3. Déclaration de Ben Laden diffusée par Al-Jazira le 7 octobre 2001.
4. *The News*, 20 octobre 2001.
5. Ces pertes auraient représenté 20 % des forces engagées par les talibans. Voir A. RASHID, *Descent into Chaos*, Londres, Allen Lane, 2008, p. 96.
6. Ben Laden aurait rédigé le 14 décembre 2001 son testament, lequel fut publié dans le magazine saoudien *Al-Majalla* le 27 octobre 2002.
7. Seulement 115 agents de la CIA et 300 membres des Forces spéciales furent déployés en Afghanistan même durant l'offensive de l'Alliance du Nord. Voir A. RASHID, *Descent into Chaos, op. cit.*, p. 74.
8. P. BERGEN, *Ben Laden, l'insaisissable, op. cit.*, p. 402. Voir aussi Robin MOORE, *The Hunt for Bin Laden*, New York, Random House, 2003, p. 240. Moore précise que le cessez-le-feu était négocié pour le 12 décembre à 8 heures du matin, au nom de l'Alliance du Nord, par Hajji Zaman (qu'il appelle Mohammed Zaman Ghun Shareef – le terme « hajji » est censé honorer un musulman de retour de La Mecque).
9. Présentation de Gary Berntsen, responsable de la CIA à Tora Bora, au Middle East Institute, Washington, 17 octobre 2008. Par ailleurs, la soixantaine de commandos d'élite britanniques, stationnés à proximité, enragèrent de ne pas avoir été mobilisés par leurs alliés américains (voir J. RANDAL, *Oussama, op. cit.*, p. 320-321).
10. A. RASHID, *Descent into chaos, op. cit.*, p. 128.
11. Al-Jazira, 27 décembre 2001.

12. La CIA valida alors l'estimation de 70 %, pourtant très débattue (voir A. RASHID, *Descent into Chaos, op. cit.*, p. 254). Mais ces estimations fluctuent : le directeur de la CIA ne parlait plus que d'un tiers de membres d'Al-Qaida tués ou capturés en février 2003, alors que George W. Bush se vantait, trois mois plus tard, d'en avoir neutralisé « environ la moitié ». Thomas Hegghammer estime pour sa part que, sur les quelque 1 500 jihadistes saoudiens engagés en Afghanistan en 2001, un quart furent tués, un quart furent emprisonnés et la moitié revint en Arabie (voir T. HEGGHAMMER « Political violence in Saudi Arabia », conférence prononcée à Princeton, le 2 mars 2007). Il convient de préciser que ces militants saoudiens n'étaient pas tous membres d'Al-Qaida, ce qui renvoie à la question de la définition de la cible de la traque américaine : les jihadistes arabes, sans distinction, ou bien les alliés, pakistanais et afghans, d'Al-Qaida ?
13. Ahmed Rashid souligne que la CIA récompensait en liquide les partenaires pakistanais qui leur « livraient » un jihadiste arabe et il évalue à environ 400 le nombre de membres supposés d'Al-Qaida raflés ainsi en quelques semaines dans la province de Peshawar (A. RASHID, *Descent into Chaos, op. cit.*, p. 147 et 298).
14. Clive STAFFORD SMITH, *Bad Men, Guantanamo Bay and the Secret Prisons*, Londres, Phoenix, 2007, p. 289.
15. Mark DANNER, « US torture : voices from the black sites », *New York Review of Books*, 9 avril 2009.
16. Selon Marc Sageman, « dans l'hystérie de l'après-11-Septembre, beaucoup de personnes ont été arrêtées et soupçonnées de terrorisme pour le simple fait qu'elles avaient un lien, le plus souvent involontaire, avec des terroristes réputés » (M. SAGEMAN, *Le Vrai Visage des terroristes, op. cit.*, p. 132).
17. *Ibid.*, p. 106. Ron Suskind affirme même que des éléments découverts dans les décombres de l'hôtel où a péri Mohammed Atef ont permis de neutraliser ce complot (Ron SUSKIND, *La Guerre selon Bush*, Paris, Plon, 2007, p. 64).
18. Abou Zoubayda, en tant que superviseur des camps d'Al-Qaida, assurait durant le régime taliban la liaison avec les groupes jihadistes engagés au Cachemire, dont LET (voir J. BURKE, *Al-Qaida, la véritable histoire de l'Islam radical, op. cit.*, p. 280, et A. RASHID, *Descent into Chaos, op. cit.*, p. 48). Selon les autorités pakista-

naises, Abou Zoubayda fut arrêté dans le cadre d'une opération coordonnée sur 13 caches, où tombèrent 26 autres jihadistes étrangers, 13 yéménites, 3 saoudiens, 3 libyens, 3 palestiniens, 1 russe, 1 marocain, 1 soudanais et 1 syrien (un autre jihadiste syrien fut tué au cours de l'assaut). Voir P. MUSHARRAF, *In the Line of Fire, op. cit.*, p. 238.
19. A. RASHID, *Descent into Chaos, op. cit.*, p. 307.
20. V. BROWN, *Cracks in the Foundation, op. cit.*, p. 18-19.
21. M. SAGEMAN, *Le Vrai Visage des terroristes, op. cit.*, p. 227.
22. P. BERGEN, *Ben Laden, l'insaisissable, op. cit.*, p. 447.
23. Notamment lors de sa déclaration de jihad contre l'Amérique, le 23 août 1996.
24. A. RASHID, *Descent into Chaos, op. cit.*, p. 148 et 164.
25. Déclaration de Ben Laden, 9 octobre 2002.
26. A. RASHID, *Descent into Chaos, op. cit.*, p. 436, note 28.
27. Hawsaoui a notamment assuré les virements financiers aux comploteurs du 11-Septembre. Voir I. WARDE, *The Price of Fear, op. cit.*, p. 64-65.
28. Voir le tableau détaillé du réseau terroriste, responsable de l'attentat de Bali, dans *CTC Sentinel*, vol. 1, n° 2, février 2008, p. 12. Omar al-Farouk, l'agent de liaison d'Al-Qaida pour l'Asie du Sud-Est, fut d'ailleurs arrêté dès juin 2002, soit plus de trois mois avant l'attentat de Bali. Marc Sageman souligne que, à la différence d'Al-Qaida, la Jemaa Islamiyya « est une organisation terroriste assez classique » de type pyramidal (M. SAGEMAN, *Le Vrai Visage des terroristes, op. cit.*, p. 255).
29. Déclaration de Ben Laden, 12 novembre 2002.
30. Marie Mendras décrit remarquablement ce processus pour la Russie de Vladimir Poutine, engagée dans la seconde guerre de Tchétchénie depuis l'automne 1999. Voir Marie MENDRAS, *Russie, l'envers du pouvoir,* Paris, Odile Jacob, 2008, p. 182.
31. Déclaration de Ben Laden, 14 février 2003.
32. Expression utilisée par Ben Laden dès sa déclaration de jihad contre l'Amérique, le 23 août 1996.
33. Un expert aussi chevronné que Bruce Riedel juge très sévèrement la suspension effective de la traque d'Al-Qaida en 2002. Voir Bruce RIEDEL, *The Search for Al-Qaeda*, Washington, Brookings Institution, 2008, p. 87.

Sixième vie
La campagne d'Arabie (2003-2004)
Pages 137 à 154

1. De nombreux éléments de cette partie sont tirés de la thèse de référence de Thomas Hegghammer, « Violent islamism in Saudi Arabia, 1979-2006 », dirigée par Gilles Kepel et soutenue en novembre 2007 à l'Institut d'études politiques de Paris.
2. R. Suskind, *La Guerre selon Bush, op. cit.,* p. 150-152.
3. Les filières pakistanaises liées à Al-Qaida assuraient le tranfert de jihadistes arabes depuis la frontière afghane vers des ports discrets, d'où ils embarquaient vers le Golfe (voir A. Rashid, *Descent into Chaos, op. cit.,* p. 148).
4. Intervention de Colin Powell devant le Conseil de sécurité de l'ONU, 5 février 2003.
5. MEMRI (Middle East Media Research Institute), dépêche du 31 décembre 2003.
6. Souvent désigné sous l'acronyme anglais GIM, le Global Islamic Media apparaît dès l'été 2001 comme forum jihadiste sur Internet. Son site est fermé en avril 2004 et un éphémère Global Islamic Media Center (GIMC) prépare la voie au Global Islamic Media Front (GIMF), lancé en août 2004 par un groupe de cyber-jihadistes demeurés anonymes. Le GIMF conforte sa crédibilité « frontiste » en élargissant sa diffusion au-delà des productions d'Al-Qaida. Voir Hanna Rogan, *Al-Qaeda's Online Media Strategies*, Oslo, FFI, décembre 2007, p. 56-65.
7. *Al-Qaida dans le texte*, p. 405-415.
8. B. Lia et T. Hegghammer, « Jihadi strategic studies : the alleged Al-Qaida policy study preceding Madrid bombings », *Studies in Conflict and Terrorism*, n° 27, 2004, p. 355-375.
9. La dimension internationale de la cellule de Sarhane Fakhet a été décrite avec précision par Fernando Reinares dans sa tribune parue à l'occasion du cinquième anniversaire des attentats, dans *El País*, le 11 mars 2009, p. 27.
10. Justin Webster et Ignacio Orovio, *Conexión Madrid*, Madrid, Debate, 2009, p. 172-173. Voir aussi, p. 216-217, la description du mécanisme informatique qui aurait pu permettre à Fakhet de recevoir des instructions d'Al-Qaida.

11. A. Rashid, *Descent into Chaos*, *op. cit.*, p. 269. Ahmed Rashid laisse même entendre que l'ISI a contribué à faire échouer les trois tentatives américaines de tuer Jalaluddine Haqqani en 2002 (p. 244).
12. Déclaration de Zawahiri le 28 septembre 2003.
13. A. Rashid, *Descent into Chaos*, *op. cit.*, p. 440, note 6.
14. P. Musharraf, *In the Line of Fire*, *op. cit.*, p. 254.
15. *Ibid.*, p. 270.
16. Le quotidien arabophone *Al-Hayat*, installé à Londres, publia le 10 septembre 2004 l'interview d'un proche de Zarqaoui, réalisée dans Fallouja, qui déclara notamment : « J'espère qu'il deviendra le représentant d'Al-Qaida en Irak, [...] car beaucoup de jeunes Arabes disent qu'ils prêteront allégeance à Zarqaoui dès qu'il aura lui-même prêté allégeance à Cheikh Oussama [Ben Laden]. »
17. Abou Qutada, le cheikh jordanien installé en Grande-Bretagne, référence des jihadistes du « Londonistan » et au-delà, affirma que Zarqaoui lui avait confié son serment d'allégeance à Ben Laden, dans l'impossibilité où il était de le transmettre en mains propres à l'émir d'Al-Qaida (A. B. Atwan, *The Secret History of Al Qa'ida*, *op. cit.*, p. 205).
18. Le coup fut d'autant plus sévère pour Ben Laden que, quelques années plus tôt il ne tarissait pas d'éloges envers le cheikh al-Auda (par exemple dans son entretien avec Hamid Mir, publié le 18 mars 1997 par le journal *Pakistan*).

Septième vie
Le sang de l'Irak (2004-06)
Pages 155 à 176

1. G. Kepel (dir.), *Al-Qaida dans le texte*, *op. cit.*, p. 101.
2. *Ibid.*, p. 107. Ces estimations de Ben Laden peuvent paraître excessives, mais elles restent inférieures aux évaluations américaines des pertes directes (100 milliards de dollars) et induites (2 000 milliards). Voir B. Riedel, *The Search for Al-Qaeda*, *op. cit.*, p. 1.
3. G. Kepel (dir.), *Al-Qaida dans le texte*, *op. cit.*, p. 111.

4. Déclaration de Ben Laden, mise en ligne le 19 décembre 2004 ; citée par P. BERGEN, *Ben Laden, l'insaisissable, op. cit.*, p. 452.
5. G. KEPEL (dir.), *Al-Qaida dans le texte, op. cit.*, p. 383.
6. Le débat est ouvert entre les différents spécialistes américains, selon qui Al-Qaida représente 5 à 10 % de la guérilla irakienne. À titre d'exemple, et malgré tous les discours sur la composante étrangère de l'insurrection, les 1 100 personnes emprisonnées après le second assaut sur Fallouja en novembre 2004 étaient irakiennes à... 98,5 %. Voir Ghassan SALAMÉ, *Quand l'Amérique refait le monde*, Paris, Fayard, 2005, p. 498.
7. Il s'agit du pamphlet « Zarqaoui, soutien et conseils », mis en ligne en 2004 sur le site Internet du cheikh Maqdissi, http ://www.tawhed.ws. Zarqaoui eut beau jeu de souligner le fait que le cheikh Maqdissi avait émis ce texte depuis une prison jordanienne, dont il ne fut libéré qu'en juin 2005.
8. À titre d'exemple d'insultes proférées à ce sujet par Zarqaoui en 2005 : « le principe satanique de la démocratie » ou « les noces démocratiques de l'impiété et de la prostitution ».
9. *Report of the Official Account of the Bombings in London on 7th July 2005*, Londres, Chambre des communes, 11 mai 2006, p. 14.
10. Intervention d'Ayman Zawahiri, diffusée le 1er septembre 2005 ; citée par P. BERGEN, *Ben Laden, l'insaisissable, op. cit.*, p. 452.
11. *El Watan*, 28 juillet 2005.
12. Lettre d'Ayman Zawahiri à Abou Moussab Zarqaoui, 9 juillet 2005, traduite dans *Maghreb-Machrek*, hiver 2005-2006, n° 186.
13. *Washington Post*, 20 février 2006.
14. Les sources saoudiennes admettent que 322 jihadistes saoudiens se sont infiltrés en Irak jusqu'à l'été 2005 : 222 auraient été des combattants actifs, 74 y seraient alors détenus et 56 seraient décédés en Irak. Seuls un tiers des combattants auraient été engagés sous les couleurs d'Al-Qaida en Irak, ce qui prouverait que l'organisation, incapable de détourner ces vocations jihadistes vers la subversion en Arabie même, n'a que partiellement réussi à les récupérer sur le théâtre irakien. Voir Nawaf OBEID et Anthony CORDESMAN, « Saudi militants in Iraq », CSIS, Washington, 19 septembre 2005, p. 8.
15. A. RASHID, *Descent into Chaos, op. cit.*, p. 280-281.
16. Ahmed ZEYDAN, *'Awdat al-Rayât al-Sûd*, Beyrouth, Dar al-Kitab al-Alami, 2004, p. 271. Dadullah a perdu une jambe en 1995 dans l'explosion d'une mine, mais il laisse croire qu'il a été mutilé au cours du jihad antisoviétique.

HUITIÈME VIE
LE CALIFAT DES OMBRES (2006-2007)
Pages 177 à 197

1. A. RASHID, *Descent into Chaos, op. cit.*, p. 279.
2. Bruce Hoffman, auteur de *La Mécanique terroriste* (Paris, Calmann-Lévy, 1999), professeur à Georgetown et consultant à la RAND, déclare ainsi au cours d'une conférence à Georgetown, le 16 septembre 2008, que la planification de ce « complot transatlantique » a été suivie au plus haut niveau militaire d'Al-Qaida, par Abou Hamza Rabia et Abou Ubayda al-Masri. Afin de dépasser l'opposition habituelle entre « cibles dures » (*hard targets*), de type gouvernemental, et « cibles molles » (*soft targets*), tels les transports publics ou les installations touristiques, il insiste sur le choix par Al-Qaida de « cibles durcies » (*hardened targets*), soit l'aviation commerciale, à la sécurité renforcée depuis le 11-Septembre.
3. Message de Ben Laden publié en ourdou par le journal *Nawa-i-Waqt* le 7 janvier 2001.
4. *Le Monde diplomatique*, novembre 2006.
5. Communiqué d'Al-Qaida au Maghreb islamique (AQMI), 9 mai 2007.
6. *Idem*, 11 décembre 2007.
7. 24 étrangers, dont 16 Occidentaux, ont été kidnappés à Gaza de 2004 à 2006.
8. Le 16 décembre 2007, Zawahiri dénonce les accords passés entre Téhéran et Washington, aussi bien en Afghanistan qu'en Irak, et accuse l'Iran d'avoir « poignardé la nation islamique dans le dos ». Le 2 avril 2008, il reconnaît que « la dispute entre l'Amérique et l'Iran est réelle, car elle est basée sur un conflit d'aires d'influence et la possibilité d'une frappe américaine sur l'Iran est sérieuse. Des changements majeurs en résulteraient dans la région et la situation tournerait à l'avantage des jihadistes, si une telle guerre les affaiblissait tous deux. »
9. Olivier Roy montre comment Téhéran, de son côté, gère difficilement la contradiction entre « le front du refus » (anti-américain) et « l'axe chiite », dont la logique conduit à la confrontation avec

Al-Qaida. Olivier ROY, *Le Croissant et le Chaos*, Paris, Hachette, 2007, p. 140-141.
10. A. RASHID, *Descent into Chaos*, *op. cit.*, p. 366-367.
11. Déclaration de Zawahiri, 11 juillet 2007. Ben Laden va encore plus loin dans un message, diffusé le 20 septembre 2007, où il dit considérer que tout musulman pakistanais a le devoir individuel de contribuer au « renversement de Musharraf, de son gouvernement et de son armée ».
12. A. RASHID, *Descent into Chaos*, *op. cit.*, p. 383.

NEUVIÈME VIE
LA FUITE EN AVANT (2007-2009)
Pages 199 à 233

1. Ayman ZAWAHIRI, *L'Absolution*, Paris, Éditions Milelli, 2008, page de titre, non numérotée.
2. *Ibid.*, p. 4.
3. *Ibid.*, p. 207 et 215.
4. *Ibid.*, p. 213.
5. *Ibid.*, p. 9.
6. Déclaration de Zawahiri, diffusée le 2 avril 2008.
7. Le 29 décembre 2007, Ben Laden consacre le plus clair d'un message de près d'une heure à stigmatiser les milices sunnites d'Irak et le Hezbollah chiite au Liban.
8. Jarret BRACHMAN et Abdallah WARIUS, « Abu Yahya al-Libi's human shields in modern jihad », *CTC Sentinel*, mai 2008, vol.1, n° 6, p. 1-3.
9. Déclaration d'Adam Gadahn, diffusée le 6 janvier 2008.
10. L'« État islamique d'Irak » fut proclamé par Al-Qaida le 15 octobre 2006, mais les discours et documentaires de commémoration de son deuxième anniversaire sont diffusés entre le 19 et le 24 septembre 2008.
11. J.-P. FILIU, « Bin Laden's history with Palestine », *Jane's Islamic Affairs Analyst*, avril 2009, p. 2-4.
12. Déclaration de Ben Laden, diffusée le 16 mai 2008. L'émir d'Al-Qaida, qui distillait jusque-là ses interventions publiques, s'exprime sur le même sujet deux jours plus tard.
13. Déclaration de Ben Laden, diffusée le 14 janvier 2009.

14. Déclaration de Zawahiri, diffusée le 6 janvier 2009.
15. L'émir d'AQMI, le 13 janvier 2009, vise particulièrement la Mauritanie, qui entretient des relations diplomatiques avec Israël, tandis que, le 23 janvier, un des commandants d'Al-Qaida pour la Péninsule arabique accuse le Hezbollah d'assumer la même responsabilité que le régime égyptien dans le siège imposé à Gaza.
16. Déclaration de Ben Laden, diffusée sur Al-Jazira le 22 octobre 2007.
17. Déclaration d'Abou Bassir al-Tartoussi, diffusée le 23 novembre 2007.
18. Ces données sur les combattants étrangers comme sur les messages émis par Al-Qaida en Irak (qui sont tombés de 143 en mai 2007 à 17 en décembre 2007) sont extraits de Michael KNIGHTS, « Al-Qaeda in Iraq adapts to survive », *Jane's Intelligence Review*, 16 avril 2008.
19. *Washington Post*, 13 octobre 2008.
20. De 2007 à 2008, la chute des activités d'Al-Qaida en Irak est de 6 à 1 : environ 300 attentats et 1 500 morts en 2007 pour 28 attentats et 125 civils tués durant le premier semestre 2008. Même la propagande d'Al-Qaida est obligée d'admettre au moins une partie de cette contraction opérationnelle. Voir MEMRI (Middle East Media Research Institute), dépêche du 30 juin 2008.
21. Les sources gouvernementales font état de 172 arrestations en avril 2007, 208 en novembre 2007 et 701 en juin 2008. En octobre 2008, les autorités saoudiennes annoncent que 991 personnes ont été condamnées depuis 2003 pour leur implication dans 30 attaques attribuées à Al-Qaida.
22. Sur les 208 personnes dont l'arrestation est annoncée en novembre 2007, 40 % sont des étrangers.
23. *Time*, 18 octobre 2007, et Christopher BOUCEK, « Saudi Arabia "soft" counter-terrorism strategy », *Carnegie Papers*, Washington, septembre 2008. Le responsable du volet psychologique du programme de réhabilitation affirme que seuls 14 anciens jihadistes sur 218 ont récidivé à l'issue du programme (*New York Times*, 22 mars 2009).
24. Bruce RIEDEL et Bilal SAAB, « Al Qaeda's third front : Saudi Arabia », *Washington Quarterly*, printemps 2008, p. 38.
25. Cette fatwa du cheikh Abdelaziz Ben Abdallah Al-Cheikh, en date

du 1er octobre 2007, reprend et développe les arguments de jurisprudence classique sur le jihad, prérogative du pouvoir en place (*wali al-'amr*).
26. Selon un sondage publié par *Terror Free Tomorrow* le 18 décembre 2007, seuls 10 % des Saoudiens ont à cette date une opinion favorable d'Al-Qaida (sondage effectué en arabe du 30 novembre au 5 décembre 2007, auprès de 1 004 adultes saoudiens).
27. À titre d'exemple, AQMI assume la responsabilité d'une attaque-suicide contre les forces de sécurité à Tizi Ouzou (25 blessés, dont 4 policiers), le 3 août 2008, en précisant que le kamikaze était « un fils d'une des tribus de la région, très attentif à ne pas verser le sang de même un seul musulman ».
28. Voir notamment l'interview de Droukdal au *New York Times*, publiée le 1er juillet 2008, ou ses déclarations contre la France, accusée le 30 juin 2009 d'être « la mère de tous les vices ».
29. Ce documentaire d'une heure, dont les séquences brutes furent réalisées par les jihadistes somaliens, est retravaillé par la propagande d'Al-Qaida qui, juste après le début de l'intervention éthiopienne, le met en ligne avec des inserts de Ben Laden et des commentaires arabes. Voir H. ROGAN, *Al-Qaeda Online Media Strategies*, op. cit., Oslo, FFI, 2007, p. 93.
30. *Le Monde*, 19 mars 2009.
31. Déclaration de Zawahiri, diffusée le 24 mars 2009.
32. Les documents retrouvés dans les décombres de la maison bombardée de Mohammed Atef, en novembre 2001, conduisent à neutraliser un complot contre des ambassades occidentales à Singapour. Peu après, une réplique asiatique du 11-Septembre, où un avion décollant de Bangkok se serait écrasé sur l'aéroport de Singapour, est mise en échec. Voir Philippe MIGAUX, *L'Islamisme combattant en Asie du Sud-Est*, Paris, Lignes de repère, 2007, p. 152-153.
33. Ken CONBOY, *The Second Front*, Jakarta, Equinox, 2006, p. 215.
34. Justin HASTINGS, « Jemaah Islamiyah », in *Terrorism and Political Islam*, New York, Combating Terrorism Center at West Point, 2008, p. 358-359.
35. P. MIGAUX, *L'Islamisme combattant en Asie du Sud-Est*, op. cit., p. 158.

36. Environ 80 % des 2 millions d'habitants des trois provinces de Pattani, Yala et Narathiwat, frontalières de la Malaisie, sont d'ethnie malaise et de confession musulmane. Voir, au sujet de cette crise, les deux ouvrages collectifs : Rohan GUNARATNA (dir.), *Conflict and Terrorism in Southern Thailand*, Singapour, Marshall Cavendish, 2006, et Duncan McCARGO (dir.), *Rethinking Thailand's Southern Violence*, Singapour, NUS Press, 2007.
37. Voir Peter NESSER, « Lessons learned from the September 2007 German terrorist plot », *CTC Sentinel*, mars 2008, vol. 1, n° 4, p. 7-10.
38. Déclaration d'Ernst Uhrlau, chef du BND, le 23 octobre 2008.
39. Voir à ce sujet la remarquable étude de Javier JORDAN, « Anatomy of Spain's 28 disrupted jihadist networks », *CTC Sentinel*, octobre 2008, vol. 1, n° 11, p. 10-11. Les militants pakistanais ont tous été interpellés à Barcelone, dans le cadre du démantèlement de deux réseaux jihadistes, l'un en septembre 2004, l'autre en janvier 2008.
40. Par exemple, dans les déclarations du numéro deux d'Al-Qaida diffusées sur Internet le 19 septembre 2007, le 14 décembre 2007 et le 2 avril 2008.
41. Estimation publiée dans *The Times*, 26 juin 2005.
42. Déclaration de Jonathan Evans, chef du MI5, 5 novembre 2007.
43. Le *Sunday Telegraph* du 19 avril 2008 avance le chiffre de 4 000 Britanniques ayant transité par les camps pakistanais et afghans, sans citer sa source des services de renseignement.
44. Déclaration de Ben Laden, 19 mars 2008.
45. Il s'agit des affaires dites Vollmose et Glasvej, du nom des quartiers d'Odense et de Copenhague où les cellules jihadistes sont démantelées, respectivement en septembre 2006 et septembre 2007. Dans les deux cas, un explosif puissant, le TATP (TriAcetone TriPeroxide), est détecté. La cellule Vollmose est plutôt moyen-orientale et autonome, tandis que la cellule Glasvej est animée par un Danois d'origine pakistanaise ayant reçu une formation au Waziristan, sans doute en lien avec Al-Qaida. Voir *Jane's Intelligence Review*, mars 2009, p. 20-21.
46. Déclaration de Cheikh Saïd, le 21 juillet 2008.
47. Déclaration de Zawahiri, diffusée par la chaîne pakistanaise ARY One le 10 août 2008.
48. Les raids étaient auparavant déclenchés par le Pentagone lorsque

la probabilité de frapper une cible d'importance (*high-value target*) était de 90 %. La marge d'erreur de 10 % aurait été augmentée à 40-50 % à l'été 2008 (*Newsweek*, 22 septembre 2008). Il en résulte d'importantes pertes civiles, qui suscitent de virulentes protestations au Pakistan, et contre lesquelles un expert américain comme Martin Weinbaum met en garde dès octobre 2008 les autorités américaines (*Washington Post*, 27 octobre 2008).
49. *Washington Post*, 30 septembre 2008.
50. Le *New York Times* du 23 février 2009 affirme que plus de 70 conseillers militaires américains sont secrètement engagés auprès des forces pakistanaises dans les zones tribales.
51. Abou Faraj al-Libi a été trahi par des renégats du Mouvement islamique d'Ouzbékistan (MIO), furieux du comportement des jihadistes arabes au Waziristan (V. BROWN, *Cracks in the Foundation, op. cit.*, p. 22). Zarqaoui a été repéré par un informateur « traité » par les services jordaniens. Par ailleurs, une prime de 5 millions de dollars est offerte pour les deux jeunes alliés d'Al-Qaida que sont les chefs talibans Sirajuddine Haqqani (afghan) et Beitullah Mahsoud (pakistanais, tué en août 2009).
52. Ce sondage, publié le 25 février 2009 par *World Public Opinion*, a été réalisé du 28 juillet au 6 septembre 2008 auprès de 1 101 Égyptiens, 1 120 Indonésiens et 1 200 Pakistanais. Une très large majorité (87 % d'Égyptiens) soutient la volonté d'Al-Qaida de contraindre les États-Unis à retirer leurs forces des pays musulmans et à suspendre leur soutien à Israël. Mais une nette majorité (74 % des Égyptiens) considère que le 11-Septembre a eu un impact négatif sur le monde musulman. À rebours de la propagande d'Al-Qaida, le régime saoudien est largement considéré comme légitime, même si une majorité des personnes interrogées s'opposent à la poursuite de l'aide militaire de Washington à Riyad. Le rejet du jihad global est encore plus fort en Arabie saoudite même, où le taux d'opinions favorables à Al-Qaida était tombé à quelque 10 % dès l'automne 2007 (sondage réalisé auprès de 1 004 Saoudiens du 30 novembre au 5 décembre 2007, et publié par *Terror Free Tomorrow* le 18 décembre 2007).

FORCES ET FAIBLESSES
DU JIHAD GLOBAL

Les aubaines de la mondialisation
Pages 237 à 250

1. Marc Sageman relève que, sur les 165 membres d'Al-Qaida de son échantillon, « 115 (70 %) ont rallié le jihad (global) dans un pays différent du leur. C'étaient des expatriés – étudiants, travailleurs, réfugiés, combattants (du jihad antisoviétique) – loin de leur foyer et de leur famille » (M. Sageman, *Le Vrai Visage des terroristes*, op. cit., p. 174).
2. Voir à ce propos la remarquable analyse de Brynjar Lia dans une conférence prononcée le 17 mars 2008 à Dubaï sur le thème « Al-Qaida's appeal : understanding its unique selling points », consultable sur www.ffi.no/TERRA.
3. À titre d'exemple, l'auteur de ces lignes a pu acquérir, en février 2009, un porte-clef à l'effigie de Ben Laden dans un village éthiopien, perdu à plusieurs centaines de kilomètres au nord d'Addis-Abeba, et situé dans une zone de peuplement chrétien.
4. J. Burke, *Al-Qaida, la véritable histoire de l'Islam radical*, op. cit., quatrième de couverture.
5. Le forum Al-Hesba, contrôlé par Al-Qaida, met ainsi en ligne, le 7 septembre 2008, un « Cours dans l'art du recrutement », véritable manuel de pratique et de méthode du recrutement jihadiste.
6. T. Hegghammer, « Terrorist recruitment and radicalization in Saudi Arabia », *Middle East Policy*, vol. XIII, n° 4, hiver 2006, p. 52.
7. Paul Murphy (dir.), *Report into the London Terrorist Attacks on 7 July 2005*, Londres, Commission pour le renseignement et la sécurité du Parlement, mai 2006, p. 27.
8. A. B. Atwan, *The Secret History of Al-Qa'ida*, op. cit., p.127-128.
9. Gabriel Weimann, « Al-Qaida's extensive use of the Internet », *CTC Sentinel*, janvier 2008, vol. 1, n° 2, p. 6.

10. Lettre de Zawahiri à Zarqaoui, 9 juillet 2005, traduite dans *Maghreb-Machrek*, hiver 2005-2006, n° 186, p. 108.
11. 6 documents audiovisuels furent produits par Al-Sahab en 2002, année de son lancement, puis 11 en 2003, 12 en 2004 et 16 en 2005. Voir H. ROGAN, « Abu Reuter and the e-jihad », *Georgetown Journal of International Affairs*, été-automne 2007, p. 91.
12. Al-Fajr fonctionne comme une agence de presse (et a d'ailleurs été surnommé « le Reuter d'Al-Qaida »), tandis qu'Al-Hesba est le forum jihadiste le plus intimement lié à l'organisation.
13. Anne STENERSEN, « The Internet, a virtual training camp ? », *Terrorism and Political Violence*, n° 20, 2008, p. 219.
14. *Ibid.*, p. 229.

LA GUERRE CONTRE L'ISLAM
Pages 251 à 264

1. Ce projet vit le jour autour d'Abou Hafs al-Mouritani (le Mauritanien, de son vrai nom Mahfouz Ould Walid), qui anima la formation à l'arabe classique dans la communauté jihadiste de Kandahar. En fait, Al-Qaida n'a pu recruter de lettrés que dans un pays aussi périphérique que la Mauritanie. Voir A. ZAWAHIRI, *L'Absolution, op. cit.* p. 80.
2. Déclaration de Ben Laden, 7 juillet 2003.
3. Déclaration de Zarqaoui, 6 janvier 2004.
4. *Idem*, 11 septembre 2004.
5. Olivier Roy souligne la place exceptionnelle réservée aux convertis dans les réseaux d'Al-Qaida, qu'il estime entre 10 et 25 % de ses membres, en dehors du Moyen-Orient (O. ROY, *Le Croissant et le Chaos, op. cit.*, p. 173). Ce phénomène ne peut qu'accentuer l'intolérance sectaire à l'encontre des « mauvais musulmans », nés dans l'Islam sans pour autant en être dignes aux yeux des néophytes les plus intransigeants.

LES TROIS AVENIRS POSSIBLES
Pages 265 à 278

1. Interview de Ben Laden à l'hebdomadaire américain *Time*, publiée le 11 janvier 1999.
2. Déclaration de Suleyman Abou Gheith sur le site Al-Nida, mise en ligne en juin 2002, et citée par P. BERGEN, *Ben Laden, l'insaisissable, op. cit.*, p. 421.
3. François HEISBOURG, *Après Al-Qaida*, Paris, Stock, 2009, p. 77-83.
4. Voir la remarquable étude d'A. STENERSEN, « Nuclear terrorism : hype, hoax or waiting to happen ? », *NUPI*, octobre 2008, p. 109-121.
5. Intervention du prince Turki al-Faisal devant la Fondation franco-américaine, Paris, Académie diplomatique, 12 décembre 2008. Le chef du contre-terrorisme allemand Ersnt Uhrlau a lui aussi comparé Ben Laden à Che Guevara dans un entretien au *Spiegel*, le 4 avril 2007.
6. Marc Sageman prétend (dans son livre *Leaderless Jihad, op. cit.*) que la vague de terreur d'Al-Qaida a dès maintenant été supplantée par ce « jihad sans chef ». Cette thèse est vivement combattue par un autre spécialiste américain du contre-terrorisme, Bruce Hoffmann. Les deux auteurs ont entretenu la polémique à ce sujet dans les colonnes de *Foreign Affairs* en 2008 (volume 87, numéros 3 et 4).
7. Notamment dans la réponse aux internautes mise en ligne le 2 avril 2008.
8. B. RIEDEL, « Al-Qaeda strikes back », *Foreign Affairs*, mai-juin 2007.

L'ARROGANCE ET L'ESTOCADE
Pages 279 à 285

1. Déclaration de Barack Obama, 27 mars 2009.
2. L'académie militaire de West Point publie, le 16 mars 2009, un document particulièrement éclairant : « l'histoire authentique des sunnites locaux rejetant Al-Qaida est bien plus précieuse dans le combat à long terme contre les jihadistes que les bénéfices immédiats retirés d'une proclamation de victoire américaine contre Al-Qaida en Irak » (Brian FISHMAN, *Dysfunction and Decline. Lessons Learned from Inside Al-Qaida in Iraq*, New York, Combating Terrorism Center at West Point, 2009, p. 52).

ANNEXES

LES PERSONNAGES CLEFS

Beaucoup des acteurs de ces *Neuf Vies d'Al-Qaida* ont un surnom. Ils sont classés par ordre alphabétique de leur appellation la plus courante, qui figure en majuscules.

Cheikh Omar ABDERRAHMANE, prédicateur égyptien né en 1938, inspirateur des assassins du président Sadate en 1981, condamné à la prison à perpétuité aux États-Unis en 1996.

Hajji ABDUL QADIR, commandant afghan, affilié au Hezb Islami de Khales, chef de la province de Jalalabad, jusqu'à en être chassé par les talibans en 1996, réinstallé par les États-Unis en novembre 2001, assassiné à Kaboul en juillet 2002.

Mustapha ABOU AL-YAZID (Cheikh Saïd), jihadiste égyptien né en 1955, un des responsables financiers et logistiques d'Al-Qaida, présenté depuis 2007 comme le chef des opérations en Afghanistan et au Pakistan.

Cheikh ABOU BASSIR AL-TARTOUSSI (Abdelmomen Mustapha Halima), prédicateur syrien né en 1959, installé à Londres et inspirateur d'un jihadisme radical.

ABOU FARAJ AL-LIBI (Mustapha al-Uzayti), cadre du Groupe islamique combattant libyen (GICL), chef militaire d'Al-Qaida de mars 2003 à sa capture en mai 2005.

Suleyman ABOU GHEITH, jihadiste koweïtien né en 1965-1966, rallié à Al-Qaida en Afghanistan en 2000, éphémère porte-parole de l'organisation en 2001-2002.

ABOU HAJER al-Iraqi (Mamdouh Mahmoud Salem), né en 1958, ancien colonel kurde de l'armée irakienne, compagnon à Jaji d'Oussama Ben Laden, dont il devient le conseiller religieux au sein d'Al-Qaida, arrêté en Allemagne en 1998, transféré aux États-Unis.

ABOU HAMZA AL-MOUHAJER (Youssef Dardiri, Abou Ayyoub al-Masri), jihadiste égyptien né en 1967, intégré à Al-Qaida en Afghanistan, agent de liaison auprès de Zarqaoui en Irak, puis dirigeant d'Al-Qaida en Irak à partir de juin 2006.

ABOU JANDAL (Nasir Abdallah al-Bahri), jihadiste saoudien d'origine yéménite, né en 1972 à Djedda, « vétéran » des guerres de Bosnie et du Tadjikistan, garde du corps d'Oussama Ben Laden à Kandahar (1997-2000).

ABOU KHABAB al-Masri (Midhat Mursi al-Sayyid Omar) (1953-2008), jihadiste égyptien, responsable d'un projet de développement d'armes chimiques pour Al-Qaida (1999-2001), tué dans un raid américain au Pakistan.

ABOU LEITH al-Libi (1967-2008), jihadiste libyen, cadre du Groupe islamique combattant libyen (GICL), puis d'Al-Qaida, tué dans un raid américain au Pakistan.

ABOU OMAR AL-SEYF (Mohammed Jaber Tamimi) (1968-2005), jihadiste saoudien, « vétéran » d'Afghanistan, adjoint de Khattab en Tchétchénie, dernier chef des « volontaires » arabes dans le Caucase d'avril 2004 à décembre 2005.

ABOU QASWARA al-Maghribi (Mohammed Moumou) (1965-2008), jihadiste marocain, cadre du GICM, formé en Afghanistan, puis installé en Suède, avant de diriger Al-Qaida dans le nord de l'Irak.

ABOU QUTADA al-Falistini (Omar Ibn Mahmoud Othman), prédicateur jordano-palestinien né en 1961, installé à Londres depuis 1993, détenu en 2002 pour avoir inspiré des cellules jihadistes en Europe.

ABOU UBAYDA al-Banchiri (Amine Ali al-Rachidi) (1950-1996), ancien officier de la police égyptienne, devenu cadre du Jihad islamique égyptien (JIE), puis responsable militaire d'Al-Qaida (1988-1996).

ABOU YAHYA al-Libi (Mohammed Hassan), jihadiste libyen né en 1963, cadre du GICL, puis d'Al-Qaida, évadé de la prison américaine de Bagram en 2005.

ABOU ZOUBAYDA (Zeynalabidine Mohammed Hussein), né en 1971 à Riyad dans une famille d'origine palestinienne, recruté par le Bureau des services à Peshawar, responsable des camps d'entraînement d'Al-Qaida, capturé en 2002 au Pakistan, détenu à Guantanamo.

Seif al-ADEL, jihadiste égyptien né en 1960 ou 1963, ancien officier des Forces spéciales, devenu cadre de la direction militaire d'Al-Qaida, sans doute réfugié en Iran depuis 2001.

Abdallah ANAS (Boudjema Bounoua), gendre algérien d'Abdallah Azzam, né en 1958, compagnon de lutte de Massoud dans le Panchir, installé à Londres.

Saleh al-AOUFI (1971-2005), jihadiste saoudien, compagnon de Khattab au Tadjikistan et en Tchétchénie, intégré à Al-Qaida en Afghanistan, quatrième chef d'Al-Qaida pour la Péninsule arabique.

Mohammed ATEF (Abou Hafs al-Masri ; sa véritable identité est sans doute Subhi Abou Sitta, mais il a aussi utilisé le pseudonyme Tayssir Abdallah) (1944-2001), officier de la police égyptienne, militant du Jihad islamique égyptien (JIE), adjoint du responsable militaire (1988-1996), puis responsable militaire d'Al-Qaida (1996-2001).

Abdel Bari ATWAN, journaliste palestinien né en 1950, rédacteur en chef depuis 1989 du quotidien *Al-Qods al-Arabi,* basé à Londres.

Cheikh Salman al-AUDA, prédicateur saoudien né en 1955, figure de la contestation islamiste, emprisonné de 1994 à 1999, opposant déclaré à Al-Qaida.

Youssef al-AYYIRI (Al-Battar), jihadiste saoudien, engagé aux côtés de Ben Laden en 1991-1994, emprisonné en Arabie en 1996-1998, organisateur d'Al-Qaida pour la Péninsule arabique, tué par la sécurité saoudienne en mai 2003.

Massoud AZHAR, jihadiste pakistanais né en 1968, dirigeant du Harakat ul-Ansar (HUA), emprisonné en Inde de 1994 à 1999, fondateur en 2000 de l'Armée de Mohammed (Jeish e-Mohammed, JEM).

Abdallah AZZAM (1941-1989), membre de la direction des Frères musulmans jordaniens (1975-1980), cofondateur avec Oussama Ben Laden en 1984 du Bureau des services à Peshawar, « imam du jihad » des volontaires étrangers en Afghanistan.

Tawfik (Walid) BEN ATTASH (Khallad), jihadiste yéménite né en 1979, amputé d'une jambe après avoir combattu aux côtés des talibans, maître d'œuvre de l'attentat contre l'*USS Cole* en 2000, capturé à Karachi en 2003.

Oussama BEN LADEN (Abou Abdallah), né en 1957 ou 1958 à Djedda, cofondateur avec Abdallah Azzam en 1984 du Bureau des services, émir d'Al-Qaida depuis 1988, déchu de sa nationalité saoudienne en 1994.

Benazir BHUTTO (1953-2007), Premier ministre du Pakistan de 1988 à 1990, puis de 1993 à 1996, présidente du PPP (Parti du peuple pakistanais).

Suheil BOURANOV, jihadiste ouzbèke, né en 1983, adjoint de Najmeddine Jalolov à la tête de l'Union du jihad islamique (UJI).

Eric BREININGER (Abdulgaffar al-Almani), jihadiste allemand, né en 1987, engagé en Afghanistan au sein de l'Union du jihad islamique (UJI).

Cueneyt CIFTCI (Saad Abou Furkan) (1980-2008), jihadiste allemand, mort dans un attentat-suicide contre un poste américain en Afghanistan.

Mollah DADULLAH Akhund (1966-2007), un des principaux dirigeants pachtounes du mouvement taliban, responsable de l'insurrection dans le sud de l'Afghanistan, tué au combat par l'armée américaine.

Abdel Rachid DOSTOM, né en 1954 dans le nord de l'Afghanistan, chef de la principale milice pro-gouvernementale sous le régime communiste, puis rallié aux moujahidines en 1992, ensuite à l'Alliance du Nord en 1996, et enfin au gouvernement Karzaï en 2001.

Abdelmalek DROUKDAL (Abou Moussab Abdelwadoud), jihadiste algérien né en 1970, engagé dès 1993 dans le Groupe islamique armé (GIA), puis dans le Groupe salafiste pour la prédication et le combat (GSPC), dont il devient l'émir en juin 2004.

Docteur FADEL (Sayyid Imam al-Sharif, Abdelkader Ibn Abdelaziz), né en 1950, fondateur du Jihad islamique égyptien (JIE) dont il cède la direction à Zawahiri en 1993, arrêté au Yémen en 2001 et détenu en Égypte, d'où il condamne en 2007 les orientations d'Al-Qaida.

Jamal al-FADL, membre soudanais d'Al-Qaida né en 1963, secrétaire d'Oussama Ben Laden à Khartoum, transfuge au profit des États-Unis en 1996 et témoin à charge dans les procès américains contre Al-Qaida.

Sarhane Abdelmajid FAKHET (El Tunecino) (1968-2004), jihadiste tunisien, chef de la cellule responsable des attentats du 11 mars 2004 à Madrid.

Omar al-FAROUK (1971-2006), jihadiste irakien, né au Koweït, agent de liaison d'Al-Qaida en Asie du Sud-Est, arrêté en Indonésie en 2002, évadé de la prison américaine de Bagram en 2005, tué par l'armée britannique à Bassora en 2006.

Khaled al-FAWWAZ, né en 1962 à Koweït, membre saoudien d'Al-Qaida dont il assure l'intendance au Kenya en 1993 avant de fonder en 1994, à Londres, le Comité pour l'Avis et la Réforme, détenu à Londres en 1998.

FAZLUR RAHMAN Khalil, jihadiste pakistanais, dirigeant du Harakat ul-Ansar (HUA, devenu en 1998 Harakat ul-Mujahideen, HUM), cofondateur avec Oussama Ben Laden et Ayman Zawahiri du Front islamique mondial pour le jihad contre les Juifs et les Croisés.

Abdallah Mohammed FAZUL (Haroun), cadre comorien d'Al-Qaida, né en 1972, un des responsables des attentats de Nairobi en août 1998 et de Mombassa en novembre 2002.

Adam Yahya GADAHN (Azzam al-Amriki), jihadiste américain, né Adam Pearlman en 1978, engagé dans les actions de propagande d'Al-Qaida.

Mustapha HAMID (Abou al-Walid al-Masri), jihadiste égyptien né en 1944, engagé contre l'Armée rouge dans la province afghane de Khost, instructeur dans les camps d'Al-Qaida, réfugié en Iran après 2001.

Jalaluddine HAQQANI, né vers 1950, commandant afghan du Hezb Islami de Yunus Khales dans la province de Khost durant le jihad antisoviétique, rallié en 1995 aux talibans dont il devient « ministre des Frontières », allié historique et protecteur d'Oussama Ben Laden.

Sirajuddine HAQQANI, né vers 1970, fils de Jalaluddine dont il est le successeur (calife), véritable « homme fort » dans l'est de la province afghane de Khost et le Nord-Waziristan.

Bekkay HARRACH (Abou Talha al-Almani), jihadiste allemand né en 1978, engagé au sein d'Al-Qaida en Afghanistan.

Cheikh Safr al-HAWALI, prédicateur saoudien né en 1950, emprisonné de 1994 à 1999, référence de la contestation islamiste, mais aussi du refus de la terreur d'Al-Qaida.

Gulbuddine HEKMATYAR, né en 1947 dans la province afghane de Kunduz, fondateur en 1977 du Hezb Islami, Premier ministre du gouvernement moujahidine en 1993-1994, exilé à Meched par les talibans en 1996, puis réinstallé à Peshawar après 2001.

Najmeddine JALOLOV, jihadiste ouzbèke, né en 1972, engagé au sein du MIO, émir du Groupe du jihad islamique (GJI), puis de l'Union du jihad islamique (UJI).

Hamid KARZAÏ, né en 1957 à Kandahar, installé au pouvoir à Kaboul en décembre 2001, élu président de l'Afghanistan en octobre 2004.

Ahmed Saïd KHADR (Abou Abderrahmane al-Kanadi) (1948-2003), cadre financier du Jihad islamique égyptien (JIE), puis d'Al-Qaida, tué par l'armée pakistanaise.

Yunus KHALES (1919-2006), fondateur en 1979 de sa propre branche du Hezb Islami, pilier du jihad antisoviétique et seigneur de la guerre particulièrement bien implanté dans la province de Jalalabad.

Mohammed Siddique KHAN (1974-2005), jihadiste britannique, chef de la cellule responsable des attentats suicides de Londres le 7 juillet 2005.

KHATTAB (Samir Suwailem) (1969-2002), jihadiste saoudien, engagé en Afghanistan en 1987, puis au Tadjikistan en 1992, enfin en Tchétchénie et au Daghestan à partir de 1995, aux côtés de l'islamiste tchétchène Chamil Bassaiev.

Ibn Cheikh al-LIBI (Ali Abdel Hamid al-Fakhiri) (1963-2009) : responsable libyen du camp jihadiste de Khaldan, arrêté en novembre 2001 au Pakistan, interrogé par les services américains et égyptiens, décédé en détention en Libye en mai 2009.

Beitullah MAHSOUD, jihadiste pakistanais (1974-2009), successeur de Nek Mohammed en 2004 à la tête de la rébellion islamiste au Sud-Waziristan, émir du Mouvement des talibans pakistanais (Tehrik e-Taliban Pakistan/TTP) en décembre 2007, tué dans un raid américain en août 2009.

Cheikh Abou Mohammed al-MAQDISSI (Issam Mohammed Taher Barqaoui), prédicateur né en 1959 à Naplouse, mentor de Zarqaoui, emprisonné à trois reprises et pour une durée totale de dix ans en Jordanie entre 1994 et 2008.

Ahmed Chah MASSOUD, le « lion du Panchir » (1953-2001), héros afghan du jihad antisoviétique, devenu ministre de la Défense du gouvernement moujahidine en 1992, puis chef de l'Alliance du Nord, coalition des forces opposées aux talibans, assassiné sur ordre de Ben Laden.

Karim MEJJATI (1967-2005), jihadiste marocain, intégré à Al-Qaida en Afghanistan, animateur de réseaux subversifs en Europe et en Afrique du Nord, tué par la sécurité saoudienne.

Ali Abelsoud MOHAMMED (Abou Mohammed al-Amriki), jihadiste égyptien né en 1952, infiltré dans les services de sécurité de son pays, puis dans les Forces spéciales américaines, instructeur dans les camps d'Al-Qaida (1991-1994), arrêté aux

États-Unis en 1998, « témoin coopératif » dans les procès contre Al-Qaida.

Khaled Cheikh MOHAMMED, né en 1965 à Koweït dans une famille d'origine pakistanaise, oncle de Ramzi Youssef, planificateur des attentats du 11-Septembre, arrêté au Pakistan en 2003 et détenu à Guantanamo.

Abdelaziz MOQRINE (Abou Hajer) (1973-2004), jihadiste saoudien, « vétéran » d'Afghanistan, de Bosnie et de Somalie, deuxième chef d'Al-Qaida pour la Péninsule arabique.

Pervez MUSHARRAF, né en 1943 à Delhi, général pakistanais, président de la République islamique de 1999 à 2008.

Jouma NAMANGANI (Joumabai Khojaev) (1969-2001), parachutiste de l'Armée soviétique, puis chef du Mouvement islamique d'Ouzbékistan (1992-2001).

Nizar NAOUAR (1978-2002), membre tunisien d'Al-Qaida, auteur de l'attentat-suicide contre la synagogue de Djerba.

Abderrahim al-NASHIRI (Abou Bilal al-Makki), jihadiste saoudien né en 1965, engagé dans Al-Qaida en Afghanistan, responsable des attaques contre l'*USS Cole* et le *Limburg*, capturé en 2002 aux Émirats arabes unis.

NEK MOHAMMED (1976-2004), chef tribal du Sud-Waziristan, allié du Mouvement islamique d'Ouzbékistan (MIO) et d'Al-Qaida, tué dans un raid américain.

Mollah Mohammed OMAR, né en 1959, fondateur du mouvement afghan des talibans en 1992, proclamé « commandeur des croyants » à Kandahar en 1996, réfugié entre le sud de l'Afghanistan et le Baloutchistan pakistanais après 2001.

Abdel Rassoul (ou Abdel Rab al-Rassoul) SAYYAF, né en 1946, parrain des « Afghans » arabes, membre du gouvernement moujahidine (1992-96), puis de l'Alliance du Nord, avant de retrouver en 2001 son fief de Paghman.

Nawaz SHARIF, né en 1949 à Lahore, Premier ministre du Pakistan de 1990 à 1993, puis de 1997 à 1999, chef de la branche de la Ligue musulmane la plus puissante dans le Penjab.

Omar SHEIKH, né à Londres en 1973, militant du groupe jihadiste cachemiri Harakat ul-Mujahideen (HUM), responsable de l'enlèvement et du supplice du journaliste américain Daniel Pearl en janvier 2002.

Abou Moussab al-SOURI (Mustapha Setmariam Nassar), jihadiste syrien né en 1958, engagé en Afghanistan (1988-1992), figure du « Londonistan » (1994-97), conseiller de l'émir des talibans, capturé par les États-Unis au Pakistan en 2005.

Sheikh Ahmed Salim SWEDAN, militant kenyan d'Al-Qaida, impliqué dans les attentats de Nairobi et de Dar es-Salam en août 1998, tué au Pakistan en janvier 2009.

Rifaï Ahmed TAHA (Abou Yasser al-Masri), jihadiste égyptien né en 1954, chef militaire de la Gamaa Islamiyya et co-organisateur avec Ayman Zawahiri du massacre de Louxor, en novembre 1997.

Zouheir TBAÏTI, militant saoudien d'Al-Qaida, né en 1976, « candidat » malheureux au 11-Septembre, arrêté en mai 2002 par la police marocaine.

Noureddine TOP, jihadiste malaisien né en 1968, responsable pour la Jemaa Islamiyya (JI) d'attentats sanglants en Indonésie en 2003-2005, chef auto-proclamé en 2006 d'une branche d'Al-Qaida « pour l'archipel malais », jamais reconnue par Ben Laden.

Hassan TOURABI, islamiste soudanais né en 1932, inspirateur du coup d'État militaire de 1989, en disgrâce depuis 2000.

Prince TURKI al-Faisal, né en 1945, chef des services de renseignement saoudiens (1977-2001), puis ambassadeur à Londres et Washington.

Saoud al-UTAYBI (1971-2005), jihadiste saoudien, lié à la mouvance radicale yéménite, troisième chef d'Al-Qaida pour la Péninsule arabique.

Ramzi YOUSSEF (Abdul Bassit Mahmoud Abdul Karim), neveu pakistano-koweïtien de Khaled Cheikh Mohammed, né en 1968, maître d'œuvre de l'attentat de 1993 contre le World Trade Center, condamné à la perpétuité aux États-Unis en 1995.

Taher YULDACHEV (Qari Tahir Khan), jihadiste ouzbèke né en 1967, fondateur avec Namangani du Mouvement islamique d'Ouzbékistan (MIO), installé à Peshawar en 1995, puis à Kaboul en 1998, chef du MIO depuis 2001 et replié au Waziristan.

Asif Ali ZARDARI, politicien pakistanais né en 1956, époux de Benazir Bhutto à qui il succède à la tête du Parti du peuple pakistanais (PPP), président du Pakistan depuis septembre 2008.

Abou Moussab ZARQAOUI (Ahmad Fadil Nazzal al-Khalayla) (1966-2006), émir jordanien d'Al-Tawhid wal-Jihad (l'Unification et le Jihad) de 1999 à 2004, puis d'Al-Qaida en Irak (2004-2006).

Ayman ZAWAHIRI, né en 1951 au Caire, militant, puis dirigeant du Jihad islamique égyptien (JIE), adjoint d'Oussama Ben Laden depuis 1998 et, de ce fait, « numéro deux » d'Al-Qaida.

Ben Laden

Zawahiri

Zarqaoui

Seif al-Adel

Abou al-Yazid

Abou Yahya al-Libi

Abdel Malek Droukdal

Sheikh Selim Ahmed Swedan

Adam Gadahn

LES CHEFS MILITAIRES D'AL-QAIDA

Une grande confusion a été suscitée, et parfois entretenue, autour de la fonction de « numéro trois » d'Al-Qaida. Oussama Ben Laden est le dirigeant incontesté de l'organisation qu'il a fondée et dont il est l'émir, soit, littéralement, le « commandant ». Ayman Zawahiri est sans nul doute le numéro deux, cette position ayant été confortée par la constitution du Front islamique mondial pour le jihad contre les Juifs et les Croisés, en 1998, et par la dissolution du Jihad islamique égyptien (JIE) dans Al-Qaida. Le responsable de la branche militaire d'Al-Qaida, la plus importante des directions de l'organisation, peut dès lors être décrit comme le numéro trois. Ce poste exposé a connu une forte rotation, qui contraste avec la permanence du couple hiérarchique Ben Laden-Zawahiri :

1) août 1988 - mai 1996 : Abou Ubayda al-Banchiri (Amine Ali al-Rachidi), décédé dans le naufrage d'un ferry sur le lac Victoria.
2) mai 1996 - novembre 2001 : Abou Hafs al-Masri (Mohammed Atef), tué dans un bombardement américain en Afghanistan.

3) novembre 2001 - mars 2003 : Khaled Cheikh Mohammed, capturé au Pakistan.
4) mars 2003 - mai 2005 : Abou Faraj al-Libi (Mustapha al-Uzayti), capturé au Pakistan.

La succession d'un chef militaire à l'autre se fait généralement par promotion de son adjoint ou de son partenaire le plus direct, afin de préserver le capital opérationnel dans une organisation régie par la clandestinité. La seule exception à cette règle non écrite est la succession de Mohammed Atef, dans le contexte de crise ouverte par l'effondrement du sanctuaire taliban. Le successeur « normal » aurait été Seif al-Adel, mais le fait qu'il ait trouvé refuge en Iran et qu'il ait ainsi été éloigné de la direction d'Al-Qaida au moment où celle-ci devait limiter ses contacts au strict minimum a favorisé l'émergence de Khaled Cheikh Mohammed. La responsabilité de Khaled Cheikh Mohammed dans la planification du 11-Septembre a sans doute aussi joué – Seif al-Adel, lui, critiquait Ben Laden et Zawahiri pour le choix stratégique des attentats de Washington et de New York.

L'établissement d'Al-Qaida en Irak a de fait transféré une part essentielle des activités militaires de l'organisation sous l'autorité d'Abou Moussab Zarqaoui, puis d'Abou Hamza al-Mouhajer, qui lui a succédé à sa mort en juin 2006. Cette nouvelle configuration rend moins cruciale la responsabilité de la direction militaire au sein d'« Al-Qaida central » et le débat demeure ouvert quant à la succession effective d'Abou Faraj al-Libi.

Les services américains ou pakistanais ont mis en avant la qualité de « numéro trois d'Al-Qaida » pour valoriser la neutralisation d'Abou Hamza Rabia (tué dans un raid américain au Waziristan en novembre 2005), d'Abou Ubayda al-Masri (décédé de maladie au Pakistan vers décembre 2007) ou d'Abou Leith al-Libi (tué dans un raid américain au Waziristan en janvier 2008). Tous ces responsables d'Al-Qaida menaient de front les actions de guérilla classique sur le théâtre pakistano-afghan, d'une part, et la planification terroriste hors du sanctuaire, d'autre part. Cette double compétence « militaire », conforme à la logique du jihad global, s'inscrit dans le prolongement du modèle fondateur d'Abou Ubayda al-Banchiri et de Mohammed Atef. Mustapha Abou al-Yazid (Cheikh Saïd) est aujourd'hui le plus communément désigné comme le « numéro trois » d'Al-Qaida et son absence apparente de contrôle opérationnel en dehors du théâtre pakistano-afghan correspondrait à la contraction des activités d'« Al-Qaida central ».

COÛTS ESTIMÉS DES PRINCIPAUX ATTENTATS D'AL-QAIDA OU DE SES PARTENAIRES (EN DOLLARS AMÉRICAINS)

New York, 26 février 1993 : moins de 20 000 dollars.
Nairobi et Dar es-Salam, 7 août 1998 : 10 000 dollars.
New York et Washington, 11 septembre 2001 : entre 400 000 et 500 000 dollars.
Bali, 12 octobre 2002 : moins de 50 000 dollars.
Casablanca, 16 mai 2003 : 4 000 dollars.
Istanbul, 15 et 20 novembre 2003 : moins de 40 000 dollars.
Madrid, 11 mars 2004 : 10 000 dollars.
Londres, 5 juillet 2005 : moins de 1 000 dollars.

Source : I. WARDE, *The Price of Fear*, Berkeley, University of California Press, 2007, p. 170.

REPÈRES CHRONOLOGIQUES

1988

20 août. Fondation d'Al-Qaida et serment d'allégeance à son émir, Oussama Ben Laden.

1989

15 février. Fin du retrait de l'Armée rouge hors d'Afghanistan.
5 mars. Début de l'offensive moujahidine sur Jalalabad.
30 juin. Coup d'État du général Omar Hassan al-Bachir au Soudan.
24 novembre. Assassinat d'Abdallah Azzam à Peshawar.

1990

22 mai. Unification des deux Yémen sous la présidence du chef de l'État nord-yéménite.
2 août. Invasion irakienne du Koweït.
14 août. Fatwa du mufti saoudien légitimant le recours à des forces non musulmanes.

1991

11 avril. Prise de Khost par Jalaluddine Haqqani.
25 avril. « Conférence populaire, arabe et islamique » à Khartoum.
1er mai. Retour à Peshawar de Ben Laden, qui quitte ainsi définitivement l'Arabie saoudite.
Décembre. Installation de Ben Laden à Khartoum.

1992

17 avril. Chute du régime communiste à Kaboul.
3 décembre. Début de l'intervention américaine en Somalie.
29 décembre. Premier attentat d'Al-Qaida, contre l'hôtel Gold Mohur d'Aden (2 morts).

1993

4 février. Début des opérations de Mohammed Atef en Somalie.
26 février. Attentat de Ramzi Youssef contre le World Trade Center (6 morts).
16 juin. Gel des participations de Ben Laden dans le groupe familial.

1994

5 février. Tentative d'assassinat de Ben Laden à Khartoum.
20 février. Ben Laden désavoué publiquement par sa famille, avant d'être déchu de sa nationalité saoudienne.
1er août. Lancement à Londres par Khaled al-Fawwaz d'une campagne médiatique anti-Saoud, inspirée par Ben Laden.
5 novembre. Prise de Kandahar par les talibans.

1995

7 février. Arrestation de Ramzi Youssef au Pakistan.
26 juin. Attentat manqué contre le président Moubarak à Addis-Abeba.

13 novembre. Attentat contre la Garde nationale à Riyad (7 morts, dont 5 Américains).

19 novembre. Attentat-suicide du Jihad islamique égyptien (JIE) contre l'ambassade d'Égypte à Islamabad (16 morts).

1996

4 avril. Mollah Omar proclamé « commandeur des croyants » à Kandahar.

18 mai. Départ de Ben Laden de Khartoum pour Jalalabad.

21 mai. Décès suite à un accident sur le lac Victoria d'Abou Ubayda al-Banchiri, chef militaire d'Al-Qaida.

26 juin. Attentat contre la base saoudienne de Khobar (19 morts américains).

23 août. Publication par Ben Laden de sa déclaration de jihad contre les États-Unis.

11 septembre. Prise de Jalalabad par les talibans (qui s'emparent de Kaboul le 26).

1997

Mars. Installation de Ben Laden à Kandahar.

12 mai. Diffusion par CNN d'une interview de Ben Laden.

Juillet. « Initiative de cessation de la violence » de la Gamaa Islamiyya en Égypte.

17 novembre. Massacre de Louxor, au cours duquel sont assassinés 58 touristes (dont 35 Suisses) et 4 Égyptiens.

1998

23 février. Lancement du Front islamique mondial pour le jihad contre les Juifs et les Croisés.

16 mars. Mandat d'arrêt international lancé contre Ben Laden à l'initiative de la Libye.

26 mai. Conférence de presse de Ben Laden et Zawahiri dans un camp afghan.

7 août. Double attentat-suicide d'Al-Qaida contre les ambassades des États-Unis au Kenya et en Tanzanie (234 morts, dont 12 Américains) et offensive des talibans contre Mazar i-Sharif.

20 août. Tirs de missiles américains sur les camps d'Al-Qaida en Afghanistan.

8 décembre. Résolution 1214 du Conseil de sécurité de l'ONU contre les talibans.

1999

8 juin. Récompense de 5 millions de dollars offerte par le FBI pour la capture de Ben Laden.

10 juin. Diffusion par Al-Jazira d'une interview de Ben Laden réalisée six mois plus tôt.

6 juillet. Sanctions américaines contre les talibans.

25 août. Attentat manqué contre le mollah Omar à Kandahar.

12 octobre. Coup d'État du général Pervez Musharraf au Pakistan.

2000

12 octobre. Attentat contre le destroyer *USS Cole* à Aden (17 morts américains), indirectement revendiqué par Ben Laden à Kandahar le 26 février 2001.

2001

9 septembre. Assassinat de Massoud par Al-Qaida.

11 septembre. Attentats d'Al-Qaida contre le World Trade Center et le Pentagone.

7 octobre. Début de la campagne de l'Alliance du Nord et de la coalition occidentale en Afghanistan.

12 novembre. Perte de Kaboul par les talibans.

16 novembre. Mort de Mohammed Atef à Gardez dans un bombardement américain.

27 novembre. Ouverture de la conférence internationale sur l'Afghanistan à Petersberg, près de Bonn.
3 décembre. Début des bombardements occidentaux sur Tora Bora.
13 décembre. Attaque contre le Parlement indien à New Delhi (14 morts).
22 décembre. Installation du président Hamid Karzaï à Kaboul.

2002

1er mars. Début de l'offensive Anaconda contre les talibans et Al-Qaida à l'ouest de Khost.
11 avril. Attentat d'Al-Qaida contre la synagogue de Djerba (21 morts).
12 octobre. Attentat de la Jemaa Islamiyya à Bali (202 morts, dont 88 touristes australiens).
28 novembre. Attentats anti-israéliens d'Al-Qaida à Mombassa (15 morts).

2003

1er mars. Capture de Khaled Cheikh Mohammed à Rawalpindi.
9 avril. Prise de Bagdad par l'armée américaine.
12 mai. Attentats d'Al-Qaida à Riyad (au moins 35 morts, dont 9 Américains).
16 mai. Série d'attentats suicides à Casablanca (45 morts, dont 12 kamikazes).
31 mai. Mort de Youssef al-Ayyiri, fondateur d'Al-Qaida pour la Péninsule arabique.
19 et 29 août. Attentats du groupe Zarqaoui contre l'ONU à Bagdad (24 morts), puis contre l'ayatollah Baqr al-Hakim à Najaf (83 morts).
9 novembre. Attentats d'Al-Qaida à Riyad (17 morts).
15 et 20 novembre. 63 morts dans deux vagues d'attentats à Istanbul, d'abord contre deux synagogues, puis contre les intérêts britanniques.
14 et 25 décembre. Attentats manqués contre le président Musharraf.

2004

11 mars. Attentats contre des trains de banlieue à Madrid (191 morts).

15 avril. Proposition par Ben Laden d'une « trêve » à l'Europe.

24 avril. Accord entre l'armée pakistanaise et les tribus rebelles au Sud-Waziristan.

29-30 mai. Équipée sanglante d'Al-Qaida dans les quartiers expatriés de Khobar, sur la côte orientale de l'Arabie (22 morts).

19 juin. Mort d'Abdelaziz Moqrine, deuxième chef d'Al-Qaida pour la Péninsule arabique.

17 octobre. Serment d'allégeance de Zarqaoui à Ben Laden.

6 décembre. Attaque par Al-Qaida du consulat américain à Djedda (9 morts).

27 décembre. Zarqaoui adoubé par Ben Laden émir d'Al-Qaida en Irak.

2005

5 avril. Mort de Saoud al-Utaybi, troisième chef d'Al-Qaida pour la Péninsule arabique.

2 mai. Capture d'Abou Faraj al-Libi au Pakistan.

7 juillet. Attentats suicides contre les transports publics de Londres (56 morts).

10 juillet. Évasion de responsables d'Al-Qaida hors de la prison américaine de Bagram, en Afghanistan.

18 août. Mort de Saleh al-Aoufi, quatrième chef d'Al-Qaida pour la Péninsule arabique.

9 novembre. Attentats suicides d'Al-Qaida à Amman (60 morts).

2006

13 janvier. Raid américain manqué contre Zawahiri dans la zone tribale de Bajaur (Pakistan).

3 février. Évasion de 23 membres d'Al-Qaida de la prison de Sanaa.
22 février. Destruction par Al-Qaida des mausolées des imams Al-Hassan al-Askari et Ali al-Hadi à Samarra.
7 juin. Mort de Zarqaoui dans un raid américain au nord de Bagdad.
9 août. Démantèlement au Royaume-Uni du « complot transatlantique ».
5 septembre. Accord entre l'armée pakistanaise et les islamistes locaux au Nord-Waziristan.
15 octobre. Proclamation par Al-Qaida de l'« État islamique d'Irak ».
8 novembre. Premier attentat-suicide contre l'armée pakistanaise (35 morts).
28 décembre. Entrée des troupes éthiopiennes dans Mogadiscio.

2007

24 janvier. Transformation du Groupe salafiste pour la prédication et le combat (GSPC) en Al-Qaida au Maghreb Islamique.
26 février. Assassinat de 4 Français dans le désert saoudien.
11 avril. Triple attentat-suicide d'Al-Qaida à Alger (30 morts).
20 mai. Début du siège du camp palestinien de Nahr el-Bared (d'où l'armée libanaise expulse Fatah al-Islam le 2 septembre 2007).
2 juillet. Attaque anti-espagnole d'Al-Qaida au Yémen (10 morts).
10 juillet. Assaut gouvernemental contre la Mosquée Rouge d'Islamabad.
14 août. Près de 400 morts dans un quadruple attentat-suicide contre la minorité yézidie, dans le nord de l'Irak.
4 septembre. Démantèlement par la police allemande d'une cellule terroriste liée à l'Union du jihad islamique (UJI) ouzbèke.
11 décembre. Double attentat-suicide d'Al-Qaida à Alger (41 morts).

14 décembre. Constitution du mouvement des talibans pakistanais (Tehrik e-Taliban Pakistan/TTP).
24 décembre. Assassinat de 4 touristes français par Al-Qaida en Mauritanie.
27 décembre. Attentat-suicide contre Benazir Bhutto (au moins 20 morts).

2008

29 janvier. Mort d'Abou Leith al-Libi dans un raid américain au Waziristan.
2 juin. Attentat d'Al-Qaida contre l'ambassade du Danemark à Islamabad (8 morts).
19-20 août. Double attentat d'Al-Qaida en Algérie, à Boumerdes (45 morts) et Bouira (12 morts).
9 septembre. Élection à la présidence du Pakistan d'Asif Ali Zardari, veuf de Benazir Bhutto.
17 septembre. Attaque contre l'ambassade américaine à Sanaa (16 morts, dont 1 Américaine).
20 septembre. Attentat-suicide contre l'hôtel Marriott d'Islamabad (53 morts, dont 2 Américains).
5 octobre. Mort à Mossoul d'Abou Qaswara, le numéro deux d'Al-Qaida en Irak.
26-29 novembre. Attaques terroristes sur Bombay (173 morts).
14 décembre. Enlèvement par Al-Qaida de l'envoyé spécial de l'ONU au Niger (libéré le 22 avril 2009).

2009

15 janvier. Fin du retrait militaire de l'Éthiopie hors de Somalie.
18 janvier. Menaces d'un militant allemand d'Al-Qaida à l'encontre de l'Allemagne.
19 janvier. Fusion des branches saoudienne et yéménite d'Al-Qaida dans une nouvelle Al-Qaida pour la Péninsule arabique, sous direction yéménite.
15 mars. Attaque anticoréenne d'Al-Qaida au Yémen (5 morts).

5 mai. Offensive gouvernementale contre les talibans pakistanais dans la vallée de Swat.

31 mai. Exécution par Al-Qaïda au Maghreb Islamique (AQMI) d'un otage britannique.

4 juin. Discours de Barack Obama à l'Université du Caire, précédé de déclarations incendiaires de Ben Laden et de son adjoint égyptien.

30 juin. Attaques verbales de l'émir d'AQMI contre la France, accusée d'être « la mère de tous les vices ».

5 août. Mort de Beitullah Mahsoud, émir des talibans pakistanais, dans un raid américain au Waziristan.

8 août. Attentat manqué d'AQMI contre l'ambassade de France en Mauritanie.

INDEX DES PERSONNES CITÉES

Abdallah Ier de Jordanie (roi) : 24.
Abdallah II de Jordanie (roi) : 164.
Abdallah (Abdallah Ahmed) : 89.
Abderrahmane (cheikh Omar) : 36, 61, 68, 76, 82, 83, 85, 315.
Abderrahmane (Mohammed Omar) : 86, 132.
Abdul Qadir (Hajji) : 73, 77, 120, 315.
Abou al-Walid, voir Hamid.
Abou al-Yazid (Mustapha), surnommé Cheikh Saïd : 228, 315, 331.
Abou Ayyoub al-Masri, voir Abou Hamza al-Mouhajer.
Abou Bassir al-Tartoussi (cheikh), surnom d'Abdelmomen Mustapha Halima : 64, 207, 305, 315.
Abou Dahdah, surnom d'Imadeddine Barakat Yarkas : 147.
Abou Faraj al-Libi : 168, 169, 185, 232, 308, 316, 330.
Abou Gheith (Suleyman) : 116, 311, 316.
Abou Hafs al-Masri, voir Atef.
Abou Hafs al-Mouritani, surnom de Mahfouz Ould Walid : 310.
Abou Hajer al-Iraqi, surnom de Mamdouh Mahmoud Salem : 44, 59, 60, 97, 316.
Abou Hamza al-Mouhajer, surnom d'Abou Ayyoub al-Masri et de Youssef Dardiri : 178, 179, 181, 209, 316, 330.
Abou Hamza Rabia : 303, 330.
Abou Harith al-Ourdouni (ou al-Salti ou Farouk) : 50.
Abou Hudhayfa : 138.
Abou Ikhlas al-Masri : 229.

Abou Jandal, surnom de Nasir Abdallah al-Bahri : 80, 98, 294, 316.
Abou Khabab al-Masri, surnom de Midhat Mursi al-Sayyid Omar : 231, 266, 295, 316.
Abou Leith al-Libi : 185, 231, 293, 316, 330.
Abou Mohammed al-Amriki, voir Mohammed (Ali).
Abou Moussab Abdelwadoud, voir Droukdal.
Abou Omar al-Baghdadi : 180, 181.
Abou Omar al-Seyf, surnom de Mohammed Jaber Tamimi : 142, 219, 316.
Abou Qaswara, surnom de Mohammed Moumou : 208, 316, 340.
Abou Qutada al-Falistini, surnom d'Omar Ibn Mahmoud Othman : 63, 191, 301, 317.
Abou Richa (Abdel Sattar) : 205.
Abou Saleh al-Hami : 290.
Abou Ubayda al-Banchiri, surnom d'Amine Ali al-Rachidi : 44, 45, 50, 58, 59, 74, 89, 317, 330, 331, 335.
Abou Ubayda al-Masri : 303, 330.
Abou Walid, surnom d'Abdelaziz Ghamdi : 142.
Abou Yahya al-Libi, surnom de Mohammed Hassan : 169, 185, 203, 214, 252, 317.

Abou Zoubayda, surnom de Zaynelabidine Mohammed Hussein : 125, 298, 299, 317.
Abraham (Kinfe) : 292.
Adel (Seif al-) : 73, 123, 125, 126, 192, 317, 330.
Adi Ibn Musafir (cheikh) : 206.
Ahdal (Mohammed Hamdi al-) : 211.
Ahmadinejad (Mahmoud) : 189.
Aïdid (Mohammed Farah) : 60.
Aït Ouzzou (Rabi) : 144.
Akdas (Habib) : 146.
Al-Battar, voir Ayyiri.
Al-Cheikh (cheikh Abdelaziz ben Abdallah) : 305.
Ali (calife) : 253.
Ali al-Hadi (imam) : 339.
Alqami (cheikh) : 181.
Anas (Abdallah), surnom de Boudjema Bounoua : 39, 40, 66, 289, 291, 317.
Anderson (Jeffrey) : 7.
Aoufi (Mohammed al-) : 213.
Aoufi (Saleh al-) : 143, 166, 213, 317, 338.
Arafat (Yasser) : 26, 188.
Arnett (Peter) : 79.
Atef (Mohammed), surnommé Abou Hafs al-Masri : 44, 45, 50, 59, 60, 73, 74, 101, 105, 106, 107, 119, 146, 294, 298, 306, 317, 329, 330, 331, 334, 336.
Atta (Mohammed) : 106, 107.
Atwan (Abdel Bari) : 79, 291, 293, 294, 301, 309, 318.
Auda (cheikh Salman al-) : 76, 129, 152, 254, 301, 318.

INDEX DES PERSONNES CITÉES

Ayyiri (Youssef al-), surnommé Al-Battar : 139, 140, 142, 144, 245, 246, 318, 337.
Azhar (Massoud) : 101, 318.
Azahari (Massoud) : 222.
Azzam (Abdallah) : 23, 24, 25, 26, 27, 28, 29, 33, 34, 36, 37, 38, 39, 40, 42, 43, 44, 45, 46, 47, 48, 52, 53, 60, 66, 77, 160, 164, 188, 189, 230, 288, 317, 318, 333.
Azzam (Ali) : 87.
Azzam (Mahfouz) : 35.

Bachir (Omar Hassan al-) : 57, 70, 221, 333.
Badeeb (Ahmed) : 34.
Bahadur (Hafiz Gul) : 193, 195.
Bahri (Nasir Abdallah al-), voir Abou Jandal.
Banna (Hassan al-) : 24.
Barakat Yarkas (Imadeddine), voir Abou Dahdah.
Barot (Dhiren) : 266.
Barqaoui (Issam Mohammed Taher), voir Maqdissi.
Bassaiev (Chamil) : 322.
Ben al-Shibh (Ramzi) : 131.
Ben Attash (Walid Tawfik), surnommé Khallad : 107, 132, 318.
Ben Baz (cheikh Abdelaziz) : 29.
Ben Laden (Abdallah), oncle d'Oussama : 31.
Ben Laden (Abdallah), fils aîné d'Oussama : 33, 62, 68.
Ben Laden (Bakr) : 48, 63.
Ben Laden (Mohammed) : 30, 31, 32, 288.
Ben Laden (Oussama) : 12, 13, 14, 15, 16, 17, 23, 27, 29, 30, 32, 33, 34, 36, 37, 38, 39, 40, 41, 44, 45, 46, 47, 48, 49, 50, 51, 52, 54, 55, 57, 58, 59, 60, 62, 63, 66, 67, 68, 69, 70, 71, 73, 75, 76, 77, 78, 79, 80, 81, 82, 84, 85, 86, 87, 88, 89, 90, 91, 92, 93, 94, 95, 96, 97, 98, 99, 100, 101, 103, 104, 105, 106, 107, 108, 109, 110, 111, 112, 115, 116, 117, 118, 119, 120, 121, 122, 123, 125, 126, 128, 129, 130, 131, 132, 133, 134, 137, 139, 140, 141, 142, 144, 145, 146, 147, 148, 149, 151, 152, 153, 154, 155, 156, 157, 158, 159, 160, 161, 165, 168, 170, 175, 178, 179, 180, 182, 184, 185, 186, 188, 189, 190, 191, 192, 193, 194, 195, 199, 200, 203, 204, 205, 206, 207, 209, 211, 213, 218, 219, 220, 221, 222, 223, 227, 228, 229, 230, 231, 232, 233, 238, 239, 240, 241, 242, 244, 245, 246, 247, 249, 250, 252, 253, 254, 256, 259, 260, 261, 262, 263, 264, 265, 266, 267, 268, 269, 270, 271, 272, 273, 274, 275, 276, 277, 279, 291, 292, 293, 294, 295, 296, 297, 299, 301, 302, 303, 304, 306, 307, 309, 310, 311, 316, 318, 320, 322, 324, 325, 329, 330, 334, 335, 336, 338, 341.
Ben Laden (Saad) : 123, 192.
Ben Laden (Salem) : 32, 34.

Benotman (Noman) : 290.
Berg (Nicholas) : 148.
Bergen (Peter) : 15, 79, 100, 289, 290, 291, 293, 294, 295, 296, 297, 299, 302, 311.
Berntsen (Gary) : 297.
Bhutto (Ali) : 117.
Bhutto (Benazir) : 78, 94, 229, 319, 325, 340.
Bodansky (Yossef) : 292.
Boucek (Christopher) : 305.
Bounoua (Boudjema), voir Anas.
Bouranov (Suheil) : 170, 319.
Bouteflika (Abdelaziz) : 187.
Breininger (Eric) : 225, 319.
Brachman (Jarret) : 304
Brown (Vahid) : 290, 291, 292, 296, 299, 308.
Burke (Jason) : 15, 290, 291, 293, 294, 295, 296, 298, 309.
Bush (George Walker) : 11, 16, 133, 134, 139, 140, 155, 156, 174, 203, 205, 240, 241, 298.

Carlos, surnom d'Illitch Ramirez Sanchez : 68.
Casanova (Jean-Claude) : 7.
Ceausescu (Nicolae) : 157.
Charif Ahmed (cheikh) : 219, 220.
Chouaibi (cheikh Hamoud) : 109, 129, 130.
Ciftci (Cueneyt) : 225, 319.
Clinton (William Jefferson, dit Bill) : 70, 92, 108, 294.
Coll (Steve) : 15, 288, 289, 291, 292, 293, 294, 295, 296.

Conboy (Ken) : 306.
Cordesman (Anthony) : 302.

Dadullah (mollah) : 171, 302, 319.
Danner (Mark) : 298.
Dardiri (Youssef), voir Abou Hamza al-Mouhajer.
Dostom (Abdel Rachid) : 103, 319.
Droukdal (Abdelmalek), surnommé Abou Moussab Abdelwadoud : 162, 163, 184, 185, 186, 187, 214, 215, 216, 217, 226, 306, 319.
Dunn (Michael) : 7.
Dyer (Edwin) : 218.

Evans (Jonathan) : 307.

Fadel (Docteur), surnom de Sayyid Imam al-Sharif : 36, 40, 45, 124, 199, 200, 201, 217, 254, 289, 290, 319.
Fadl (Jamal al-) : 58, 70, 291, 320.
Fakhet (Sarhane Abdelmajid) : 147, 300, 320.
Fakhiri (Ali Abdel Hamid al-), voir Ibn Cheikh al-Libi.
Farouk (Omar al-) : 168, 299, 320.
Fawwaz (Khaled al-) : 63, 64, 75, 83, 97, 320, 334.
Fazlur Rahman Khalil : 84, 320.
Fazul (Abdallah Mohammed), surnommé Haroun : 89, 128, 320.

INDEX DES PERSONNES CITÉES

Fishman (Brian) : 311.
Fisk (Robert) : 75.
Florensa (Senén) : 7.
Fowler (Robert) : 218.

Gadahn (Adam Yahya) : 203, 304, 320.
Gailani (Khalfan) : 89.
Garzón (Baltasar) : 147.
Ghamdi (Abdelaziz), voir Abou Walid.
Ghanem (Alia) : 31, 32, 288.
Ghanem (Najwa) : 33.
Gharzouli (Abderrahim), voir Qari Saïd.
Gorbatchev (Mikhaïl) : 40.
Guevara (Ernesto, dit Che) : 268, 311.
Guay (Louis) : 218.
Gunaratna (Rohan) : 307.

Hajj (Khaled al-) : 140.
Hakim (ayatollah Mohammed Baqr al-) : 337.
Halima (Abdelmomen Mustapha), voir Abou Bassir al-Tartoussi.
Hamel (Ian) : 293.
Hamid (Mustapha), surnommé Abou al-Walid al-Masri : 50, 103, 123, 320.
Haqqani (Jalaluddine) : 41, 50, 51, 55, 78, 80, 117, 122, 129, 149, 171, 201, 229, 301, 321, 334.
Haqqani (Sirajuddine) : 122, 229, 308, 321.
Harithi (Ali Qaïd al-) : 211.
Haroun, voir Fazul.

Harrach (Bekkay) : 225, 321.
Hassan al-Askari (imam) : 339.
Hassan (Mohammed), voir Abou Yahya al-Libi.
Hastings (Justin) : 306.
Hattab (Hassan) : 162, 163.
Hawali (cheikh Safr al-) : 76, 129, 152, 321.
Hawsaoui (Mustapha al-) : 132, 299.
Hazmi (Nawaf al-) : 106, 107.
Hazrat Ali : 120.
Hegghammer (Thomas) : 15, 287, 288, 290, 292, 296, 298, 300, 309.
Heisbourg (François) : 311.
Hekmatyar (Gulbuddine) : 40, 41, 43, 48, 55, 77, 78, 79, 123, 321.
Hoffman (Bruce) : 303, 311.
Hudson (Michael) : 7.
Hulagu (Khan) : 180.
Hussain (Hasib) : 161.
Hussein (chérif) : 24.
Hussein de Jordanie (roi) : 26.
Hussein (Saddam) : 49, 133, 139, 145.
Hussein (Zeynalabidine Mohammed), voir Abou Zoubeyda.

Ibn Abdelwahhab (Mohammed) : 30.
Ibn Cheikh al-Libi, surnom de Ali Abdel Hamid al-Fakhiri : 124, 169, 322.
Ibn Saoud (Abdelaziz) : 30, 31.
Ibn Taimiyya (Taqieddine Ahmed) : 31.

Ismaïl (Jamal) : 94.
Jalolov (Najmeddine) : 170, 319, 321.
Janjalani (Abdul Rajak) : 104.
Janjalani (Khadaffy) : 104, 223.
Johnston (Alan) : 191.
Johnston (Paul) : 143, 148.
Jordan (Javier) : 307.

Kadhafi (Muammar) : 169, 257.
Kadyrov (Ramzan) : 219.
Karimov (Islam) : 65.
Karzaï (Hamid) : 121, 122, 149, 319, 321, 337.
Kepel (Gilles) : 7, 15, 288, 289, 290, 291, 292, 293, 300, 301, 302.
Kerry (John) : 155, 156.
Khadr (Ahmed Saïd) : 149, 321.
Khalayla (Ahmed Fadil Nazzal al-), voir Zarqaoui.
Khales (Yunus) : 41, 55, 73, 315, 320, 321.
Khallad, voir Ben Attash.
Khan (Mohammed Siddique) : 161, 162, 322.
Khattab, surnom de Samir Suwailem : 65, 96, 142, 218, 295, 316, 317, 322.
Khilaifi (Mohammed al-) : 62, 63.
Khojaev (Joumabai), voir Namangani.
Knights (Michael) : 305.

Lacroix (Stéphane) : 7, 15, 291.
Lakhvi (Zakiur Rehman), surnommé Abdallah Azzam : 230.
Lia (Brynjar) : 289, 291, 300, 309.
Lindsay (Jermaine) : 161.

McCain (John) : 11.
McCargo (Duncan) : 307.
Mahsoud (Beitullah) : 193, 195, 229, 231, 233, 308, 322, 341.
Malinowski (Michael) : 294.
Maqdissi (Abou Mohammed), surnom de Issam Mohammed Taher Barqaoui : 159, 200, 254, 302, 322.
Mansour (Saifur Rahman) : 122.
Martín Muñoz (Gema) : 7.
Martiny (Didier) : 296.
Massoud (Ahmed Chah) : 39, 43, 44, 77, 87, 91, 96, 103, 108, 110, 111, 115, 118, 126, 256, 296, 317, 322, 336.
Mejjati (Karim) : 144, 166, 169, 185, 322.
Mendras (Marie) : 299.
Migaux (Philippe) : 306.
Mihdhar (Khaled al-) : 106, 107.
Mir (Hamid) : 85, 293, 301.
Mohammed (prophète) : 24, 34, 46, 86, 116, 119, 130, 141, 180, 186, 227, 252, 253, 280.
Mohammed (Ali), surnommé Abou Mohammed al-Amriki : 56, 58, 62, 65, 73, 89, 97, 322.
Mohammed (Faqir) : 195.
Mohammed (Khaled Cheikh) : 106, 126, 132, 150, 323, 325, 330, 337.

Moore (Robin) : 297.
Moqrine (Abdelaziz), surnommé Abou Hajer : 140, 143, 323, 338.
Moubarak (Hosni) : 67, 334.
Moumou (Mohammed), voir Abou Qaswara.
Murphy (Paul) : 309.
Musharraf (Pervez) : 102, 116, 117, 125, 131, 149, 150, 151, 168, 194, 229, 230, 293, 294, 299, 301, 304, 323, 336.

Najibullah (Mohammed) : 77.
Namangani (Jouma), surnom de Joumabai Khojaev : 65, 102, 103, 170, 323, 325.
Naouar (Nizar) : 126, 127, 323.
Nashiri (Abderrahim al-) : 107, 128, 138, 140, 323.
Nassar (Mustapha Setmariam), voir Souri.
Nasser (Gamal Abdel) : 25, 26, 35, 257.
Nayef (prince) : 34, 51.
Nek Mohammed : 149, 150, 193, 322, 323.
Nesser (Peter) : 307.

Obama (Barack Hussein) : 11, 13, 17, 232, 233, 281, 282, 287, 311, 341.
Obeid (Nawaf) : 302.
Omar Ibn Khattab : 65.
Omar (Midhat Mursi al-Sayyid), voir Abou Khabab.
Omar (mollah Mohammed) :
74, 78, 79, 80, 86, 87, 91, 92, 93, 95, 96, 103, 104, 108, 109, 110, 116, 118, 122, 135, 151, 180, 261, 292, 323, 335, 336.
Omar Khan (Hajji) : 231.
Orovio (Ignacio) : 300.
Othman (Omar Ibn Mahmoud), voir Abou Qutada.
Ottaway (Marina) : 8.
Owhali (Mohammed Rachid al-) : 87, 88, 89.

Pearl (Daniel) : 131, 324.
Petraeus (David) : 183, 205.
Pirio (Gregory) : 292.
Poline (Éric) : 8
Poutine (Vladimir) : 299.
Powell (Colin) : 139, 140, 300.

Qamari (Issam al-) : 35, 37, 289.
Qotb (Mohammed) : 33.
Qotb (Sayyid) : 26, 33, 35, 37, 238.
Quyati (Hamza al-) : 212.

Rachidi (Amine Ali al-), voir Abou Ubayda al-Banchiri.
Rachoud (Abdallah) : 166.
Randal (Jonathan) : 7, 15, 288, 289, 290, 291, 292, 297.
Rashid (Ahmed) : 292, 297, 298, 299, 300, 301, 302, 303, 304.
Rauf (Rashid) : 177.
Reagan (Ronald) : 40.
Reid (Richard) : 126.

Reilly (Nick) : 248, 249.
Reinares (Fernando) : 300.
Riedel (Bruce) : 299, 301, 305, 311.
Rishawi (Sajida) : 164, 191.
Rogan (Hanna) : 300, 306, 310.
Rougier (Bernard) : 7.
Roy (Olivier) : 303, 304, 310.

Saab (Bilal) : 305.
Sadate (Anouar) : 26, 36, 61, 68, 199, 315.
Sageman (Marc) : 295, 296, 297, 298, 299, 309, 311.
Sahraoui (Nabil) : 162, 163.
Saïd (Cheikh), voir Abou al-Yazid.
Saïd (Qari), surnom d'Abderrahim Gharzouli : 66.
Salamé (Ghassan) : 302.
Salem (Mamdouh Mahmoud), voir Abou Hajer al-Iraqi.
Sami ul-Haq : 295.
Sananiri (Kamal al-) : 27, 28.
Sayyaf (Abdel Rassoul) : 27, 34, 40, 41, 104, 110, 120, 323.
Sharif (Nawaz) : 94, 102, 117, 324.
Sharif (Sayyid Imam al-), voir Fadel.
Sheikh (Omar) : 131, 324.
Shihri (Said al-) : 192, 193.
Souri (Abou Moussab al-), surnom de Mustapha Setmariam Nassar : 56, 57, 64, 80, 101, 122, 125, 273, 292, 324.
Stafford Smith (Clive) : 298.
Stenersen (Anne) : 310, 311.
Sultan (prince) : 49, 50, 51.

Suskind (Ron) : 298, 300.
Suwailem (Samir), voir Khattab.
Swedan (Sheikh Selim Ahmed) : 89, 324.

Taha (Rifaï Ahmed) : 83, 84, 324.
Tamimi (Mohammed Jaber), voir Abou Omar al-Seyf.
Tanweer (Shahzad) : 161.
Tawil (Camille) : 289.
Tbaïti (Zouheir) : 127, 144.
Top (Noureddine) : 222, 324.
Tourabi (Hassan) : 57, 58, 64, 69, 70, 324.
Turki (prince) al-Faisal : 34, 51, 86, 268, 311, 324.

Uhrlau (Ersnt) : 307, 311.
Utaybi (Abou Sulayman al-) : 228.
Utaybi (Saoud al-) : 143, 166, 325, 338.

Wahayshi (Nasir al-) : 211, 212.
Warde (Ibrahim) : 295, 299, 332.
Warius (Abdallah) : 304.
Weimann (Gabriel) : 309.
Weinbaum (Martin) : 308.
Webster (Justin) : 300.
Wright (Lawrence) : 15, 288, 289, 290, 291, 292, 293, 295, 296, 297.

Youssef (Ramzi), surnom d'Abdul Bassit Mahmoud Abdel Karim : 61, 106, 323, 325, 334.
Yuldachev (Taher) : 65, 102, 103, 131, 150, 325.

INDEX DES PERSONNES CITÉES

Zahir (Hajji) : 120.
Zaman (Hajji), surnom de Mohammed Zaman Ghun Shareef : 120, 297.
Zardari (Asif Ali) : 229, 230, 231, 325, 340.
Zarqaoui (Abou Moussab), surnom d'Ahmad Fadil Nazzal al-Khalayla : 50, 104, 122, 139, 145, 146, 148, 152, 157, 158, 159, 160, 161, 163, 164, 165, 166, 168, 171, 172, 173, 174, 175, 177, 178, 179, 184, 185, 187, 189, 192, 196, 200, 208, 214, 232, 247, 252, 254, 262, 268, 272, 273, 283, 290, 301, 302, 308, 310, 316, 322, 325, 330, 337, 338, 339.
Zawahiri (Ayman) : 11, 13, 23, 35, 36, 37, 40, 43, 44, 45, 46, 47, 48, 49, 52, 53, 55, 57, 58, 59, 60, 61, 62, 65, 67, 68, 70, 73, 81, 82, 83, 84, 85, 86, 87, 90, 97, 101, 110, 112, 115, 116, 122, 123, 125, 126, 134, 145, 148, 149, 152, 153, 154, 157, 159, 161, 162, 163, 164, 168, 169, 170, 175, 178, 179, 182, 184, 185, 186, 187, 188, 189, 190, 192, 194, 199, 201, 202, 203, 204, 218, 221, 222, 226, 228, 229, 231, 232, 238, 239, 242, 247, 252, 267, 268, 269, 271, 272, 274, 275, 287, 289, 291, 295, 301, 302, 303, 304, 305, 306, 307, 310, 319, 320, 324, 325, 326, 329, 330, 335, 338.
Zayyat (Montasser al-) : 289, 292, 293.
Zeydan (Ahmed) : 302.
Zia ul-Haq (Mohammed) : 33.
Ziaur Rahmane (Qari) : 229.
Zitouni (Jamel) : 67.

INDEX DES LIEUX CITÉS

Abou Ghreib : 148, 159.
Abqaiq : 167, 209.
Aden : 49, 60, 74, 76, 107, 107, 108, 109, 138, 291, 334, 336.
Addis-Abeba : 67, 220, 309, 334.
Afghanistan : 11, 12, 13, 17, 23, 27, 28, 29, 33, 36, 37, 39, 40, 41, 42, 45, 47, 49, 50, 52, 53, 54, 56, 58, 59, 60, 61, 62, 64, 65, 66, 69, 73, 74, 77, 78, 80, 81, 83, 89, 91, 92, 93, 94, 95, 98, 99, 102, 103, 104, 107, 109, 110, 111, 112, 117, 121, 123, 129, 130, 132, 134, 135, 137, 138, 139, 141, 143, 144, 152, 155, 156, 157, 159, 160, 165, 166, 168, 169, 170, 171, 172, 184, 189, 199, 200, 201, 203, 208, 210, 211, 216, 219, 221, 223, 224, 225, 228, 228, 229, 242, 243, 244, 245, 248, 250, 256, 258, 259, 263, 273, 274, 280, 281, 283, 289, 294, 296, 297, 298, 303, 315, 316, 317, 318, 319, 321, 322, 323, 324, 329, 333, 336, 337, 338.
Alger : 66, 186, 214, 339.
Algérie : 55, 67, 82, 163, 175, 187, 188, 214, 216, 217, 226, 239, 263, 340.
Allemagne : 97, 107, 126, 224, 225, 227, 248, 274, 316, 340.
Al-Ras : 166.
Amman : 24, 26, 27, 164, 165, 172, 175, 179, 189, 191, 215, 338.
Anbar : 158, 160, 174, 179, 181, 183, 205, 207, 261, 262.
Angur Adda : 149.
Antalya : 164.
Aqaba : 164.

Arabie saoudite : 15, 27, 30, 31, 32, 33, 34, 47, 48, 49, 50, 51, 52, 59, 68, 75, 89, 96, 134, 144, 211, 242, 246, 257, 264, 308, 334.
Argentine : 58.
Asmara : 65.
Assam : 76.
Assiout : 36.

Baaqouba : 208.
Badr : 86, 119, 142, 186.
Bagdad : 140, 145, 158, 163, 173, 174, 180, 181, 207, 214, 337, 339.
Bagram : 123, 168, 169, 317, 320, 338.
Bajaur : 41, 170, 194, 195, 228, 229, 231, 338.
Bali : 132, 221, 222, 243, 299, 332, 339.
Baloutchistan : 192, 323.
Bamyan : 109, 109, 261.
Bangkok : 306.
Bangladesh : 85, 258, 294.
Barcelone : 7, 307.
Basilan : 104.
Bassora : 320.
Batna : 187.
Belgique : 147.
Beyrouth : 28, 289, 302.
Birmanie : 76.
Bombay : 230, 276, 340.
Bonn : 121, 337.
Bosnie : 58, 68, 76, 106, 291, 316, 323.
Boston : 111.

Bouira : 185, 216, 217, 340.
Boumerdes : 185, 216, 340.

Cachemire : 66, 76, 78, 94, 102, 121, 125, 131, 134, 151, 161, 195, 228, 230, 243, 258, 259, 276, 298.
Casablanca : 144, 145, 332, 337.
Caucase : 58, 82, 97, 139, 219, 219, 221, 295, 316.
Célèbes : 221.
Ceuta : 187.
Chatila : 28.
Chicago : 106.
Chine : 116, 245.
Copenhague : 307.
Cyrénaïque : 169, 185.

Daghestan : 322.
Dakar : 214, 215, 216.
Damadola : 170.
Damas : 25, 28, 259.
Danemark : 227, 228, 248, 340.
Dar es-Salam : 88, 91, 93, 115, 172, 324.
Darfour : 221.
Darounta : 79, 100, 266, 295.
Delhi : 323.
Delhi (New) : 120, 121, 125, 230, 337.
Dellys : 187.
Devon : 248.
Dhahran : 75, 76, 79.
Diyala : 208.
Djedda : 27, 28, 30, 32, 33, 35, 36, 37, 48, 49, 68, 140, 152, 165, 250, 257, 316, 318, 338.

Djerba : 126, 128, 133, 144, 187, 323, 337.
Djibouti : 65.
Dohan : 30.

Égypte : 24, 26, 27, 35, 36, 37, 56, 58, 61, 62, 68, 81, 83, 109, 175, 200, 215, 228, 232, 239, 257, 319, 335.
Eilat : 164.
Émirats arabes unis : 96, 128, 138, 323.
Érythrée : 65, 70, 76.
Espagne : 146, 187, 214, 225, 283.
États-Unis : 8, 13, 17, 27, 38, 51, 58, 59, 61, 58, 70, 75, 76, 77, 79, 86, 87, 88, 89, 90, 92, 95, 97, 98, 105, 106, 107, 108, 111, 112, 115, 116, 117, 119, 120, 122, 123, 125, 126, 128, 132, 133, 135, 141, 145, 146, 147, 148, 150, 152, 155, 156, 158, 159, 160, 162, 168, 169, 177, 183, 193, 194, 196, 199, 212, 213, 220, 231, 239, 241, 268, 270, 275, 276, 280, 281, 283, 284, 291, 293, 296, 308, 315, 316, 320, 322, 324, 325, 335, 336.
Éthiopie : 76, 141, 220, 340.

Fallouja : 148, 152, 158, 165, 182, 301, 302.
Fort Bragg : 56.
France : 24, 187, 214, 225, 306, 341.
Francfort : 223, 274.

Gardez : 41, 119, 336.
Gaza : 13, 24, 128, 188, 189, 191, 213, 270, 276, 280, 303, 305.
Genève : 124.
Georgetown : 7, 303.
Gibraltar : 127, 144.
Glasgow : 227.
Grande-Bretagne, voir Royaume-Uni.
Guantanamo : 13, 124, 135, 212, 213, 281, 317, 323.
Guinée-Bissau : 214.

Habbaniya : 182.
Hadda : 79.
Hadramaout : 30, 32, 48, 49, 212, 213.
Hama : 38.
Hambourg : 106, 131.
Hejaz : 24, 30.
Hérat : 157, 259.

Inde : 102, 112, 116, 121, 125, 151, 258, 277, 318.
Indonésie : 233, 320, 324.
Irak : 9, 11, 12, 13, 17, 24, 49, 56, 75, 76, 83, 122, 133, 135, 139, 142, 145, 146, 147, 148, 151, 152, 153, 154, 155, 156, 158, 159, 160, 161, 162, 163, 164, 165, 166, 167, 169, 171, 172, 173, 174, 175, 176, 177, 178, 179, 180, 181, 182, 183, 184, 185, 186, 189, 190, 192, 193, 195, 196, 204, 205, 206, 207, 208, 209, 210, 213, 217, 219, 220, 221, 224, 226, 227,

228, 230, 232, 233, 241, 243, 244, 246, 247, 254, 256, 260, 262, 263, 264, 265, 266, 267, 269, 270, 274, 275, 280, 282, 283, 284, 301, 302, 303, 304, 305, 311, 316, 317, 325, 330, 338, 339, 340.
Iran : 11, 13, 122, 123, 125, 126, 157, 176, 189, 192, 272, 280, 303, 317, 321, 330.
Islamabad : 28, 29, 41, 68, 81, 94, 102, 108, 121, 131, 193, 194, 201, 227, 228, 229, 230, 231, 244, 276, 335, 339, 340.
Israël : 24, 25, 83, 126, 134, 163, 164, 165, 172, 188, 189, 190, 196, 202, 204, 215, 257, 276, 305, 308.
Istanbul : 146, 164, 332, 337.

Jaji : 41, 44, 45, 46, 47, 59, 78, 316.
Jakarta : 104, 222.
Jalalabad : 41, 47, 50, 51, 73, 74, 75, 77, 78, 79, 81, 99, 110, 118, 120, 121, 122, 315, 321, 333, 335.
Java : 30.
Jawar : 89, 92, 94.
Jenine : 24.
Jérusalem : 32, 68, 88, 189.
Jizan : 141.
Jolo : 104.
Jordanie : 24, 25, 26, 27, 32, 104, 157, 164, 165, 190, 215, 322.
Jubail : 140.

Kaboul : 47, 48, 55, 56, 58, 69, 73, 77, 80, 93, 96, 101, 103, 119, 121, 123, 135, 149, 229, 259, 272, 315, 321, 325, 334, 335, 336, 337.
Kabylie : 184, 217, 244, 271.
Kandahar : 56, 74, 80, 82, 85, 86, 87, 93, 95, 96, 99, 100, 101, 106, 108, 110, 115, 118, 123, 131, 135, 151, 180, 252, 310, 316, 321, 323, 334, 335, 336.
Karachi : 131, 132, 318.
Kargil : 102.
Kenya : 63, 73, 88, 89, 98, 128, 219, 239, 293, 320, 336.
Khaldan : 81, 99, 107, 124, 169, 322.
Khartoum : 57, 58, 59, 62, 63, 64, 65, 66, 68, 69, 70, 73, 74, 80, 81, 82, 85, 139, 221, 320, 334, 335.
Khobar : 75, 137, 143, 335.
Khorassan : 250, 259.
Khost : 41, 50, 51, 53, 55, 56, 78, 80, 86, 92, 99, 104, 108, 117, 121, 122, 123, 130, 149, 157, 229, 290, 320, 321, 334, 337.
Khyber : 41.
Kirghizistan : 103.
Kirkouk : 181, 208.
Kohat : 125.
Koweït : 55, 258, 320, 323.
Kunar : 170, 229.
Kunduz : 118, 321.
Kurdistan (Irak) : 139, 181.
Kurdistan (Iran) : 192.
Kurram : 41, 231.

La Mecque : 27, 30, 32, 46, 49, 50, 51, 76, 88, 89, 139, 141, 166, 180, 252, 253, 260, 297.
Lakhdaria : 187, 216.
Lahore : 34, 36, 293, 324.
Lalibela : 285.
Lattaquié : 31.
Le Caire : 17, 26, 28, 35, 36, 124, 215, 325, 341.
Leeds : 161, 162.
Liban : 26, 28, 76, 189, 190, 270, 304.
Libye : 169, 185, 322, 335, 354.
Londres : 24, 57, 63, 64, 75, 79, 97, 161, 162, 185, 207, 223, 232, 243, 274, 301, 315, 317, 318, 320, 322, 324, 332, 334, 338.
Los Angeles : 106, 107, 203, 250.
Louxor : 83, 84, 200, 324, 335.

Madrid : 147, 185, 225, 320, 332, 338.
Malaisie : 104, 245, 307.
Mali : 185, 218.
Marib : 211.
Maroc : 144, 217, 259, 363.
Mauritanie : 169, 185, 214, 215, 252, 305, 310, 340, 341.
Mazar i-Sharif : 91, 102, 336.
Meched : 259, 321.
Médine : 30, 32, 34, 46, 49, 50, 51, 76, 139, 166, 209.
Melilla : 187.
Miran Shah : 131, 149, 151.

Mogadiscio : 60, 79, 219, 339.
Mohmand : 41.
Mombassa : 128, 320, 337.
Mossoul : 158, 181, 206, 208, 209, 244, 340.
Mumbai, voir Bombay.

Nahr al-Bared : 190, 191, 339.
Nairobi : 65, 74, 87, 88, 89, 91, 93, 97, 115, 172, 232, 320, 324, 332.
Najaf : 337.
Namangan : 65.
Naplouse : 322.
Narathiwat : 307.
Nejd : 30.
Newark : 111.
New Jersey : 61.
New York : 106, 129, 134, 244, 330, 332.
Niger : 185, 218, 340.
Nouakchott : 215.

Odense : 307.
Ogaden : 141.
Orakzai : 41.
Ouzbékistan : 65, 102, 103, 118, 131, 149, 170, 223, 260, 308, 323, 325.

Pakistan : 13, 14, 17, 27, 28, 34, 36, 38, 39, 40, 41, 42, 52, 53, 55, 58, 67, 73, 77, 78, 84, 89, 94, 96, 102, 106, 108, 121, 126, 130, 132, 150, 151, 161, 168, 182, 189, 194, 195, 196, 199, 203, 216, 227, 228,

229, 232, 233, 244, 245, 246, 258, 259, 273, 276, 277, 278, 280, 281, 294, 308, 315, 316, 317, 319, 322, 323, 324, 325, 330, 334, 336, 338, 340.
Paktya : 41.
Palestine : 23, 24, 26, 29, 43, 52, 76, 117, 190, 192, 204, 280.
Panchir : 39, 43, 45, 110, 289, 317, 322.
Parachinar : 121, 122.
Paris : 126, 185, 214, 215, 216.
Pattani : 222, 307.
Pays-Bas : 225.
Penjab : 177, 324.
Peshawar : 27, 28, 29, 35, 36, 37, 38, 39, 40, 41, 43, 45, 46, 47, 48, 49, 50, 52, 55, 56, 62, 63, 67, 69, 73, 82, 97, 100, 103, 108, 123, 125, 139, 157, 160, 200, 289, 317, 318, 321, 325, 333, 334.
Petersberg : 337.
Philippines : 58, 66, 76, 104, 106, 221, 222.
Port-Soudan : 58.

Qatar : 94, 116, 141.
Quetta : 132.

Ramadi : 182, 183.
Ramstein : 223.
Rawalpindi : 132, 337.
Riyad : 27, 30, 31, 49, 64, 74, 75, 76, 86, 93, 137, 138, 140, 141, 142, 143, 165, 167, 187, 192, 213, 257, 308, 317, 335, 337.
Rishikor : 103.
Roumanie : 157.
Royaume-Uni : 24, 64, 146, 161, 165, 191, 226, 339.
Russie : 116, 293, 299.

Sabra : 28.
Salt : 50.
Samarra : 158, 173, 208, 339.
Sanaa : 49, 124, 138, 211, 212, 213, 339, 340.
Séville : 147.
Shakai : 150.
Silat al-Harithiyya : 24, 25.
Singapour : 104, 125, 221, 245, 306.
Somalie : 59, 60, 61, 66, 70, 73, 76, 82, 141, 219, 220, 223, 323, 334, 340.
Soudan : 54, 57, 58, 65, 68, 69, 70, 73, 219, 221, 333.
Srinagar : 101, 102.
Suède : 208, 317.
Swat : 17, 195, 341.
Syrie : 24, 31, 32, 33, 163, 175, 190, 257, 259.

Tachkent : 102, 103, 170.
Tadjikistan : 65, 76, 97, 102, 103, 143, 316, 317, 322.
Taloqan : 108.
Tanzanie : 88, 98, 240, 293, 336.
Tarim : 212.
Tarnak : 99.
Tchad : 215.

Tchétchénie : 66, 76, 81, 82, 139, 142, 143, 152, 218, 219, 299, 316, 317, 322.
Téhéran : 134, 192, 193, 275, 276, 303.
Texas : 245.
Thaïlande : 76, 222.
Tizi Ouzou : 185, 216, 306.
Tora Bora : 75, 79, 85, 106, 118, 119, 120, 121, 122, 230, 268, 297, 337.
Transjordanie : 24.
Tunis : 186.
Tunisie : 185, 215, 217.
Turquie : 146, 147, 164, 256.

URSS : 29, 40, 49, 61, 66.

Victoria (lac) : 74, 329, 335.
Vincennes : 285.

Wana : 131, 149, 150, 151.
Washington : 60, 68, 69, 70, 71, 86, 94, 95, 102, 106, 111, 117, 119, 123, 124, 129, 131, 134, 135, 137, 138, 232, 244, 257, 282, 285, 303, 308, 324, 330, 332.
Waziristan : 130, 151, 170, 171, 179, 193, 229, 231, 233, 262, 263, 276, 283, 307, 308, 325, 330, 340.
Waziristan (Nord) : 41, 122, 130, 131, 149, 150, 151, 177, 193, 195, 321, 339.
Waziristan (Sud) : 41, 131, 148, 149, 150, 193, 195, 322, 323, 338, 341.
West Point : 289, 290, 291, 306, 311.

Yala : 307.
Yanbu : 143.
Yémen : 48, 49, 58, 60, 76, 80, 107, 124, 138, 200, 211, 212, 213, 244, 259, 263, 270, 319, 333, 339, 340.

Zagreb : 291.
Zanzibar : 30.
Zarqa : 26, 50.
Zhawar (ou Zhawar Kili), voir Jawar.

INDEX DES ORGANISATIONS CITÉES

Abou Sayyaf (groupe) (Philippines) : 104, 222, 223.
Al-Ittihad al-Islamiyya (AIAI) (Somalie) : 60, 219.
Alliance du Nord (Afghanistan) : 87, 91, 110, 117, 118, 121, 297, 319, 322, 323, 336.
Al-Qaida (la Base) :
  en Irak : 153, 162, 164, 166, 205, 207, 262, 267, 282, 301, 302, 305, 316, 325, 330, 338.
  au Levant : 190.
  au Maghreb islamique (AQMI) : 186, 187, 214, 215, 216, 217, 218, 237, 267, 270, 303, 339, 341.
  au Yémen : 211, 212, 339, 340.
  pour l'archipel malais : 222, 324.
  pour la Péninsule arabique : 139, 140, 143, 144, 146, 151, 152, 165, 166, 167, 209, 211, 212, 213, 247, 270, 305, 317, 318, 323, 325, 337, 338, 340.
Al-Tawhid wal-Jihad (Unification et Jihad) (Irak) : 104, 139, 145, 146, 157, 265, 325.
Ansar al-Islam (Irak) : 145.
Ansar al-Sunna (Irak) : 145.
Armée de l'Islam (Palestine) : 191.
Armée des compagnons du Prophète (SSP/Sipah e-Sahaba e-Pakistan) (Pakistan) : 102.
Armée du Mahdi (Irak) : 152.
Armée de Mohammed, voir Jeish e-Mohammed.
Armée rouge japonaise (Japon) : 274.
Association des oulémas (Pakistan) : 84.
Aum (secte) (Japon) : 266.

Baas (Irak) : 49, 221.
Baas (Syrie) : 32, 33.
Brigades Abou Hafs al-Masri : 146, 147.
Brigade 55 (Afghanistan) : 87, 91, 96, 99, 103, 108, 118.
Brigade de la Mort (Espagne) : 147.
Brigades rouges (Italie) : 274.
Bureau des services (*maktab al-khidamât*) : 38, 39, 40, 44, 46, 47, 48, 53, 58, 59, 61, 90, 160, 291, 317, 318.

Chabab (Somalie) : 219, 221.
Central Intelligence Agency (CIA) (États-Unis) : 34, 48, 53, 86, 119, 120, 123, 124, 135, 138, 168, 232, 273, 296, 297, 298.
Comité pour l'Avis et la Réforme (Arabie saoudite) : 63, 64, 320.
Conférence populaire, arabe et islamique (Soudan) : 57, 334.
Conseil consultatif des moujahidines (Irak) : 173, 262.

Fatah (Palestine) : 26, 188, 191.
Fatah al-Islam (Liban) : 190, 191, 339.
Federal Bureau of Investigation (FBI) (États-Unis) : 95, 98, 336.
Fraction Armée Rouge (Allemagne) : 274.
Frères musulmans : 24, 25, 26, 35, 38, 82, 255, 257, 258.
en Égypte : 27, 28, 36, 56, 257.
en Jordanie : 25, 27, 189, 258, 318.
au Soudan : 57.
en Syrie : 32, 33, 38, 39, 257.
Front du jihad et de la réforme (Irak) : 205.
Front islamique mondial pour le jihad contre les Juifs et les Croisés : 83, 246, 256, 320, 329, 335.
Front islamique moro de libération (MILF/Moro Islamic Liberation Front) (Philippines) : 222, 223.
Front islamique du salut (FIS) (Algérie) : 55, 66.
Front de libération nationale (FLN) (Algérie) : 56.
Front islamique global et médiatique (GIMF/Global Islamic Media Front) : 246, 300.
Front populaire de libération de l'Érythrée (FPLE) (Érythrée) : 65.

Gamaa Islamiyya (Égypte) : 36, 61, 67, 82, 83, 84, 324, 335.
Groupe islamique armé (GIA) (Algérie) : 66, 67, 162, 163, 216, 217, 319.
Groupe islamique combattant libyen (GICL) (Libye) : 169, 184, 185, 186, 217, 316, 317.
Groupe islamique combattant marocain (GICM) (Maroc) : 185, 243, 321.

Groupe islamique combattant tunisien (GICT) (Tunisie) : 185.
Groupe du Jihad islamique (GJI) (Ouzbékistan) : 170, 321.
Groupe salafiste pour la prédication et le combat (GSPC) (Algérie) : 162, 163, 184, 185, 186, 187, 188, 214, 215, 216, 217, 243, 248, 263, 267, 270, 319, 339.

Hamas (Palestine) : 188, 189, 190, 191, 196, 202, 204, 258, 270.
Harakat ul-Ansar (HUA/Mouvement des partisans) (Cachemire), devenu Harakat ul-Mujahideen : 78, 84, 94, 101, 131, 294, 318, 320.
Harakat ul-Mujahideen (HUM/Mouvement des moujahidines) (Cachemire) : 94, 101, 320, 324.
Hezb Islami (dirigé par Gulbuddine Hekmatyar) (Afghanistan) : 40, 78, 100, 123, 321.
Hezb Islami (scission de Yunus Khales) (Afghanistan) : 41, 55, 73, 315, 320, 321.
Hezbollah (Arabie saoudite) : 75.
Hezbollah (Liban) : 190, 270.

Inter Services Intelligence (ISI) (Pakistan) : 34, 39, 48, 53, 78, 90, 94, 102, 117, 125, 149, 294, 301.

Jamaat Islami (Pakistan) : 33, 34, 42.
Jeish e-Mohammed (JEM/Armée de Mohammed) (Cachemire) : 101, 102, 125, 131, 150, 151, 318.
Jemaa Islamiyya (JI) (Asie du Sud-Est) : 104, 132, 133, 221, 222, 260, 299, 324, 337.
Jihad islamique égyptien (JIE) (Égypte) : 40, 45, 58, 67, 68, 81, 82, 84, 110, 169, 178, 186, 199, 200, 267, 317, 318, 319, 321, 325, 329, 335.
Jihad islamique érythréen (Érythrée) : 65.

Komitat Gossoudarstvannoï Bazopasnosti (KGB) (URSS) : 48.

Lashkar e-Jhangvi (LEJ) (Pakistan) : 102.
Lashkar e-Tayyiba (LET/Armée des Purs) (Cachemire) : 78, 101, 125, 151, 230, 276, 298.
Ligue Musulmane (Pakistan) : 324.

Mossad (Israël) : 48, 164.
Mouvement islamique armé (MIA) (Algérie) : 56.
Mouvement islamique d'Ouzbékistan (MIO) (Ouzbékistan) : 65, 102, 103, 149, 170, 223, 272, 308, 321, 323, 325.

Mouvement du Jihad (Bangladesh) : 85.

Organisation de libération de la Palestine (OLP) : 26.

Parti du peuple pakistanais (PPP) (Pakistan) : 319, 325.
Parti de la renaissance islamique (PRI) (Tadjikistan) : 65.

Sahwa (Irak) : 179, 183, 205, 208, 269.

Talibans (Afghanistan) : 17, 74, 77, 78, 79, 81, 81, 86, 87, 91, 92, 93, 95, 96, 97, 99, 102, 103, 104, 107, 108, 109, 110, 115, 116, 117, 118, 119, 120, 121, 122, 129, 135, 150, 151, 160, 170, 171, 193, 194, 195, 228, 229, 230, 231, 232, 233, 268, 278, 297, 308, 315, 318, 320, 321, 322, 323, 324, 334, 335, 336, 337, 340, 341.
Tehrik e-Taliban Pakistan (TTP/Mouvement des talibans au Pakistan) : 195, 229, 231, 233, 322, 340.
Tribunaux islamiques (Somalie) : 219, 220, 221.

Union du jihad islamique (UJI) (Ouzbékistan) : 170, 223, 224, 272, 319, 321, 339.

TABLE

Y a-t-il une vie pour Al-Qaida après Obama ? 11

Cartes
   Le Moyen-Orient d'Al-Qaida 18
   La frontière afghano-pakistanaise 19

LES MÉTAMORPHOSES D'AL-QAIDA 21
   Première vie : Le grand œuvre (1988-1991) 23
   Deuxième vie : L'exil soudanais (1991-1996) 55
   Troisième vie : Les défis à l'Amérique (1996-1998) 73
   Quatrième vie : Le Jihadistan afghan (1998-2001) 91
   Cinquième vie : L'effondrement
      du sanctuaire (2001-2003) 115
   Sixième vie : La campagne d'Arabie (2003-2004) 137
   Septième vie : Le sang de l'Irak (2004-2006) 155
   Huitième vie : Le califat des ombres (2006-2007) 177
   Neuvième vie : La fuite en avant (2007-2009) 199

FORCES ET FAIBLESSES DU JIHAD GLOBAL 235
   Les aubaines de la mondialisation 237
   La guerre contre l'Islam 251

Les trois avenirs possibles 265

L'arrogance et l'estocade 279

Notes 287

Annexes 313
   Les personnages clefs 315
   Les chefs militaires d'Al-Qaida 329
   Coûts estimés des principaux attentats 332

Repères chronologiques 333
Index des personnes citées 343
Index des lieux cités 353
Index des organisations citées 361